BULLYING
NO TRABALHO

GARY NAMIE, PH.D. & RUTH NAMIE, PH.D

BULLYING NO TRABALHO

Como acabar com o sofrimento e recuperar sua dignidade no ambiente profissional

Tradução
Eduardo Rieche

best.
business

Rio de Janeiro | 2013

CIP-BRASIL. CATALOGAÇÃO NA FONTE
SINDICATO NACIONAL DOS EDITORES DE LIVROS, RJ

Namie, Ruth

N163b   Bullying no trabalho / Ruth e Gary Namie; tradução: Eduardo Rieche. - 1 ed. - Rio de Janeiro: Best Business, 2013

il

Tradução de: The bully at work
Apêndice
ISBN 978-85-7684-565-2

1. Assédio. 2. Assédio no ambiente de trabalho. I. Namie, Gary. II. Título.

13-04717.   CDD: 658.382
                                                   CDU: 331.45

Texto revisado segundo o novo Acordo Ortográfico da Língua Portuguesa.

Título original norte-americano
THE BULLY AT WORK
Copyright © 2000, 2003 and 2009 by Ruth and Gary Namie
Copyright da tradução © 2013 by Editora Best*Seller* Ltda.

Capa: Igor Campos
Editoração eletrônica: Abreu's System

Todos os direitos reservados. Proibida a reprodução,
no todo ou em parte, sem autorização prévia por escrito da editora,
sejam quais forem os meios empregados.

Direitos exclusivos de publicação em língua portuguesa para o Brasil
adquiridos pela
EDITORA BEST BUSINESS um selo da EDITORA BEST SELLER LTDA.
Rua Argentina, 171, parte, São Cristóvão
Rio de Janeiro, RJ – 20921-380
que se reserva a propriedade literária desta tradução

Impresso no Brasil

ISBN 978-85-7684-565-2

Seja um leitor preferencial Record.
Cadastre-se e receba informações sobre nossos lançamentos e nossas
promoções.

Atendimento e venda direta ao leitor
mdireto@record.com.br ou (21) 2585-2002

Em memória de Lillian e Florence, e para Pat, as três mulheres que sempre nos deram amor e apoio incondicionais.

Em memória de Heinz Leymann e Andrea Adams, os pioneiros.

Cada vez que um homem defende um ideal, ou age para melhorar a sorte alheia, ou se posiciona contra a injustiça, emite uma pequenina onda de esperança, que vai se cruzar com outras, provenientes de milhões de diferentes centros de energia e audácia, e essas pequeninas ondas acabam formando um fluxo que pode derrubar as mais poderosas muralhas de opressão e resistência.
— Robert F. Kennedy

Aviso legal sobre isenção de responsabilidade

Caro leitor:

Este livro contém informações, sugestões e opiniões dos autores com relação à melhoria da qualidade de vida das pessoas. O uso, o mau uso, a compreensão ou a incompreensão do material, no todo ou em parte, são responsabilidades exclusivas do leitor.

Nem o editor nem os autores assumem responsabilidade ou obrigação legal, em conjunto ou individualmente, em relação a qualquer pessoa, grupo, organização ou entidade no tocante a qualquer perda, dano ou prejuízo emocional ou material, provocados ou supostamente provocados, direta ou indiretamente, pelas informações contidas neste livro. Os autores não se apresentam como psicólogos credenciados ou como profissionais de saúde mental.

Os leitores são aconselhados a usar este material de modo seguro e racional. Em alguns casos, ele será mais eficaz quando utilizado em conjunto com serviços de aconselhamento jurídico e/ou psicológico.

Sumário

Agradecimentos	11
Prefácio	13
Introdução	15

Seção Um: O fenômeno do bullying no local de trabalho: epidemia silenciosa — 19

1. O bullying no trabalho — 21
2. Entendendo os praticantes de bullying — 40
3. Alvos: um peso imerecido — 70
4. A diferença irreconciliável — 91
5. A paralisia das testemunhas — 101
6. Ajuda da família e de profissionais — 112
7. Preparando-se para o confronto — 129

Seção Dois: Depois da agressão, a restauração do seu eu perdido — 145

8. Trauma no trabalho: entenda os sofrimentos que lhe foram causados — 147
9. Compreenda o impacto causado pelo praticante de bullying — 163
10. Estabeleça e proteja seus limites pessoais — 175

11. Evite padrões inatingíveis	191
12. Enfrente seu crítico interior	197
13. Controle os jogos mentais destrutivos	202
14. Fuja da armadilha da autorrecriminação	207
15. Satisfaça suas necessidades e vontades	218
16. Raiva e vergonha: as emoções do bullying	227
Seção Três: O que uma pessoa pode fazer?	**239**
17. Sinta-se seguro	241
18. Enfrentando o futuro	255
Seção Quatro: Responsabilizando os empregadores	**263**
19. O mundo declara guerra ao bullying	265
20. A América acorda	276
Apêndice A: Pesquisa sobre o bullying no local de trabalho nos Estados Unidos — setembro de 2007	**297**
Apêndice B: Pesquisa sobre a resposta de empregadores e colegas de trabalho — Dia do Trabalhor de 2008	**325**
Bibliografia	**331**

Agradecimentos

Uma das coisas mais bonitas da natureza são as sequoias gigantes e as sequoias vermelhas que crescem no estado natal de Ruth, a Califórnia. A natureza, em sua sabedoria, só permite uma nova germinação dessas árvores a partir da destruição das vagens através do fogo. Foi em meio à destruição e ao sofrimento pessoal que nossa causa surgiu.

Em primeiro lugar, gostaríamos de agradecer às milhares de pessoas anônimas que nos visitam virtualmente no site ou que nos telefonam para compartilhar suas histórias, buscar aconselhamento ou procurar apoio. Elas, por sua vez, contribuíram, com seus sacrifícios, para lançar o Workplace Bullying Institute, o movimento antibullying americano.

O amigo e aliado David Yamada, professor de Direito da Suffolk University, é o pioneiro legal, cujos estudos sobre o bullying no local de trabalho, em 2000, impulsionaram o nosso trabalho em prol de mudanças na legislação. Ele foi o responsável pela redação do *Projeto do Local de Trabalho Saudável*, introduzido nas legislações estaduais em toda a América do Norte. Também fomos agraciados com a amizade de especialistas de outros países, que estimularam a atenção ao bullying nos Estados Unidos — Andy Ellis, Susan Marais-Steinman, Michael Sheehan, Charlotte Rayner, Helge Hoel e Ståle Einarsen — e dos acadêmicos locais Loraleigh Keashly e Joel Neuman. O grupo cada vez maior de voluntários que defendem a cidadania, incluindo aí os coordenadores da campanha legislativa do WBI, nos inspira e nos motiva constantemente.

Agradecemos especialmente a Cindy Waitt, diretora do Waitt Institute for Violence Prevention, pelo apoio no financiamento da primeira pesquisa científica nacional de relevância nessa área — a pesquisa sobre o bullying no local de trabalho nos Estados Unidos conduzida pelo WBI-Zogby em 2007 — e do projeto nacional para demonstrar que reduzir o bullying contra adultos nas escolas cria um clima antiabusivo para todos, o que facilita a aprendizagem.

Obrigado à equipe da Sourcebooks, que abraçou o movimento anti-bullying e publicou três edições deste livro.

Agradecemos o apoio dos mais próximos e mais queridos, nossos filhos Rob, Sean e Macario.

Finalmente, agradeço pelo amor inabalável de Ike Namie. Ele tornou o WBI e todos os sonhos possíveis.

Prefácio

A vida dos Namie mudou em 1996, quando a Dra. Ruth, contratada por uma clínica psiquiátrica, deparou-se com uma supervisora terrível. Antes de completar seu Ph.D. em Psicologia Clínica e a especialização em tratamento de dependência química, Ruth foi diretora de treinamento corporativo, consultora administrativa e gerente de vendas. Gary (Ph.D. em Psicologia Social) foi professor de inúmeras universidades, diretor de dois departamentos corporativos de treinamento e consultor administrativo.

A luta do casal por justiça começou em 1998, com a fundação da Campanha contra o Bullying no Local de Trabalho. A organização governamental não lucrativa se transformou, em sua primeira década, no Workplace Bullying Institute, que atende a americanos e canadenses. Dentre as conquistas das quais mais nos orgulhamos estão a importação do termo britânico "bullying no local de trabalho" para os Estados Unidos, ter dado início ao diálogo nacional e tê-lo sustentado de inúmeras formas, mais do que havíamos planejado originalmente.

As pesquisas — informações provenientes de sondagens empíricas e de mais de cinco mil entrevistas intensivas — distinguem o WBI de recém-chegados bem-intencionados na luta contra o bullying. As sondagens começaram com uma modesta série de perguntas em 1998, evoluindo para uma pesquisa científica nacional, conduzida com a parceira Zogby International, e prosseguindo com estudos empíricos descritivos de última geração, apresentações de conferências científicas e publicações em periódicos acadêmicos avaliadas por seus pares. As entrevistas começaram quando passamos a oferecer aconselhamento gratuito por telefone, a partir de 1998. As complicações financeiras derivadas dessa prática forçaram o seu encerramento, mas aprendemos muito do que sabemos com aqueles que compartilharam seus sofrimentos.

Os Namie educam o público. A pesquisa e o trabalho que eles promovem com relação ao bullying têm aparecido inúmeras vezes na TV a cabo — CNBC, *The Today Show, Good Morning America, The Early Show, Nightline*, CNN —, na TV aberta, na imprensa nacional — *New York Times, Washington Post, Los Angeles Times, San Francisco Chronicle, Chicago Tribune, Wall Street Journal, National Post, Financial Post, Toronto Star, Maclean's* — e no rádio, nos Estados Unidos como um todo e no Canadá. Já alcançamos mais de setecentas aparições em toda a mídia.

A Work Doctor, Inc. é a primeira firma de consultoria que busca soluções para que o empregador corrija e previna o bullying no local de trabalho. A empresa, estabelecida em 1985, tem se concentrado desde 1998 exclusivamente em problemas organizacionais relacionados ao bullying.

O site original se transformou na rede Namie, com oito sites, refletindo uma amplitude de serviços e informações sobre o assunto. O portal é *www.workplacebullying.org*.

Introdução

∙∙∙

Uma verdade básica: para fazer com que um praticante de bullying não o transforme em um Alvo, "simplesmente" avise fria e secamente que a conduta irracional e indesejada à qual você está sendo submetido é inaceitável. Sugira que o denunciará à equipe jurídica da empresa. Ofereça a ele a chance de parar logo no começo, e levante sua mão para causar mais efeito. Faça com que ele perceba seu próprio comportamento infantil e ostensivamente constrangedor.

É fácil falar, não é? É fácil entender e sonhar com isso também. Mas é praticamente impossível fazê-lo. Se fosse assim "tão" simples, você o teria feito logo de início, poupando-se de todos os sofrimentos de ser o Alvo do praticante de bullying. Os Alvos são escolhidos porque não são à prova de bullying, por razões que serão explicadas em detalhes neste livro.

Grande parte do sofrimento que você está sentindo agora não provém dessa única oportunidade perdida, mas do fato de você se punir por não haver tomado nenhuma ação capaz de reparar a injustiça. A verdade é que foi o seu empregador que estabeleceu as condições para que o bullying acontecesse de maneira irresponsável: fracassou em repreender o praticante de bullying no momento em que foi avisado disso e o obrigou a se defender sozinho, isolando-o no trabalho. O verdadeiro culpado é o empregador, e você nunca poderia ser capaz de assumir essa tarefa de correção sozinho.

Com base nos milhares de indivíduos que treinamos e entrevistamos durante esta primeira década do Workplace Bullying Institute, desenvolvemos um plano de ação individual. Não se trata do conjunto mais óbvio de sugestões. O plano em três etapas (exposto no Capítulo 17) vai de encontro ao senso comum. Nosso objetivo principal é ajudar os indivíduos capturados na rede de mentiras disseminadas pelo praticante de bullying no trabalho a fugir para a zona de segurança o mais rápido possível, de modo a minimizar os efeitos prejudiciais da exposição a um estresse injusto. Dê uma olhada no Capítulo 17 para saber a direção a ser tomada.

A Seção Um apresenta o fenômeno do bullying e a sua predominância. O bullying é a praga do local de trabalho contemporâneo, mas é facilmente ignorado pelas mesmas pessoas que poderiam erradicá-lo se estivessem motivadas, as que ocupam os cargos de gerência — executivos, administradores e donos. A seção termina com um teste sobre a sua disposição para reagir. Você não será bem-sucedido se agir prematuramente. A disposição é determinada mais pelo grau em que o bullying o afetou do que por sua vontade de lutar.

Se você tiver um cônjuge ou companheiro que também esteja vivenciando essa experiência, sair da posição de Alvo é uma viagem que deve ser empreendida por ambos. Portanto, é uma boa ideia fazer com que essa pessoa e outros amigos que se preocupam com você se familiarizem com a primeira seção do livro, para que eles possam compartilhar a terminologia e avaliar a seriedade da sua situação.

A Seção Dois contém exercícios criados para ajudá-lo a entender o furacão indesejado que perturbou sua vida. Alguns leitores precisarão visitar e revisitar essa seção antes de prosseguir. Para outros, esses capítulos terão mais aplicabilidade depois que o plano de ação for colocado em prática.

A Seção Três descreve nosso plano para manter-se seguro ou dar um fim ao bullying, algumas vezes alcançando ambos os objetivos.

A Seção Quatro atribui claramente a responsabilidade de parar o bullying a quem ela pertence — aos empregadores, que criam e distribuem tarefas e cargos; contratam o conjunto de pessoas em cujo núcleo estão os indivíduos potencialmente exploráveis e elegíveis como Alvos e alguns maliciosos exploradores; e encorajam ou detêm o bullying quando essa prática lhes é relatada. Um capítulo demonstra que o restante do mundo ocidental industrializado (alguns o chamam de "civilizado") culpa o ambiente de trabalho por alimentar e sustentar o bullying. Todas as leis internacionais atribuem firmemente a responsabilidade pela prevenção e pela correção do bullying aos empregadores. Os Estados Unidos estão lamentavelmente atrasados. O capítulo final apresenta a esperançosa história da campanha legislativa do WBI e sua tentativa de que as proteções ao trabalhador americano possam acompanhar o ritmo do resto do mundo.

Seção Um

....

O fenômeno do bullying no local de trabalho: epidemia silenciosa

Capítulo Um:

O bullying no trabalho

Todas as grandes coisas são simples, e muitas podem ser expressas em uma única palavra: liberdade, justiça, honra, dever, piedade, esperança.
— Sir Winston Churchill

O bullying no trabalho se caracteriza pelos maus-tratos perpretados contra uma pessoa de forma repetitiva e prejudicial à saúde, provocados por um ou mais empregados, podendo assumir o aspecto de abuso verbal; condutas ou comportamentos ameaçadores, intimidadores ou humilhantes; sabotagem que impeça a realização do trabalho; ou alguma combinação dos três fatores. Os que o praticam são chamados de agressores; aqueles que o recebem são os Alvos.

É uma violência psicológica — subletal e intangível —, uma mistura de agressões verbais e estratégicas para impedir que o Alvo tenha um bom desempenho no trabalho. É uma conduta ilegítima, já que interfere na realização do trabalho. Assim, os interesses legítimos do empregador em seus negócios não são alcançados.

O praticante de bullying coloca seu propósito pessoal de controlar outro ser humano acima das necessidades da organização empregadora. Tal controle é, normalmente, uma combinação de humilhação deliberada e sonegação dos recursos necessários para que o Alvo seja bem-sucedido no local de trabalho. Como resultado da pressão incessante da campanha de bullying, ficam comprometidas a saúde do Alvo — física e psicológica —, sua rede de apoio social, sua família e sua carreira.

Se é isso que está acontecendo com você, saiba que não está sozinho!

Para compreender a extensão desse problema, o Workplace Bullying Institute (WBI) e a Zogby International, prestigiadas empresas de pesquisa, entrevistaram 7.400 adultos americanos na véspera do Dia do Trabalhador de 2007. Esse estudo foi denominado Pesquisa Sobre o Bullying no Local de Trabalho nos Estados Unidos, a primeira sondagem científica nacional, representando as experiências de todos os americanos.

A questão principal era saber se os entrevistados sofreram ou testemunharam alguns dos seguintes tipos de maus-tratos repetidos (ou todos): sabotagem que impedisse a realização do trabalho; abuso verbal; conduta ameaçadora; intimidação ou humilhação.

O resultado surpreendente foi que 37% dos trabalhadores americanos haviam sofrido bullying no trabalho — 13% disseram que o problema estava acontecendo naquele exato momento, ou que havia acontecido no ano anterior à realização da pesquisa, e 24% disseram que não estavam sofrendo bullying no momento, mas que já haviam sofrido no passado. Somando-se os 12% que testemunharam o bullying, mas que não o sofreram diretamente, praticamente metade (49%) dos adultos americanos já havia sido afetada pelo fenômeno.

Da pesquisa WBI-Zogby © 2007

Segundo o Bureau of Labor Statistics, 146 milhões de americanos estavam empregados em julho de 2007. Isso significa que aproximadamente 54 milhões de americanos sofreram bullying no trabalho, considerando-se o índice de 37%. Até mesmo o índice mais modesto, de 13% (aqueles que estão sofrendo bullying no momento), simboliza 19 milhões de trabalhadores americanos em risco. Trata-se de uma epidemia.

Essa epidemia, no entanto, raramente é discutida. Ela é ocultada pelo silêncio, porque a outra metade dos americanos (45%) alega nunca ter sofrido ou testemunhado o bullying. Trata-se de uma epidemia silenciosa.

Metade dos casos de bullying acontece diante de testemunhas, mas a outra metade não. Pode ser que haja uma explicação plausível para que o bullying não seja percebido. De acordo com a pesquisa WBI-Zogby, os praticantes masculinos de bullying preferem praticá-lo publicamente, mais do que as praticantes femininas (57,8% contra 48,6%). Essas últimas preferem perpetrar o abuso a portas fechadas (47,2% contra 38,3%).

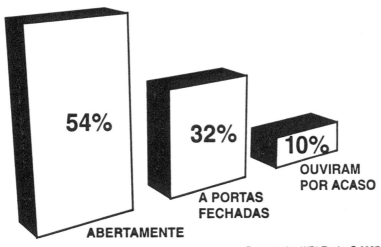

Da pesquisa WBI-Zogby © 2007

Os praticantes de bullying são mulheres e homens que agridem mulheres e homens de todas as raças e idades, em todos os locais de trabalho, não importando o tamanho ou o tipo de negócio. A maioria dos agressores é formada por homens (60%); a maioria dos Alvos é formada por mulheres (57%). No entanto, homens e mulheres têm critérios diferentes, baseados no gênero, para eleger seus Alvos.

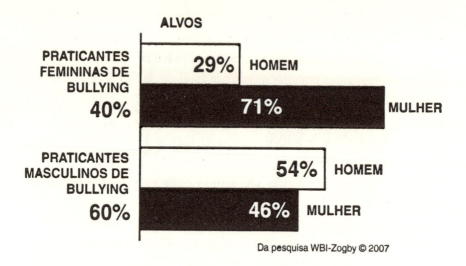

Da pesquisa WBI-Zogby © 2007

As mulheres elegem outras mulheres em 71% dos casos, escolhendo-as como Alvos com 2,5 vezes mais frequência do que escolhem homens, enquanto os agressores masculinos praticam seus abusos indiscriminadamente, mostrando uma pequena preferência por praticar o bullying contra outros homens.

Cada resposta inapropriada ou inadequada dos empregadores, dos conselheiros organizacionais e do sistema jurídico às crueldades relatadas apenas aumenta o problema que os Alvos têm diante de si. Tudo contribui para perpetuar a crueldade. Notadamente, os recursos da organização são previsivelmente mobilizados para defender o praticante de bullying, em vez do injustiçado Alvo. Da perspectiva do Alvo, o mundo do trabalho conspira contra ele para lhe causar prejuízo.

De início, tudo não passa de uma agressão pessoal, mas que logo toma maiores proporções, conforme o praticante de bullying vai envolvendo os outros na afiada campanha de destruição interpessoal voltada contra o Alvo.

O bullying descontrolado logo converte o local de trabalho em um lugar abusivo, tóxico, onde todos sofrem. Se essa prática for ignorada por muito tempo, toda a organização estará sob risco.

Alvos e praticantes de bullying

Por uma questão de respeito àqueles que estão sofrendo abuso, usamos letra maiúscula ao nos referirmos aos *Alvos*. Os Alvos são pessoas que simplesmente tiveram a má sorte de se depararem com um praticante de bullying, e foram lentas demais para perceberem sua própria lista de deficiências pessoais, ou sua falta de autoestima. Um Alvo deixa-se levar e, com um pouco de sorte, consegue escapar da mira do praticante de bullying. O *status* de Alvo pode ser temporário, ou pode arrastar-se por anos.

Alvos, não vítimas

Os praticantes de bullying elegem como Alvos aqueles que desejam prejudicar. Os Alvos são destinatários das impiedosas agressões verbais e táticas, que os atingem intimamente. Ao longo do tempo, sua personalidade é esmagada, deixando de ser reconhecida até por ele mesmo. Quando se veem como vítimas, duas coisas indesejáveis podem acontecer:

1. Se eles tiverem um histórico pessoal de exploração por parte de membros de sua família ou em outros relacionamentos, a posição de vítima reedita instantaneamente aqueles momentos dolorosos. Uma vez alcançado esse estágio, torna-se mais difícil, para as vítimas, agir para reverter a situação. O bullying é certamente traumatizante para aqueles que já passaram por experiências prévias. Isso afeta a intensidade dos danos causados; não justifica, no entanto, as ações do praticante de bullying, nem alivia a responsabilidade do empregador por ter exposto o Alvo ao sofrimento e não tê-lo protegido a partir do momento em que o bullying lhe tenha sido relatado.

2. A posição de vítima traz consigo a impotência, o desamparo e a inabilidade de mudar as coisas para melhor. Uma vez fora da mira, o Alvo pode se sentir novamente seguro e apreciar o próprio trabalho.

> **Os Alvos não merecem nem desejam o que estão recebendo.**
>
> **Os praticantes de bullying são mentirosos e covardes!**

Ser à prova de bullying é recuperar a dignidade e o autorrespeito. Infelizmente, o projeto de recuperação parece exigir dos Alvos sacrifícios enormes para dar um basta definitivo ao bullying. Em nossa pesquisa perguntamos o que poderia fazer com que o bullying parasse. Quarenta por cento dos Alvos abandonaram seus empregos, o que representa a perda evitável de 21,6 milhões de trabalhadores (com base na estimativa de que 54 milhões sofrem bullying), em uma época em que os empregadores enfrentam uma diminuição crítica de trabalhadores qualificados. Além disso, se estimarmos, prudentemente, que metade das rescisões de contrato de empregados que sofreram bullying, é resultado de um chefe praticante de bullying, e não de um afastamento por *justa causa*, um adicional de 6,5 milhões de trabalhadores perdem seus empregos por causa do bullying, que poderia ser evitado. A estimativa de rotatividade total atribuível ao bullying pode ser razoavelmente estabelecida em 28 milhões de trabalhadores americanos.

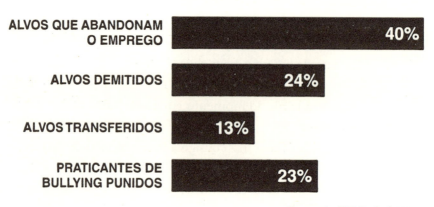

Da pesquisa WBI-Zogby © 2007

Ao tentar fugir do bullying, os Alvos do sexo feminino mostraram uma maior tendência a abandonar o emprego do que os homens (45% contra 32,3%). O WBI descobriu que quanto mais cedo os indivíduos escolhidos como Alvos recuperarem a segurança, seja de que maneira for, mais saudáveis eles se tornarão, ou mais rapidamente conseguirão se recuperar dos danos sofridos.

A autora britânica Andrea Adams cunhou a expressão "workplace bullying" (bullying no local de trabalho). É um termo instantaneamente reconhecível para os americanos. Cada vez que esperamos na fila em uma loja, nos sentamos em um saguão de aeroporto ou conversamos com um repórter, ficamos sabendo de uma história de alguém que foi agredido no trabalho, seja uma história pessoal ou de algum conhecido. É bastante comum, uma "epidemia silenciosa" prestes a ser descoberta (ou a enfrentar o escrutínio da imprensa e da mídia, como se costuma dizer no mundo moderno).

Bullying — Familiar, mas diferente

Um tipo diferente de assédio

Quando dizemos "assédio", a maioria de nós automaticamente pensa em assédio sexual, que todos sabemos ser ilegal, de acordo com as leis estaduais e federais. Para que o assédio se torne ilegal e punível nos tribunais, os direitos civis do destinatário/vítima/Alvo devem ser violados. Além disso, essa pessoa deve ser membro de um grupo reconhecido de "status protegido". Nos Estados Unidos, no tocante aos direitos civis, há sete grupos de status protegido (os que dizem respeito a *gênero* e *raça* sendo os mais importantes), aos quais uma pessoa deve pertencer para que possa prestar uma queixa de discriminação ou abrir um processo dessa natureza. Mais ainda, a discriminação é proibida se for possível comprovar que a *idade* ou a existência de *necessidades especiais* são as motivações para o assédio. O assédio ilegal é *baseado em status*. No Canadá, ele é chamado de assédio com base em provas.

O bullying ultrapassa todos os limites de pertencimento a qualquer grupo de qualquer *status*. O bullying é um tipo de assédio *indiferente ao status*. Assim, ele deve ser diferenciado das variantes ilegais de assédio. O bullying acontece quando o assédio é realizado entre pessoas do mesmo gênero ou da mesma raça, ou quando o praticante de bullying goza de proteção jurídica potencial, justamente por ser membro de um grupo de status protegido.

De acordo com a pesquisa citada anteriormente, geralmente o bullying envolve o assédio entre pessoas do mesmo gênero, o que totaliza 61% dos casos — 32% de homens contra homens, e 29% de mulheres contra mulheres.

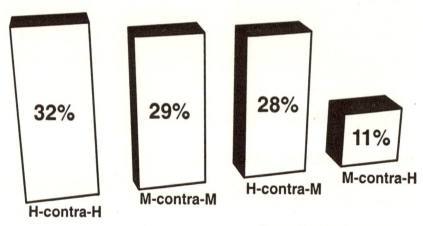

Da pesquisa WBI-Zogby © 2007

O bullying é quatro vezes mais predominante do que o assédio ilegal e discriminatório (com base na proporção 80:20; em apenas 20% dos incidentes de assédio, a pessoa escolhida como Alvo estaria apta a prestar uma queixa contra discriminação ou a abrir um processo). Os praticantes de bullying gozam da proteção dos direitos civis em 31% de todos os casos. E, a partir da experiência empírica do WBI, são eles, os praticantes de bullying, os que ameaçam processar os empregadores, de modo a acabar com as investigações ou com as tentativas de conter os maus-tratos.

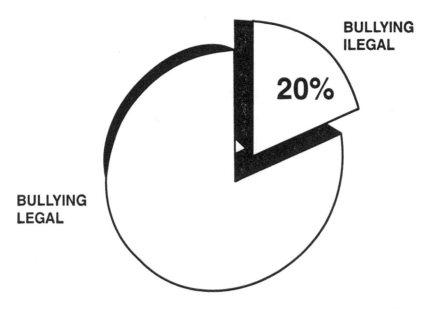

Da pesquisa WBI-Zogby © 2007

Raramente o bullying é ilegal. A atitude que parece ser sustentada por muitos empregadores é "se não gosta, processe-me".

Os empregadores devem responder apropriadamente quando houver leis trabalhistas. Já que, atualmente, o bullying não é considerado ilegal, como os empregadores reagem a essa prática? Em 62% dos casos, quando os empregadores são notificados do bullying, eles intensificam o problema do Alvo ou, simplesmente, não fazem nada. Não fazer nada não é um ato neutro quando um indivíduo está solicitando ajuda explicitamente. Quando nada é feito, o empregador se torna cúmplice do praticante de bullying, seja deliberada ou inadvertidamente, permitindo que a ação continue sendo praticada com a mesma intensidade. Os empregadores ofereceram ajuda em menos de um terço das situações.

Por favor, atente para o fato de que a existência da lei simplesmente confere o "direito a um processo judicial". Por sua vez, isso significa colocar-se em risco financeiro, nas mãos de um advogado, de um juiz pró-corporativo ou de um júri cujas decisões podem ser facilmente revogadas ao longo de inúmeros anos. Mesmo em casos em que o acordo ou a indenização são pagos, a recompensa raramente justifica prolongar a agonia que o bullying despertou. As soluções jurídicas raramente são satisfatórias.

Da pesquisa WBI-Zogby © 2007

Violência psicológica. O bullying opera de forma bastante similar à violência doméstica (VD). Na VD, a vítima maltratada é submetida, no mínimo, ao abuso verbal. Dizem-lhe que ela não merece respeito, que não tem valor, que é incompetente e que ninguém a ama. O agressor, sentindo-se mais poderoso, mantém sua vítima sob a tensão resultante da iminência de um próximo episódio de agressão. Entre os acessos de violência, durante as fases de lua de mel, distribui-se gentileza. Todos os aspectos da vida da vítima são controlados pelo agressor. Ele a isola, mantendo a distância os amigos, que poderiam providenciar apoio social e psicológico durante os momentos estressantes. Ao fim, os amigos se cansam da inabilidade da vítima de sair daquela situação por si mesma. Eles não percebem a detenção que limita o subjugado, veem apenas sua futilidade e seu desamparo.

O bullying é uma VD na qual o agressor faz parte da folha de pagamento. Os que trabalham com ele são as testemunhas que nada fazem. Os executivos e gerentes-sênior são defensores do praticante de bullying. Em breve, o Alvo começa a duvidar de sua habilidade de voltar a se sentir seguro. O contracheque e a percepção, real ou imaginada, de que não existem alternativas formam as barreiras que aprisionam o Alvo.

Em 2005, o National Institute for Occupational Safety and Health (NIOSH) convocou um encontro especial sobre a agressão e o bullying no local de trabalho. O NIOSH reconhece o bullying como uma forma de violência nesse ambiente. O bullying é a violência cujo impacto baseia-se, inevitavelmente, em agressões emocionais, que podem ou não ser de natureza psicológica (por exemplo: os jogos mentais executados pelo praticante de bullying).

Os críticos dizem que palavras duras não ferem as pessoas. A noção é a de que os Alvos precisam apenas desenvolver uma capacidade de tolerância maior, de modo a suportar as inevitáveis agressões, que são uma parte rotineira do trabalho.

Jeff Tannenbaum, advogado do escritório especializado em direitos trabalhistas Littler Mendelson, de abrangência nacional nos Estados Unidos, disse ao *San Francisco Business Times* (19/07/99) que o bullying tinha seus benefícios. "Este país foi construído por filhos da mãe vis e agressivos", disse Tannenbaum. "O caráter abusivo do bullying está nos olhos de quem vê. Algumas pessoas podem precisar de uma dose apropriada de bullying para realizarem um bom trabalho."

Pessoas como o educado e competente, ainda que ignorante, Tannenbaum afirmam que aqueles que alegam ser vítimas de bullying são, na verdade, apenas chorões que não conseguem suportar "um pouco de crítica construtiva". Ele (e outras pessoas como ele) precisam se familiarizar com pesquisas recentes sobre o tema, que evidenciam o poder destrutivo do abuso verbal e da exclusão social.

Você provavelmente deve conhecer os escâneres de IRM, que ajudam a diagnosticar muitos problemas físicos. O IRM também pode fotografar o cérebro enquanto ele está processando informações. As áreas do cérebro que estão sendo solicitadas iluminam-se, pois o oxigênio é rapidamente conduzido até essas áreas. Em tempo real, podemos ver como o cérebro funciona.

Um conjunto de estudos feitos por Kip Williams e seus colegas da Purdue University é relevante no que diz respeito ao bullying. Neles, as pessoas eram insultadas enquanto estavam sendo monitoradas (o IRM em tempo real é chamado de IRMf, ou IRM funcional). Revelou-se que os insultos, uma forma de abuso verbal, acionam os caminhos neurais relativos à dor. Literalmente, dói ser insultado. Mais do que isso: quando as pessoas que participam de um experimento social são inexplicável e inadvertidamente excluídas do que seria uma atividade de diversão na companhia de outras pessoas, o cérebro responde de uma forma que se assemelha ao trauma e à dor. A exclusão social é dolorosa; ela é real.

Os Alvos que sofrem bullying são fracos? A pesquisa mostra que não há nenhum chorão ou resmungão nesse grupo. Eles suportam uma grande quantidade de estresse em silêncio. Os indivíduos que sofrem bullying raramente confrontam a situação ou agem de maneira antagônica. Eles abriram processos em apenas 3% dos casos e prestaram queixa formal em apenas 4% deles; 38% relataram *informalmente* o ocorrido aos seus empregadores e 40% nem sequer chegaram a contar nada para os chefes.

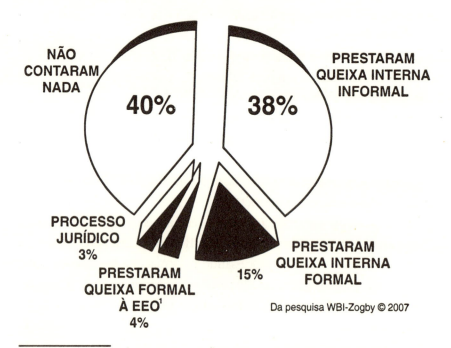

Da pesquisa WBI-Zogby © 2007

---

[1] Na sigla em inglês, Equal Employment Opportunity (Igualdade de Oportunidades no Emprego), a comissão reguladora do setor trabalhista nos Estados Unidos. (*N. do T.*)

Algumas diferenças de gênero se tornaram evidentes. Os Alvos do sexo masculino demonstraram uma tendência maior para não agir do que as mulheres (45,5% contra 37%). A pesquisa revelou também uma probabilidade maior de os Alvos prestarem queixa informal a seus empregadores quando o praticante de bullying era uma mulher do que quando era um homem (42,6% contra 35,6%) e uma probabilidade maior de não fazerem nada quando o agressor era um homem do que no caso de se tratar de uma mulher (43,8% contra 36%).

Os Alvos não são chorões. Eles permanecem "dominados" por um longo tempo, tempo demais, em muitos casos. A pesquisa mostrou que 73% dos Alvos que sofreram bullying suportaram-no por mais de seis meses; 44%, por mais de um ano.

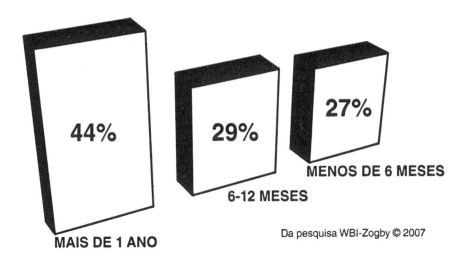

Da pesquisa WBI-Zogby © 2007

O *bullying escolar* — uma criança agredindo outra — é geralmente comparado ao bullying no local de trabalho. Ambos os tipos compartilham princípios comuns básicos: a desesperada necessidade de controle de uma pessoa insegura e inconveniente, e o exercício de poder através da humilhação do Alvo. Os praticantes de bullying em idade escolar, se reforçados por outras crianças, professores amedrontados ou diretores ignorantes, crescem e se tornam pessoas dominadoras. Se tal comportamento funciona para eles, não há razão para mudá-lo. Na idade adulta, no ambiente de trabalho, eles fazem o que sabem fazer melhor — praticar o bullying. Um porcentual desconhecido de praticantes de bullying no local de trabalho têm um histórico acumulado ao longo da vida que evidencia seu desrespeito às necessidades dos outros. Evidentemente, os exemplos observados em um local de trabalho supercompetitivo despertarão o lado obscuro de muitos outros que nunca praticaram bullying em suas vidas; eles talvez o tenham testemunhado, mas raramente estiveram na posição de Alvos.

As estatísticas do bullying no local de trabalho são mais sérias do que na escola. A prática ameaça a subsistência econômica não apenas do Alvo, mas de sua família. Quando um praticante de bullying decide desestabilizar arbitrariamente a carreira de um Alvo, anos de investimento em termos de tempo e dinheiro estão sob risco. Finalmente, a diferença mais importante — aquela que distingue nossa forma de abordar as soluções — é que a criança-Alvo deve receber a ajuda e o apoio de adultos imparciais para reverter o conflito. Já os adultos que sofrem bullying têm como principal responsabilidade reparar a injustiça por si mesmos, de modo a arquitetar uma solução. No momento em que outras pessoas intervêm em seu benefício — quando um cônjuge mais agressivo e bem-intencionado se encarrega de encontrar a solução —, o Alvo sofre consequências adicionais por abrir mão de sua independência.

Ironicamente, o bullying entre alunos de uma escola ocorre em um espaço que vem a ser o local de trabalho de professores adultos e outros membros da equipe. É lógico que se as crianças testemunham adultos sofrendo bullying e observam o impacto dessa agressão sobre os Alvos, os adultos estão lhes apresentando um modelo de comportamento, mostrando-lhes "como fazer". Um ambiente escolar tóxico para adultos certamente interfere no sucesso da aprendizagem. Antes de colocar em prática os programas antibullying exigidos pelas leis estaduais para as crianças em idade escolar, os administradores regionais e as diretorias das escolas talvez devessem deter o bullying sistêmico que lhes é constantemente relatado. O WBI lançou o projeto de demonstração nacional nos Estados Unidos em uma jurisdição escolar piloto do Meio-Oeste, para apresentar nosso programa a toda uma jurisdição escolar e medir seu impacto em uma série de indicadores do sucesso escolar. O progresso e os resultados podem ser acompanhados no site do WBI.

Incivilidade e indelicadeza. Essas atitudes raramente causam estresse para as pessoas que as vivenciam. Mordiscar os dedos, estalar as articulações, arrotar e limpar o nariz são todos comportamentos ofensivos e impróprios. No entanto, eles interferem somente na socialização de quem os pratica. Não se trata de bullying até que o agressor faça algo ao Alvo. Se o agressor mordiscar os dedos do Alvo (contra sua vontade) ou apertar seu nariz (sem permissão), e esse comportamento ofensivo o ferir emocionalmente, isso pode ser caracterizado como um caso de bullying. Incorreções sociais que não são deliberadamente cometidas para afetar as outras pessoas podem ser objeto de uma conversa, mas elas não se qualificam como bullying de acordo com os nossos critérios.

Chris Pearson, Ph.D., é pesquisadora de "incivilidades". Sua pesquisa sobre trabalhadores que admitiram terem sido Alvo de indelicadeza ou de desrespeito revelou que 12% se sentiam impelidos a abandonar seus empregos. Já a pesquisa WBI-Zogby descobriu que 77% dos indivíduos escolhidos como Alvo deixaram empregos que eles anteriormente adoravam para deter o bullying. A incivilidade torna-se insignificante quando comparada ao bullying no tocante à negatividade, à severidade e ao impacto.

Violência no local de trabalho. A violência inclui homicídios e espancamentos — atacar fisicamente uma pessoa. Um ambiente de trabalho com tendências ao bullying pode ser bastante patológico e dominado pelo medo (com todos, incluindo a gerência, paralisados demais para responsabilizar o praticante de bullying por seu imperdoável comportamento). O praticante de bullying rotineiramente perpetra violência psicológica contra seu Alvo. Ainda assim, ele raramente precisa recorrer à violência física ou às ameaças dessa natureza para satisfazer suas necessidades de controle. Alguns agressores, de fato, ameaçam usar a violência, mas quase todos se sentem contentes em prejudicar as pessoas sem o uso dos punhos ou de armas.

A violência no local de trabalho começa muito antes do uso de armas letais para eliminar vidas. Onde o ressentimento e a agressividade rotineiramente substituem a cooperação e a comunicação, a violência já ocorreu.

— Bernice Fields, juíza

As cláusulas da política de tolerância zero à violência no ambiente de trabalho permitem que o gerente provoque os trabalhadores ao longo de vários anos e rescinda imediatamente seus contratos se esses ousarem contrariá-lo com uma ameaça verbal impulsiva. O local de trabalho se tornou um caso de polícia para aqueles que se baseiam em medos irracionais.

Uma funcionária pública federal, mãe de filhos pequenos, foi algemada e retirada à força sem a menor cerimônia do trabalho, ao comentar inocentemente que, considerando-se que seu ambiente de trabalho era um inferno (ela responsabilizava o praticante de bullying por isso), simpatizava com os empregados dos correios, que tinham se tornado violentos porque ninguém tampouco os ouvia. Ela não apenas perdeu o emprego, como foi proibida de entrar em contato com seus filhos naquela noite, enquanto lutava contra a aplicação da lei.

Os Alvos que sofrem bullying representam um risco de violência? Na mais rara das circunstâncias, um Alvo, depois de anos de maus-tratos perpetrados por um tirano e de inação por parte do empregador, não vê outra alternativa e parte para a violência.

Um homem se matou e assassinou o gerente de sua filial no dia em que retornou ao trabalho, após um período de convalescência de um ataque cardíaco provocado por aquele mesmo gerente. O gerente o cumprimentou no estacionamento e o provocou antes de entrar no escritório. O homem, descrito como muito gentil e carinhoso por todos aqueles que o conheciam, entrou em seu carro e foi embora, retornando minutos depois com uma arma carregada. Seus colegas de trabalho consideraram o acontecimento uma tragédia, mas apenas por conta do suicídio. Revelou-se que o gerente da filial era um dos favoritos da matriz. Sua reputação era de ser "um cara que promovia grandes mudan-

ças", que baixava o chicote em cada um dos inúmeros escritórios aos quais era designado. Rotatividade de equipes, indenização de empregados e pedidos de afastamento por invalidez eram a sua herança. Ele era detestado pelos funcionários, embora fosse estimulado e respeitado pelos membros do escritório central, que usualmente desrespeitavam sua força de trabalho.

Analistas de crimes com armas de fogo têm que dissecar cuidadosamente cada episódio de violência no ambiente de trabalho. Se o atirador seleciona certas pessoas, então nós, no WBI, temos quase certeza de que aquelas vítimas o frustraram previamente, ignorando ou negando repetidas queixas sobre maus-tratos no trabalho. Isto é, quando as vítimas são um funcionário do EEO, um membro da equipe de Recursos Humanos ou o chefe do praticante de bullying, então podemos atribuir a violência a um caso de bullying que não mereceu a devida atenção. Tristemente, o que se diz de modo automático e simplista é que o atirador era um desequilibrado. Os repórteres entrevistam o supervisor praticante de bullying, que difama o empregado "com problemas", alegando que ele tinha um mau rendimento, enquanto seu corpo está sendo transportado para o camburão do médico-legista.

É mais comum que os Alvos dirijam a violência para si mesmos e cometam suicídio. Considerando o papel que a vergonha e a humilhação desempenham em suas vidas, os Alvos têm grande dificuldade de sair da cama e geralmente sofrem de depressão. Quando chegam a se suicidar, já perderam seus casamentos, seus lares, seus filhos e toda a esperança de sobreviver economicamente. Foi o bullying que provavelmente os afastou do emprego e que, inicialmente, provocou a queda de qualidade em suas vidas. Infelizmente, o elo entre o suicídio, os cruéis maus-tratos e a subsequente perda do emprego é menos óbvio que a pilha de corpos de um ataque público promovido por um atirador. Uma representante sindical de uma agência federal dos Estados Unidos, por exemplo, tomou conhecimento de nove suicídios em sua região no espaço de um ano diretamente atribuíveis a casos de bullying.

Em uma escala de danos que uma pessoa poderia sofrer no trabalho, as incivilidades ficariam perto da extremidade inferior. Já o bullying compreenderia uma grande zona intermediária de práticas destrutivas e intimidatórias no local de trabalho. A violência física aparece na extremidade superior, representando o grau 10.

Severidade do dano

O Workplace Bullying Institute, catalisador da mudança

O bullying no ambiente de trabalho é uma séria ameaça para:

- Libertar-se do medo e do trauma
- A saúde e a segurança dos funcionários
- Os direitos civis no local de trabalho
- A dignidade no trabalho
- O autorrespeito pessoal
- A coesão e a estabilidade familiares
- O espírito de equipe e a produtividade
- A garantia das práticas trabalhistas
- A retenção de empregados qualificados
- A reputação do empregador

O bullying é um problema multifacetado que exige soluções multidisciplinares:

- Pesquisadores comportamentais e organizacionais
- Medicina
- Profissionais de saúde mental
- Recursos legais
- Organização do trabalho

- Advogados trabalhistas
- Administração e Recursos Humanos
- Especialistas em resolução de conflitos
- Educação
- Governo

O silêncio e a vergonha do Alvo, combinados com certas tendências humanas à agressividade, garantem que, provavelmente, o bullying nunca terá um fim definitivo. Apesar dessa realidade, devemos objetivar a criação de um mundo do trabalho livre do bullying, contentando-nos com qualquer conquista ao longo desse caminho.

Não espere por líderes. Faça você mesmo, pessoa por pessoa.
— Madre Teresa

Capítulo Dois:

Entendendo os praticantes de bullying

Existem evidências impressionantes de que quanto maior o nível de autoestima do indivíduo, mais ele tratará os outros com respeito, gentileza e generosidade.
— Nathaniel Branden

Para que uma relação frutifique, é preciso que as duas pessoas estejam empenhadas em fazê-la crescer. Isso vale tanto para as relações amorosas quanto para as abusivas. No caso da maioria das relações amorosas, cada pessoa quer alguma coisa; do contrário, nada se desenvolve. Idealmente, em uma parceria, cada indivíduo precisa do outro de alguma forma.

No entanto, a "relação" patológica entre o Alvo e o praticante de bullying é diferente, pois:

- O Alvo é atirado à relação involuntariamente, simplesmente porque o empregador o expôs ao sofrimento ao distribuir as tarefas e, então, insistiu para que a parte agredida não pudesse escapar sem um prejuízo significativo.
- O praticante de bullying controla todos os aspectos do reino do terror — quando atacar, quando recuar, o espaço e o público.
- O objetivo não é o benefício ou o ganho mútuos, mas sim o controle, e o Alvo não está interessado nisso.

- As táticas sabotadoras e ardilosas do praticante de bullying são tão incômodas, inadequadas e imerecidas que o Alvo não pode ser responsabilizado de forma alguma, nem mesmo parcialmente.
- É impossível divisar qual o benefício dessa prática para o Alvo.
- Os praticantes de bullying precisam dos Alvos para progredir; já os Alvos têm dificuldade de progredir quando os praticantes de bullying se intrometem em suas vidas.

As pessoas sempre elegem um vencedor no qual se espelhar e o reverenciam indefinidamente. [...] Isto é exatamente a semente do surgimento de um tirano.

— Platão

Por que as pessoas praticam o bullying

Explicação 1: Porque elas CONSEGUEM!

Explicação 2: Modelo de três fatores gerados pelo ambiente de trabalho

Nosso modelo situa o papel da personalidade do praticante de bullying — e a tóxica combinação com um Alvo bem-intencionado e apolítico — entre os dois fatores que estão inteiramente sob o controle do empregador. Isso significa que os empregadores podem dar um fim ao bullying aprimorando as condições do ambiente. Com nosso modelo, as soluções se tornam possíveis. A ênfase é sobre *o que* mudar, em vez de *quem* mudar.

A. Aparecimento de oportunidades para que um trabalhador agrida o outro

O empregador estabelece uma tarefa — deliberada ou casualmente — que cria uma competição implacável entre os funcionários. Os empregados são posicionados uns contra os outros em postos ou projetos que permitem apenas um vencedor, criando muitos perdedores. *A competição de soma zero* é outro nome para resultados em que o vencedor-fica-com-tudo. As vitórias surgem à custa dos perdedores; o triunfo é conquistado à custa da pele dos derrotados. Isso é óbvio em organizações de vendas, mas qualquer um pode ser induzido a se tornar cruel quando há poucas recompensas, *status* ou recursos. Não existem salários ou promoções suficientes disponíveis no governo ou na área da educação; portanto, esses ambientes de trabalho são especialmente vulneráveis à prática do bullying.

B. Mistura de pessoas — exploradores e uma infinidade de Alvos facilmente exploráveis

Somente um pequeno porcentual dos que vislumbram e se utilizam das oportunidades de praticar o bullying contra os outros é de manipuladores cruéis. Eles podem estar simplesmente objetivando prejudicar os outros. Você pode pensar que está imune a isso, mas todos nós temos um lado obscuro. Sob circunstâncias ameaçadoras, nós, pessoas comuns, somos capazes de uma incrível crueldade contra outros seres humanos se pensarmos que precisamos disso para sobreviver.

Os exploradores podem ser apenas maquiavélicos. Eles são ambiciosos, não cruéis. Querem apenas seguir em frente e estão dispostos a usar os outros para atingir seus objetivos egoístas. É a maneira americana de se fazer negócios. Eles não são necessariamente perturbados ou psicopatas. Parecem indivíduos comuns quando observados de longe.

Os Alvos, como você ficará sabendo ao longo deste livro, são abençoados/amaldiçoados por uma forte ética profissional. Eles apenas querem ser "deixados sozinhos" para fazer o seu trabalho. Em várias das indústrias propensas ao bullying, descobrimos que muitos empregados compartilham uma orientação pró-social. Eles são os "humanitários": querem curar os doentes, ensinar e orientar os jovens, tomar conta dos idosos, trabalhar com os dependentes químicos e os que sofreram abusos na sociedade. Eles reúnem todas as condições para serem explorados. Enquanto se concentram em fazer o bem e em causas nobres, esperando ser recompensados pela qualidade de seu trabalho, tornam-se vulneráveis para que o praticante de bullying crave suas garras.

C. A resposta equivocada do empregador

Há três respostas possíveis para o bullying quando os casos são relatados, formal ou informalmente, ao empregador.

- Ele é, inequivocamente, considerado inaceitável, e o agressor é punido.
- Ele é ignorado — uma forma de aprovação tácita e informal, que envia uma mensagem absorvida por todos.

- Ele é recompensado — o agressor é promovido ou exibido triunfalmente como um vencedor.

Nossa pesquisa nacional WBI-Zogby, de 2007, mostrou que os empregadores tendem a ignorar o bullying em 44% dos casos e, até mesmo, a piorá-lo (em 18% dos casos).

No Dia do Trabalhador de 2008, o WBI realizou uma pesquisa online mais modesta, com quatrocentos indivíduos (uma amostra inespecífica, pois os entrevistados visitaram o site e se voluntariaram para responder a pequena entrevista), na qual nos aprofundamos mais. Conforme foi relatado por Alvos que sofreram bullying, quando os empregadores ficaram sabendo do fato, eis aqui o que eles fizeram:

- 1,7% conduziu uma investigação justa e protegeu o Alvo de bullyings futuros, com consequências negativas para o agressor;
- 6,2% conduziram uma investigação justa, com consequências negativas para o agressor, mas nenhuma segurança para o Alvo;
- 8,7% conduziram uma investigação inadequada/injusta, sem nenhuma consequência para o agressor ou para o Alvo;
- 31% conduziram uma investigação inadequada/injusta, sem nenhuma consequência para o agressor, enquanto o Alvo sofreu represálias;
- 12,8% dos empregadores não fizeram nada ou ignoraram a queixa, sem nenhuma consequência para o agressor ou para o Alvo;
- 15,7% dos empregadores não fizeram nada; o Alvo sofreu represálias por ter relatado o bullying, mas preservou seu emprego;
- 24% dos empregadores não fizeram nada; o Alvo sofreu represálias e, no fim, perdeu seu emprego.

Pode-se observar que, predominantemente, os empregadores não fizeram nada (53%); na realidade, em 71% dos casos, eles aplicaram represálias aos Alvos que ousaram denunciar o bullying.

Consideremos o modo como os empregados interpretam a resposta dos empregadores. Quando o bullying acarreta consequências positivas para aqueles que o cometem, os agressores são estimulados. As promoções e as recompensas em benefício dos agressores são exemplos disso. Mas a ausência de punição também o é. Os que praticam o bullying contra os outros e ficam impunes se convencem de que poderão praticá-lo eternamente. O bullying se torna parte da cultura, "o jeito como as coisas são feitas por aqui".

Os fatores A e C estão completamente sob o controle do empregador. Os empregadores determinam o tipo de trabalho e como ele deve ser feito. Eles moldam o ambiente de trabalho e também contratam as pessoas que se tornarão parte do grupo. Entretanto, os praticantes de bullying se infiltram, disfarçados de trabalhadores de alto desempenho e de empreendedores desejavelmente ambiciosos. Já os Alvos são contratados por suas qualificações. Nunca há uma discussão sobre o quão abusivo o trabalhador com alta dose de agressividade pode se tornar quando lhe for dada a oportunidade. Também não é comum haver discussão sobre as probabilidades de um trabalhador se traumatizar caso seja exposto a um ambiente de trabalho abusivo.

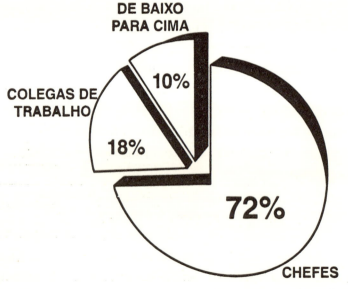

Da pesquisa WBI-Zogby © 2007

Chefes que praticam o bullying. O estereótipo nos soa familiar. Parece se encaixar perfeitamente. A imprensa adora essa imagem também. De acordo com a pesquisa WBI-Zogby, ela é verdadeira. A maior parte dos praticantes de bullying é formada por chefes.

Faz sentido inferir que se os praticantes de bullying ameaçam a subsistência econômica de seus Alvos, eles o fazem apenas porque estão investidos do poder principal e da autoridade para cumprir sua promessa de combate. Os tiranos mesquinhos precisam do título de supervisor, gerente ou executivo para agir.

Também é verdade que a prática do bullying apresenta uma curva descendente. Empregados que não gerenciam outros compõem a maioria dos Alvos que sofrem bullying. Entretanto, quando todos os níveis gerenciais são agrupados em conjunto — supervisores de primeiro escalão, gerentes intermediários e gerentes-sênior —, eles relatam que também já sofreram bullying.

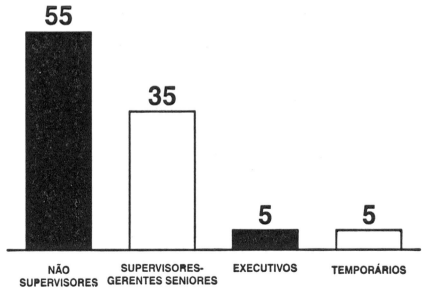

Da pesquisa WBI-Zogby © 2007

Naturalmente, os executivos estão relativamente imunes ao bullying provocado por seus colegas. O importante pesquisador do estresse, Robert Sapolsky (*Why Zebras Don't Get Ulcers*, 3ª edição, 2004: Holt), com base em anos de trabalho com babuínos, afirma que a vida mais livre de estresse é a dos que estão no topo da hierarquia. Pergunte aos presidentes executivos. E o fato de que os trabalhadores temporários sofram bullying tão raramente nos diz muito a respeito de como o *status* de "empregado" que todos nós buscamos para usufruir de algo próximo à estabilidade financeira (e quase a única forma de se conseguir um plano de saúde acessível nos Estados Unidos) é uma faca de dois gumes. Em troca de um contracheque (geralmente insatisfatório), sacrificamos nossa liberdade e simplesmente abandonamos o emprego quando o estresse nos perturba demais.

Praticantes de bullying: tipos, táticas e dicas para lidar com eles

A pesquisa do WBI de 2003 diz...

As dez principais táticas do praticante de bullying
1. Culpar pelos "erros"
2. Estabelecer demandas de trabalho irracionais
3. Criticar a competência
4. Obedecer às regras de modo inconsistente
5. Ameaçar com a perda do emprego
6. Insultar e humilhar
7. Desconsiderar/negar as conquistas
8. Excluir, "dar um gelo"
9. Berrar, gritar
10. Roubar o crédito de alguém

Os praticantes de bullying comportam-se como políticos no local de trabalho. Seu objetivo é simples — controlar as pessoas que escolhem como Alvos. Para fazer isso, eles se valem de uma série de táticas. Não importa qual seja adotada, todas elas servem para envergonhar, humilhar e tratar o Alvo como uma pessoa impotente. Na mentalidade de um praticante de bullying, os Alvos são impotentes. Este raciocínio distorcido é a única maneira que os agressores conhecem para sobreviver ao mundo do trabalho: à custa de outra pessoa.

- **Abuso verbal: 53%**

- **Ameaças, intimidação, humilhação: 53%**

- **Interferência no desempenho: 45%**

- **Abuso de autoridade: 47%**

- **Destruição de relações: 30%**

Da pesquisa WBI-Zogby © 2007

> **Os praticantes de bullying dão início a todos os conflitos e problemas.**
> **Os Alvos reagem.**

Os praticantes de bullying podem ser classificados em categorias, mas os indivíduos que escolhem praticar o bullying podem adotar quaisquer táticas a qualquer momento para alcançar seu objetivo. Eles não estão restritos a categorias estanques; adotam um ou mais estilos, conforme necessário. Uma pequena lista de táticas ilustrativas acompanha cada tipo de praticante de bullying. A lista não pretende ser exaustiva. Os três primeiros tipos — Mimi Escandalosa, Crítico Constante e Cobra de Duas Cabeças — costumam atribuir tarefas. Isto é, eles agem sobre as pessoas para destruir suas vidas profissionais. Os do tipo Guardião praticam o bullying sonegando ferramentas das quais as pessoas precisam para serem bem-sucedidas, fazendo-as fracassar e levar a culpa pela confusão.

Mimi Escandalosa

Trata-se de um estereótipo, embora estatisticamente raro. Costuma escolher um cenário público para exibir seus ataques. Exerce o controle por meio do medo e da intimidação. Indivíduo emocionalmente fora de controle. Impulsivo. Volátil. Explosivo. A ameaça de violência física se torna um problema. Quer instaurar a sensação de pânico. Autoritário. Autocentrado, insensível às necessidades dos outros. Muito preocupado em ser detectado como um impostor. A afetação mascara a incompetência. Satisfaz sua necessidade de controle ditando o clima emocional para plateias que devem estremecer diante de suas atitudes.

- grita, berra, xinga;
- esbraveja "EU SOU O CHEFE!!!" e "FAÇA O QUE ESTOU MANDANDO!!!";
- envenena o local de trabalho com rompantes e acessos de raiva;
- intimida por meio de gestos: dedos apontados, jogando objetos ao chão ou arremessando-os;
- invade o espaço pessoal do Alvo, aproxima-se para ameaçá-lo ou deixá-lo ansioso, aparece de repente por trás para assustá-lo;
- interrompe constantemente o Alvo durante reuniões e conversas;
- desconsidera e nega os pensamentos ou sentimentos do Alvo;
- ameaça com a perda do emprego ou com uma transferência punitiva;
- prepara uma armadilha para o Alvo, insistindo em que as queixas "seguem a cadeia de comando", devendo ser relatadas a ele.

Dicas de abordagem

A Mimi Escandalosa pode aparecer a qualquer momento. Você se sente imediatamente advertido ou julgado, como se fosse uma criança. Quando você tenta ignorar ou evitar o conflito com uma Mimi Escandalosa, ela consegue perceber sua passividade apenas como um sinal de sua insignificância. Quanto mais você tenta evitar sua ira, mais ela o elegerá como Alvo. As reações físicas são comuns para aqueles que trabalham com uma Mimi Escandalosa. As queixas incluem:

- dores de estômago;
- espasmos na coluna;
- dores de cabeça;
- reações cutâneas.

Esses sintomas geralmente se intensificam com a exposição prolongada. Sua produtividade diminui e erros dispendiosos ocorrem com mais frequência quando uma pessoa irritadiça o está examinando detidamente. A Mimi Escandalosa pode fazer com que você odeie seu emprego, temendo até mesmo ter que ir trabalhar. Um emprego que você ama pode se tornar uma fonte de depressão e você pode até pensar em mudar de carreira. As frustrações no trabalho podem se estender para sua vida familiar.

Proteja-se se alguém o atacar pessoalmente. Transforme os sentimentos de impotência em uma fonte de força interior.

Eis aqui algumas técnicas de proteção a serem testadas:

O mantra silencioso: na meditação, o mantra é uma das maneiras mais poderosas de relaxar e manter-se centrado em meio à confusão. Inscreva-se em um grupo de ioga ou comece seu próprio programa de meditação. Então, logo que a pessoa irritadiça começar a falar, repita este mantra:

Ouça as coisas que valem a pena.
Ignore a raiva. Ela não é sua.

Isso exige um pouco de prática. Repetir essa frase silenciosamente para si mesmo quando confrontado com uma agressão verbal ajuda-o a afastar a raiva e manter sua força interior. A cada vez que você repetir o mantra silencioso, você se sentirá um pouco menos afetado pela Mimi Escandalosa.

Encontre o ponto vulnerável: uma segunda maneira de se proteger e reconquistar seu autocontrole é encontrar o ponto vulnerável do agressor. Encontre a característica mais engraçada da aparência daquela pessoa e concentre sua atenção nisso. Sem deixar que a Mimi Escandalosa perceba o que você está fazendo, simplesmente pense na característica da aparência física dela que você acha mais estranha. Lembre-se de fazer isso silenciosamente. Assim, em vez de se sentir intimidado ou amedrontado pelos rompantes do praticante de bullying, você pode experimentar uma sensação de renovação de sua força interior, pois você não o estará levando tão a sério.

Faça um diário: mesmo que ninguém veja o que você escreve, faça um diário. Você tem que extravasar sua raiva, escrevendo frases como estas:

1. Eu odeio você! Seu filho da mãe!
2. Você não tem o direito de falar assim comigo!
3. Eu trabalho em equipe. Não sou um viciado em trabalho como você.
4. Nunca mais fale comigo dessa forma na frente dos meus colegas.

Crítico Constante

Age a portas fechadas, de modo que possa negar posteriormente o que disse ou fez a você. Extremamente negativo. Implicante. Perfeccionista. Resmungão. Gosta de reclamar. Aponta erros. Mente. Mascara a insegurança pessoal com bravatas públicas. É adorado pela gerência por sua habilidade em fazer "com que os funcionários produzam". Diz que se importa com os seus filhos (modo como vê os empregados). Quer destruir a confiança que você tem em sua própria competência, estimula a insegurança. Satisfaz a necessidade de controle com a obsessão com relação ao desempenho dos outros. Quando o praticante de bullying é um chefe, o sistema de avaliação de desempenho é desvirtuado para fabricar incompetência em setores em que ela jamais existiu antes da chegada daquele chefe.

- Humilha, insulta, faz comentários depreciativos, utiliza-se de xingamentos;
- Alardeia constantemente a "incompetência" do Alvo;
- Estabelece contato visual agressivo, olhando incisivamente para o Alvo; exige contato visual ao falar, mas evita-o deliberadamente quando o Alvo se pronuncia;

- Reage negativamente às contribuições do Alvo, suspirando, franzindo a testa, olhando por cima dos óculos para se mostrar condescendente, exibindo uma expressão azeda (a expressão de quem "acabou de chupar um limão");
- Acusa o Alvo de praticar atos ilícitos, culpa-o por erros forjados (documentos adulterados, banco de dados comprometido, relatos baseados em falsos testemunhos);
- Estabelece demandas de trabalho irracionais, com prazos de entrega impossíveis de cumprir, exerce pressão desproporcional, quer a perfeição;
- Demonstra sinais de desrespeito por meio de uma linguagem corporal superconfiante — senta-se colocando os pés em cima da mesa, mostrando a sola dos sapatos para o Alvo e conversando com ele por sobre os próprios pés, cuidando de si mesmo (cabelo, unhas) enquanto o ignora; faz o Alvo permanecer sentado enquanto fica em pé, pairando acima dele e assumindo uma posição superior;
- Faz uso exagerado de memorandos, e-mails e mensagens, a fim de deixar o Alvo assoberbado com correspondências que exigem retorno;
- Critica aspectos da vida do Alvo que são irrelevantes para o trabalho — aparência, família, amigos;
- Critica excessiva ou duramente o trabalho ou as aptidões do Alvo;
- Envolve o Alvo em intensas interpelações, para depreciá-lo e confundi-lo.

Por que o Crítico Constante age dessa forma

Muitos de nós trabalhamos com alguém que é extremamente negativo e implicante, alguém que nunca parece estar satisfeito. Pode ser um perfeccionista que encontra defeitos incansavelmente, ou um colega inseguro que critica o seu trabalho com a intenção de tentar diminuí-lo. Ele se vale de resmungos, queixas e críticas para fazer com que todos os outros se sintam inseguros. Como lidar com alguém cuja tendência a encontrar defeitos é difícil de aceitar e como impedir que essa pessoa fragilize seu próprio senso de competência?

Para melhorar a sua situação com o Crítico no trabalho, é fundamental descobrir e entender por que ele age dessa forma. Aí, sim, será mais fácil enfrentá-lo e não ser destruído por sua negatividade.

Quatro aspectos mais comumente observados no Crítico Constante são:

1. A pessoa se acha deliberadamente na obrigação, como se essa fosse sua razão de viver, de encontrar algo errado em tudo aquilo que os outros fazem. Você descobrirá que tal pessoa já teve alguém em sua vida que lhe foi extremamente crítico e exigente. Pode ter sido um dos pais, um orientador ou um chefe. Com base nessas experiências, o Crítico Constante tem a impressão de que uma pessoa inteligente naturalmente agirá dessa forma. Talvez esse Crítico tenha sido humilhado alguma vez, ou tenha perdido um emprego ou um negócio porque foi tolerante demais com os erros de outras pessoas. Em qualquer um dos casos, o Crítico tomou, então, a decisão consciente de garantir para si mesmo que, no futuro, permaneceria sempre no controle das coisas.

2. É essencial recordar que, não importando o que fez essa pessoa se tornar tão enjoada e desagradável, ela não conseguirá descansar ou relaxar até que descubra, por meio de suas investigações, alguma coisa da qual poderá se queixar ou com a qual se preocupar.

3. O Crítico tem um tom de voz ou uma maneira de falar que é difícil de suportar. Quando ele percebe algum defeito no seu trabalho pela enésima vez, não são apenas as suas palavras que magoam, é o seu tom de voz ou sua maneira de falar que o ferem profundamente (seja um tom resmungão, monocórdio ou uma maneira rude de despejar as críticas).

4. Pelo fato de o Crítico estar constantemente lutando para se manter no controle de todas as situações, é quase impossível que ele perceba que alguma outra pessoa também possa estar

com a razão. Para ele, é mais importante defender sua posição do que sentar e discutir racionalmente as soluções para aquele problema imediato. Um estado constante de preocupação e insatisfação lhe parece normal. Ele é extremamente resistente à mudança e você nunca conseguirá satisfazê-lo.

Dicas de abordagem

Humor: usar o humor pode funcionar perfeitamente quando você tiver que enfrentar um Crítico Constante. Assim que ele começar a fazer perguntas inquisidoras e capciosas, ou comentários críticos, respire fundo e expire à medida que diz para si mesmo: "Ainda bem! Minha vida não seria completa sem as críticas dessa pessoa." Não diga isso em voz alta, mas várias vezes para si mesmo.

Esta simples frase pode se mostrar uma ferramenta para diminuir o peso de comentários potencialmente depreciativos. Usar seu próprio bom senso e sarcasmo — de uma maneira segura e tácita, é claro — lhe proporcionará uma distância protetora que ninguém poderá lhe tirar. Usar o senso de humor também previne o aparecimento da resposta bioquímica para o estresse ("lutar ou fugir"). E, mais importante que tudo, permite que você se mantenha lúcido e sob controle, preservando a dignidade que o Crítico deseja desesperadamente lhe roubar.

Procure uma segunda opinião: quando confrontado com um Crítico Constante, que destrói tanto o seu trabalho quanto os seus méritos, é difícil não acreditar que ele esteja certo. Ele parece saber exatamente o que fazer para que você se sinta diminuído, incompetente e imprestável.

A ferramenta mais importante para lidar com uma pessoa implicante é ter uma segunda opinião confiável, a fim de avaliar as censuras do Crítico e identificar:

- Qual parte do *feedback* dele é correta e o que apenas reflete a sua maneira negativa de se queixar de tudo?
- Qual parte do *feedback* dele é útil para o seu trabalho e qual parte se mostra incorreta, desinformada ou trata-se, simplesmente, de pura rabugice?

Algumas fontes possíveis para segundas opiniões rápidas e úteis são:

- Um bom amigo ou um aliado respeitado no trabalho, que pode ajudá-lo a determinar se algumas das críticas podem lhe ser úteis;
- Alguém com quem você trabalhe, a quem costuma recorrer em situações de crise para lhe dar informações confiáveis sobre a exatidão dos comentários e das sugestões do Crítico;
- Um amigo próximo, um membro da família, um conselheiro ou um terapeuta, que podem ajudá-lo a reconquistar seu senso de autoconfiança e profissionalismo, até mesmo quando você acabou de ser destroçado.

Ao solicitar a ajuda de outras pessoas, é fundamental identificar a situação e procurar exatamente por aquilo que você está buscando. O mais cedo possível, assim que o Crítico depreciar você ou o seu trabalho, ligue para o indivíduo que lhe oferece apoio e explique: "Acabei de sair de uma reunião em que uma bomba caiu na minha cabeça, atirada pelo/a [praticante de bullying]. Você poderia me lembrar de que eu tenho as qualificações para fazer esse trabalho, sou um adulto e mereço ficar de cabeça erguida, mesmo se o/a [praticante de bullying] pensa que sou um idiota?"

Não tenha medo de buscar auxílio. Seja ao procurar uma segunda opinião ou um estímulo emocional, certifique-se de dar o telefonema e conseguir o apoio de que precisa. De um modo geral, as pessoas gostam de ter sua experiência e orientação solicitadas. Se a pessoa para quem você ligar estiver muito ocupada naquele momento para ouvir o seu caso, encontre um momento mais conveniente para conversar, ou ligue para outra pessoa que possa lhe dar as informações de que necessita.

Cobra de Duas Cabeças

Estilo passivo-agressivo, indireto e desonesto de lidar com as pessoas e os assuntos. Finge ser agradável, ao mesmo tempo que o está sabotando. A "amizade" serve apenas para diminuir sua resistência em lhe repassar informações que ele poderá usar posteriormente contra você. Os sorrisos escondem uma agressividade indisfarçável. Destrói reputações diante de seus superiores. Age como o favorito. Satisfaz sua necessidade de controle manipulando a imagem do Alvo na mente das outras pessoas.

- Assegura-se de que o Alvo não tenha os recursos (tempo, suprimentos, auxílio) para realizar o trabalho;
- Exige que os outros empregados forneçam "evidências" prejudiciais contra o Alvo; usa mentiras ou meias-verdades, ameaça os que não colaboram (a técnica de "dividir os grupos para conquistar a liderança);
- Discrimina os tabagistas, por exemplo: (exigindo que eles recolham o lixo do estacionamento na pausa para o cigarro);
- Distribui tarefas sem sentido ou "humilhantes" como forma de punição;
- Faz comentários perversos, rudes ou hostis diretamente para o Alvo ao mesmo tempo que usa a "máscara" racional diante dos outros;
- Rompe com a confidencialidade: compartilha informações privadas sobre o Alvo com os outros empregados ou outros chefes;
- Discrimina o Alvo não tabagista, permitindo pausas apenas para os fumantes;
- Cria um arquivo pessoal especial, mantido no próprio carro ou trancado em seu escritório, cheio de informações difamatórias para sabotar a carreira do Alvo dentro ou fora da organização;
- Rouba o crédito de trabalhos realizados pelo Alvo.

As Cobras se fingem de agradáveis, mas, na verdade, trabalham contra você. Fique atento! Elas são egoístas e é preciso lidar com elas com muito cuidado. Não são, de forma alguma, suas amigas ou alguém em quem se possa confiar; a "amizade" da Cobra mascara suas tentativas de se manter no controle.

As Cobras de Duas Cabeças são de três tipos:

1. *A cobra "falsa"*: com relativa facilidade, essa pessoa lhe fala uma coisa e, logo depois, diz algo completamente diferente às

suas costas. Ela bajula os próprios superiores e ataca aqueles que estão abaixo dela. Diz que você é maravilhoso ao mesmo tempo que revela ao chefe que precisa de ajuda para se livrar de você por conta de seu mau desempenho.

2. *A cobra "O médico e o monstro"*: a máscara de docilidade dessa cobra se alterna com seu lado mais maldoso. Ela tende a ser cruel em um minuto, humana e encorajadora no minuto seguinte. Infelizmente, talvez você seja a única pessoa que consiga perceber os dois lados desse controlador. Os outros, que percebem apenas o lado doce, mostram-se insensíveis às suas queixas.

3. *A cobra "não tem problema, não se preocupe"*: estas palavras, ditas por certos indivíduos, geralmente significam um prenúncio de dificuldades. As cobras lhe dizem "Não tem problema" depois de terem violado as regras, querendo esconder o fato. Elas são criaturas antiéticas e esperam ajuda para levar adiante seus planos.

Dicas de abordagem

Faça uma lista dos seus defensores: não se sinta sozinho e sem apoio quando alguém o destratar no trabalho. Não considere que todos à sua volta são desonestos. Entretanto, use seu tempo para conversar com um amigo confiável ou um conselheiro, de modo a se tornar capaz de entender seus sentimentos. Ao conversar com seus defensores no trabalho (aqueles nos quais sabe que pode confiar e com quem decidiu conversar), você provavelmente descobrirá que não é o único que foi destratado pela Cobra de Duas Cabeças. Identifique com cuidado um defensor ao se pergunta:

- Ele já teve algum problema semelhante com essa Cobra?
- Ele deseja refletir sobre as formas de melhorar essa situação sem que um de nós dois tenha que cuidar sozinho da Cobra de Duas Cabeças?
- Ele o apoiaria se você decidisse afrontrar a Cobra? Tenha clareza sobre que tipo de ação de apoio você espera receber.
- Ele participaria com você de uma reunião para enfrentar diretamente a situação?

O que fazer e o que não fazer ao combater a Cobra: resista a se rebaixar a uma briga sórdida. As Cobras são obcecadas pela aparência — elas querem se mostrar frias e contidas durante a maior parte do tempo. Ficar emocionalmente sob controle é mais fácil para as Cobras do que para os outros tipos de praticantes de bullying.

Certifique-se de que não tolerará ou cooperará com afirmações enganosas e desonestas que alimentem as mentiras da Cobra.

Esteja preparado para ver essa pessoa discutir, ameaçar, mentir ou tentar quase tudo para convencê-lo a cooperar com ela. Continue apontando os comportamentos que você considera inaceitáveis e o que você se dispõe ou não se dispõe a fazer.

Evite esperar demais para trazer o problema à tona, assim como tentar transformar ou "consertar" esse praticante de bullying.

Escolher as palavras corretas diante de uma Cobra geralmente exige prática. Com o tempo, você parecerá menos defensivo e terá mais chances de evitar atacar verbalmente a Cobra (embora tal atitude possa fazê-lo se sentir bem). Estes são alguns pontos de partida que lhe permitirão manter o controle em uma conversa:

"Gostaria que nós trabalhássemos juntos. Eis aqui o que podemos fazer para que isso aconteça..."

"Há um problema específico que você e eu podemos resolver se nos lembrarmos que..."

"Há algo que você costuma fazer que preciso pedir-lhe que tente fazer de uma forma um pouco diferente da próxima vez..."

"Há uma forma de você e eu melhorarmos nossa relação de trabalho. Você está interessado nisso?"

Embora as afirmações acima sejam racionais e não ataquem ou critiquem, não se surpreenda se a Cobra partir para a negação. As Cobras são praticantes de bullying. Os praticantes de bullying são ilógicos. Pelo menos, você tentou.

Ao trabalhar com uma Cobra, você precisa agir no exato minuto em que suspeitar que está sendo vítima de manipulação. Peça esclarecimentos a respeito dos procedimentos e resultados específicos que ela busca. Sua demanda por esclarecimentos frustrará essa pessoa, que se preocupa em perturbar todas as interações para que possa se sentir no controle. A clareza resolve rapidamente a confusão. Outros o respeitarão por conta disso. No processo, a dubiedade da Cobra poderá ser revelada para os que a defendem, assim como para seus inimigos.

Guardião

O mais transparente dos controladores. Ele precisa se estabelecer como "superior" em relação a você, seja para dar ordens indiscriminadamente ou para controlar suas condições. Ele controla todos os recursos de que você precisa para ser bem-sucedido — o tempo necessário para concluir os projetos, o treinamento que o preparará para uma nova tarefa, assim como suprimentos, elogios, aprovação, dinheiro, equipe ou colaboração com outros colegas. Ele satisfaz sua necessidade de controle intrometendo-se em tudo, pois isso faz com que se sinta importante.

- Elimina deliberadamente o Alvo da cadeia de comunicação — cancela o correio, o e-mail, a distribuição de memorandos, não retorna ligações;
- Recusa-se a providenciar uma "adaptação razoável" para um Alvo que esteja retornando ao trabalho com alguma necessidade especial;
- Recusa-se a seguir as políticas internas e as proteções trabalhistas garantidas ao Alvo pelas leis federais;
- Nega privilégios e direitos para Alvos que prestam queixa contra o praticante de bullying, seja uma queixa interna ou um processo jurídico, ou junto ao EEOC;
- Ignora o Alvo; oferece um "tratamento silencioso", servindo de modelo de isolamento/exclusão para os outros;
- Adianta os relógios do escritório em 15 minutos e, então, no início do dia, pune o Alvo por estar atrasado, ao mesmo tempo que não permite que ele vá embora antes de cumprir o horário de acordo com o tempo "real";
- Cria novas regras (arbitrárias) e exige que o Alvo as cumpra, ao mesmo tempo que se isenta de cumpri-las.

Dicas de abordagem

Haverá momentos, em todos os empregos, nos quais você será ignorado. Um dos jogos que as pessoas praticam no trabalho é o jogo da exclusão. Não convidá-lo para uma reunião importante, não lhe enviar uma cópia de um memorando relevante, não permitir que você tome conhecimento de um projeto que está em andamento ou excluí-lo de algum encontro social importante. Esse tratamento é pensado para fazer com que você se sinta anulado e inútil.

Essa situação é bastante diferente de lidar com um estilo específico de personalidade com o qual seja difícil trabalhar. O Guardião nem sempre é um chefe, mas pode ser alguém que já foi seu amigo. Você e essa pessoa costumavam se entender, mas, por conta de alguma mudança de circunstâncias, se tratam agora com frieza ou desrespeito.

Por que essa pessoa mudou?

Tente se lembrar:

- Qual a sensação que você teve quando a conheceu? Como vocês se relacionaram a partir de então?
- O que mudou?
- Alguma coisa mudou no volume de trabalho dessa pessoa ou em seu *status*, fazendo com que ela se tornasse mais fria e rígida?
- Alguma coisa mudou na vida pessoal do praticante de bullying — talvez um problema financeiro que o tenha deixado mais reservado e inatingível?
- Houve algum incidente entre vocês que tenha provocado mal-estar?
- De que forma as suas necessidades começaram a entrar em conflito com as necessidades dessa pessoa?
- Por que esse praticante de bullying sente necessidade de erguer um muro entre vocês ou de mantê-lo afastado?

Tente pensar da perspectiva dessa pessoa:

- Havia pistas anteriores de que esse indivíduo iria erguer barreiras contra você ou outras pessoas?

- Esse praticante de bullying está se sentindo ameaçado por conta de alguma recompensa que você possa receber no trabalho, e por isso o está deixando de fora do circuito?
- Se você estivesse no lugar dessa pessoa, teria alguma razão para excluir os outros no trabalho?
- Você consegue se lembrar de alguma outra pessoa — um parente, um irmão, um cônjuge, um ex-cônjuge, um chefe ou ex-chefe — que tenha causado dificuldades a esse indivíduo?
- Você também ergueu um muro de alguma forma, sentindo necessidade de manter essa outra pessoa afastada?

Na maioria dos casos, não foi apenas o praticante de bullying que mudou. As ações de podem ter feito com que você erguesse seu próprio muro:

- Esse praticante de bullying o irrita ou faz com que você se sinta deprimido ou distante?
- Essa pessoa o faz lembrar de alguém — um parente, um irmão, um cônjuge, um ex-cônjuge, um chefe ou um ex-chefe — que tenha lhe causado dificuldades?
- Algo aconteceu em sua vida que o deixou um pouco mais rígido ou crítico em relação aos outros?
- Há algum fator no estilo de agir dessa outra pessoa que você considere frustrante, construindo uma tensão entre ambos?

Para responder a essas questões, você não poderá apenas se sentir magoado. Terá que fazer mais do que isso. Converse com amigos e colegas de trabalho sobre a forma como eles percebem as suas ações. Se a sua primeira reação é pensar que aquela pessoa não gosta de você ou não o respeita, tente descobrir de seus colegas se ela tem estado sob pressão ultimamente. Talvez ela esteja erguendo um muro por razões que nada têm a ver com você. Quanto mais coisas você descobrir sobre a forma como está sendo tratado, mais clareza terá sobre a situação. Faça um diário pessoal para detalhar seus sentimentos.

Depois de aprender a lidar razoavelmente com seus sentimentos, encontre uma forma de discuti-los efetivamente com o Guardião. Essa conversa de coração aberto pode ser um tanto difícil, mas é a maneira mais clara de descobrir o que está acontecendo. Planeje o local em que você pretende ter essa conversa. O melhor lugar, de modo geral, não é no trabalho. Tente planejar um momento tranquilo, longe do escritório.

Quando você finalmente chegar ao ponto de marcar esse encontro, não se sinta desestimulado se o Guardião impuser alguma resistência. Lembre-se, essa é uma pessoa com a qual você precisa trabalhar diariamente, e os conflitos devem ser resolvidos. Não se sinta desestimulado se tiver que tentar mais de uma vez para marcar um encontro.

Esteja preparado para um difícil começo de reunião. É por isso que vocês estão aqui. Uma vez quebrado o gelo, enumere os problemas que afetam causados pela frieza entre ambos. O sucesso desse encontro dependerá de sua honestidade e sinceridade. Expor os assuntos de um modo simples e tranquilo permitirá que o Guardião escute suas palavras sem se tornar um antagonista e sem sentir necessidade de se defender.

Se o Guardião não se mostrar disposto a se reunir com você, e menos ainda a ouvir seus sentimentos ou necessidades, você precisará recorrer à ajuda de alguém do escritório, que lhe informará quando o Guardião estiver deixando-o fora do circuito. Um colega de trabalho que tenha um bom relacionamento com o Guardião pode funcionar como um canal ou mediador. Não tenha medo nem se sinta envergonhado de pedir ajuda a essa pessoa. Pense em utilizar uma frase como: "Preciso de um favor, o/a [praticante de bullying] está me ignorando e parece que você se dá bem conosco. Você pode me ajudar a marcar um encontro a três para esclarecermos as coisas?"

Lidar com um Guardião pode desencadear sentimentos de experiências prévias, portanto monitore suas próprias reações quando você se sentir excluído. Mesmo que você pense que essas velhas feridas estão há muito tempo esquecidas e enterradas no passado, uma situação frustrante pode despertar emoções antigas. Talvez você tenha que tentar compreender essas questões emocionais através do seu diário pessoal, com a ajuda de um amigo próximo ou de um terapeuta. O que você fez quando se deparou anteriormente com um Guardião no trabalho? No passado, como você agiu para que um Guardião o levasse a sério e parasse de excluí-lo? Pensar sobre essas questões e respondê-las deve lhe trazer algum entendimento em relação à sua situação.

Lembre-se de que a noção de oportunidade é essencial e a situação pode ser resolvida, mas raramente há mudanças da noite para o dia.

As origens dos praticantes de bullying

É absolutamente fundamental que você, o Alvo, não fique ruminando sobre as motivações do praticante de bullying. Não é fácil quando se está imerso em emoções, todas negativas, que exigem uma resposta à questão "Por que ele fez o que fez?". Você não consegue acreditar que uma pessoa possa ser tão cruel. Na realidade, elas podem e, de um modo geral, são assim tão cruéis.

Procurar pela resposta pode se revelar ilusório. É uma perda de tempo. Você está adiando tomar decisões que o levarão à zona de segurança. Portanto, esqueça sua curiosidade sobre o praticante de bullying e tente compreender por que você teve mais chances de ser o escolhido. Pelo fato de ser um Alvo, talvez você tenha até empatia pelo agressor. Talvez você se veja tentado a fazer concessões por conta da educação deficitária que o praticante de bullying teve, da sua briga na noite anterior com o cônjuge, do fato de ele se aborrecer com os filhos, das pressões da gerência para produzir mais com uma equipe menor. Esqueça as explicações racionais para os maus-tratos irracionais e desprezíveis que você teve que aguentar. É inconcebível que você seja obrigado a suportar as agressões e a sofrer em silêncio.

São os comportamentos do praticante de bullying que estão errados, independentemente de quem ele seja como ser humano. Para satisfazer de algum modo sua curiosidade, oferecemos aqui uma explicação parcial da motivação dos praticantes de bullying, com base na socialização e na personalidade. Lembre-se, saber o *porquê* não muda absolutamente nada no sentido de deter os abusos no ambiente de trabalho. Para detê-los, você precisará que o empregador mude, não o praticante de bullying. Você será vencido pelo estresse antes que o agressor tenha qualquer chance de mudar.

As pessoas começam a praticar o bullying através de pelo menos três caminhos diferentes: por causa do desenvolvimento da personalidade; por conta da análise dos indícios de um local de trabalho competitivo e político; e por acidente.

Agressores crônicos

Os agressores crônicos tentam dominar as pessoas em quase todos os contatos — no trabalho e fora dele. Eles praticam bullying com a equipe de um restaurante, da mesma forma que o fazem com os Alvos em seu ambiente de trabalho. Costumam dizer: "Não posso deixar de ser quem eu sou. Não gosta? Então vá embora", sempre acreditando que não têm que mudar. Quem poderia colocar em dúvida o seu "sucesso"?

A motivação dos agressores crônicos é o seu próprio fracasso em confrontar os sentimentos mais profundos de inadequação pessoal, seu autodesprezo. Infelizmente, falta-lhes o discernimento para se analisarem criticamente. Suas vidas estão fora de seu controle de alguma maneira. Portanto, eles controlam os outros como uma forma de compensação. Embora estejam cientes de que estão intimidando as pessoas, não percebem necessariamente a conexão entre erros pessoais e suas ações. Eles inventam defeitos nos outros (que são suas próprias imagens espelhadas), e então os agridem irracionalmente, para se sentirem bem consigo mesmos.

> **Os praticantes de bullying são pessoas inadequadas, imperfeitas e pouco evoluídas. Os Alvos são pessoas empáticas, corretas e justas.**

Provavelmente, quase todos os praticantes de bullying foram crianças insolentes e travessas na escola. Os agressores escolares que nunca foram impedidos de assim agirem crescem para praticar o bullying contra outras pessoas no ambiente de trabalho. Por conta do fato de as pessoas reagirem a eles com medo ou indiferença, eles estão acostumados a se safarem de todas as situações nas quais se envolvem. É um círculo vicioso. Eles dominam, os outros se submetem ou recuam em silêncio e, então, eles dominam ainda mais.

Em empresas que incentivam a competitividade feroz, os agressores crônicos estão bastante representados. Eles são vistos como "líderes".

Os agressores crônicos estão presos a uma personalidade que foram aprimorando a vida inteira. Nesse estágio de suas trajetórias, eles não conseguiriam mudar, ainda que quisessem. É verdade que alguns agressores crônicos apresentam transtornos de personalidade comprováveis — sejam os transtornos de Personalidade Antissocial ou Narcisista. Na população como um todo, esse tipo de pessoa é estatisticamente raro, variando entre 2% e 3%, segundo o DSM-IV — o guia de classificações de transtornos mentais publicado pela Associação Psiquiátrica Americana.

Essas são as pessoas mais malévolas, mesquinhas e perversas no trabalho. Em algum grau, elas manipulam todas as outras. Os agressores crônicos prejudicam os outros — eles põem fim a carreiras e destroçam as vidas emocionais de seus Alvos. E os Alvos nos contam com frequência que, ao olhar para o rosto de quem os agride, garantem que estão olhando para o diabo personificado. Alguns praticantes de bullying se deliciam em humilhar as outras pessoas até que elas cheguem ao ponto da subserviência. Sua crueldade lhes dá tanto prazer que eles não conseguem evitar o sorriso maldoso quando percebem uma vitória pública. Uma parcela pequena de praticantes de bullying é inegavelmente sádica. Eles adoram torturar os outros.

Os Alvos deveriam saber que simplesmente rotular os praticantes de bullying de sociopatas ou psicopatas não muda a situação nem os inocenta. E, mais que isso, continuar insistindo na tese de que o agressor tem uma personalidade relativamente imutável distrai os Alvos e aqueles que pretendem ajudá-los a mudar o ambiente de trabalho. Exceto pelos raros tipos de personalidade desordenada, todos os praticantes de bullying podem responder não apenas a recompensas, como a punições no local de trabalho.

Agressores oportunistas

Os agressores oportunistas são os que você terá mais probabilidade de encontrar no trabalho. Eles são mestres em analisar os indícios oferecidos pelo ambiente. Se a competição for estimulada, eles sabem que derrotar as outras pessoas os levará à vitória. Somente os "bananas" ficariam no caminho de competidores e lhes pediriam calma para prestar atenção em como as pessoas podem se magoar. Os oportunistas são "alpinistas".

Eles diferem dos agressores crônicos no sentido de que, quando estão longe do trabalho, conseguem suspender sua natureza competitiva. Conseguem ser charmosos e prestar auxílio — podem até receber grupos de jovens em suas casas. São grandes mães, religiosos, ativistas da vizinhança e bons cidadãos.

No trabalho, quando surge a oportunidade de competir para avançar, eles passam por cima dos Alvos que acreditam ser seus adversários na conquista de um prêmio ou de alguém que esteja bloqueando o seu sucesso. Justificam seu comportamento para si mesmos como um princípio de sobrevivência e acreditam que "isso tudo faz parte do jogo". Mas, para o agressor oportunista, os jogos são um negócio sério. Suas carreiras são construídas com blefes políticos.

A maioria dos praticantes de bullying pretende manter boas relações com a gerência-sênior, os executivos ou os donos. Enquanto os Alvos focam em um trabalho do qual possam se orgulhar, os praticantes de bullying estão ocupados em bajular os chefes. Eles se esforçam firmemente para estar sempre à volta das pessoas que têm o poder de distribuir favores, promoções e status no futuro. A bajulação é chamada de *insinuação* pelos acadêmicos. Funciona muito bem. Ela exclui a possibilidade da responsabilização por infrações. Eles têm aliados — os chamados *patrocinadores executivos* — que estão dispostos a suspender as punições por comportamentos dolosos caso esses sejam revelados algum dia. Os chefes acreditam que os agressores não fazem nada de errado. Por essa razão, os Alvos têm dificuldades para se fazerem acreditar. Afinal de contas, os praticantes de bullying são a personificação do americano agressivo, que faz o que for preciso para vencer.

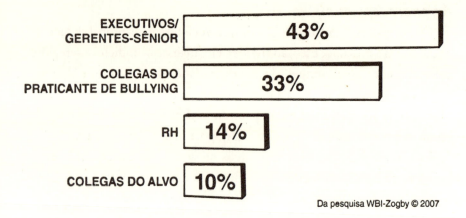

Da pesquisa WBI-Zogby © 2007

Segundo a pesquisa WBI-Zogby, os praticantes de bullying recebem bastante apoio de executivos, de colegas de trabalho (geralmente gerentes), do setor de Recursos Humanos (RH) e de alguns vira-casacas dentre os colegas do Alvo.

Embora as empresas preguem a cooperação e o trabalho em equipe, os oportunistas sabem que a competição feroz é o que é verdadeiramente recompensado. Da mesma forma que os agressores crônicos, seu comportamento é governado pelo apoio recebido. Entretanto, eles só pararão de importunar os outros quando a organização começar a punir os maus-tratos. Os oportunistas são hábeis analistas dos indícios oferecidos no ambiente de trabalho. Mudando-se a cultura do local de trabalho, os agressores oportunistas poderão ser detidos.

Quando as empresas dispensam dez mil trabalhadores para manterem suas margens de lucro e satisfazerem os investidores de Wall Street — um ato deliberadamente maldoso —, como elas justificam tal ação? Com a crença de que "são apenas negócios, não se trata de nada pessoal". Essas ocasiões, em que se procura aproveitar as oportunidades do mercado sem levar em conta as consequências para os seres humanos, transformam as organizações em verdadeiros praticantes de bullying oportunistas e exploradores.

Praticantes de bullying que fazem uso de drogas

Os praticantes de bullying que usam drogas são muito perigosos e ameaçadores porque podem estar completamente fora do controle de suas decisões. Segundo especialistas, 74% dos que abusam desse tipo de substância estão empregados. Nem todos eles vivem na sarjeta ou em fundações para desabrigados; eles frequentam os escritórios, as lojas e as fábricas da mesma forma que aqueles que não são dependentes químicos.

Quando as drogas entram em cena, todas as hipóteses sobre racionalidade e lógica devem ser descartadas. A maioria das substâncias que vicia as pessoas é desinibidora. Isso significa que o mecanismo de controle que coordena a diplomacia e a responsabilidade sociais é desligado. Tudo é admissível para a pessoa que está sob o efeito das drogas. Mudanças imprevisíveis de humor se tornam lugar-comum. A maconha e o álcool são depressivos e induzem à letargia e à paranoia. Seu agressor tem se mostrado muito taciturno, com os olhos muito arregalados? Estimulantes como as metanfetaminas geram episódios semelhantes aos surtos psicóticos, à verdadeira loucura, com uma boa dose de paranoia. O hábito de consumir cocaína é dispendioso. Não é a plebe com barriga de tanquinho que dirige dos subúrbios até os guetos em uma BMW ou um Mercedes para comprar suas provisões. Cargos que oferecem salários mais altos permitem que seus ocupantes mantenham esse hábito durante toda a vida.

Sabemos que 72% dos praticantes de bullying são chefes. O exame antidrogas costuma ser imposto pela gerência aos seus subordinados. Assim, muitos dos chefes que usam drogas e cujos estados alterados podem ser a causa de grande parte da confusão e da loucura que os Alvos têm que suportar continuam incógnitos, livres da experiência de invasão de privacidade que é ter que realizar um exame de urina.

Abusadores que foram abusados

É verdade que um porcentual desconhecido de adultos abusivos foi abusado na infância. É o ciclo da violência. Grande parte da agressividade adulta seria reduzida se o ciclo pudesse ser interrompido na infância. As crianças que testemunharam comportamentos violentos contra um dos pais foram expostas a um modelo da violência. Saber que o praticante de bullying tem uma história prévia de abuso familiar, seja direta ou indiretamente, pouco importa no local de trabalho. Não há como mudar essa experiência agora. E o praticante de bullying, em sua vida adulta, tem que ser considerado responsável por sua conduta no trabalho, independentemente de quão profundas sejam as origens de sua agressividade.

Estrutura neurológica cerebral

Há progressos fascinantes na neurologia que esclarecem o comportamento agressivo. Algumas pessoas, como os assassinos em série, podem ter um córtex pré-frontal cujo tamanho é diferente daquele do cérebro normal. Tais diferenças explicam a habilidade reduzida para controlar impulsos e compreender as consequências das próprias ações. Assim, os assassinos em série têm pouco controle sobre suas tendências violentas e pouca ou nenhuma consciência (ou remorso) por causarem danos a outras pessoas. Mesmo que tal comportamento se assemelhe ao da pessoa que o agride, o que você pode fazer? O que o seu empregador pode fazer? Uma lobotomia? É reconfortante saber disso. Embora seja divertido de imaginar, é uma informação inútil quando se trata de considerar o que fazer no dia a dia diante de seu agressor.

Defesa reacionária dos grandes praticantes de bullying

O professor de Administração da Stanford University, Rod Kramer, em um artigo intitulado "The Great Intimidators", publicado na *Harvard Business Review* em 2006, endossou a promoção da inteligência social (definida como as sutis habilidades de empatia e as aptidões interpessoais para influenciar os outros) como uma característica desejável, sugerindo que louvemos o lado mais austero das pessoas responsáveis por mudanças nas organizações e na sociedade — a "inteligência política". Os líderes politicamente inteligentes se valem rigorosamente de suas aptidões para explorar as ansiedades e as vulnerabilidades que detectam nos outros. Eles apreciam o poder do medo. E, sim, eles praticam um pouco de bullying nesse processo. É o combate intelectual que serve apenas para efetivar a visão do líder.

Há uma certa lógica darwiniana na intimidação, pelo fato de ela produzir resultados, podendo significar a diferença entre o sucesso e o fracasso. Kramer acredita que isso é especialmente verdadeiro em ambientes altamente competitivos, litigiosos ou políticos (como Hollywood, o mundo da alta tecnologia e Washington DC). Ele acredita que os "grandes intimidadores" não são praticantes típicos de bullying, que humilham para se sentirem bem. Para os grandes, o exercício da inteligência política é motivado por sua visão. Eles vislumbram um caminho e mostram-se impacientes para abri-lo, mesmo quando os obstáculos são seres humanos. Eles desprezam as restrições à sua visão ou às suas táticas. Kramer descobriu isso ao entrevistar pessoas que trabalhavam com chefes abusivos e que, na realidade, gostavam deles. Assim, o conselho do autor para aqueles que trabalham com um "grande intimidador" é não desistir, mas resistir.

Ei, Rod (e Gary pode chamá-lo dessa forma porque, há muitos anos, eles fizeram juntos a pós-graduação), trata-se de um narcisismo desenfreado, exigindo vassalagem aos gênios criativos e poderosos que estão no topo. Você está há muito tempo envolvido com a glorificação dos presidentes executivos e perto demais dos tipos do Vale do Silício, que acham que o universo gira ao redor deles. É a isso que parece estar reduzida a formação americana contemporânea promovida pelos cursos superiores de Administração. Lembre-se apenas que George W. Bush fez um MBA na Harvard Business School! Ele tinha inteligência política, mas...

Eles são imbecis

Em contrapartida, outro professor de Administração da Stanford University, Bob Sutton, colocou a questão em melhores termos em seu livro *The No Asshole Rule*, campeão de vendas segundo o *New York Times* — os praticantes de bullying são imbecis. E não há desculpas para o comportamento deles!

Capítulo Três:

Alvos: um peso imerecido

*Para ser um herói, é preciso ter um tesouro de inocência dentro de você
que o faça querer acreditar que ainda existe o certo e o errado, que a decência, de
alguma forma, acabará vencendo.*
— Lise Hand

De um modo geral, os praticantes de bullying não agridem a todos. Retome os fatores da explicação **Por que as pessoas praticam o bullying** (página 41). A presença ou a ausência de consequências negativas após a prática do bullying é o que desestimula ou estimula o agressor. É a aprendizagem da teoria na prática do trabalho.

Agora, aplique isso ao nível interpessoal, do agressor em relação ao Alvo. Considere a resposta de diferentes indivíduos ao serem escolhidos por um praticante de bullying. Alguns, naturalmente, reagirão à agressão que lhes é dirigida. E, por razões muito complexas para serem analisadas aqui, o agressor respeita essas pessoas. Os praticantes de bullying costumam se valer de desrespeito, bravatas e destempero. Quando há reciprocidade nesse tipo de tratamento, eles o reconhecem como proveniente de uma pessoa semelhante. E todos nós ficamos mais confortáveis quando há pessoas como nós à nossa volta, aqueles que compartilham de nossa visão de mundo. Os agressores são à prova de bullying.

Um indivíduo é transformado em Alvo quando o praticante de bullying está testando suas táticas de humilhação em várias pessoas no trabalho, e aquele indivíduo não revida ou enfrenta o agressor imediatamente. Essa rendição abre as portas para futuros maus-tratos, porque o Alvo falhou no teste de comportar-se como um imbecil, de agir da mesma forma que o praticante de bullying. Na verdade, o Alvo oferece a outra face — um ato moralmente superior, de acordo com inúmeras religiões. O Alvo também pode protelar a ação, na esperança de que, com a passagem do tempo, o praticante de bullying desista. Infelizmente, o agressor interpreta toda inação como submissão.

Assim, os Alvos são indivíduos que não se defenderão ou não conseguirão se defender quando atacados pelos agressores. Não se trata de uma fraqueza, apenas da realidade.

Em nenhum momento o Alvo chama para si o sofrimento que lhe é imposto. Jamais um Alvo pedirá ao seu novo supervisor que o convoque para reuniões semanais a portas fechadas e o agrida verbalmente. Nunca um Alvo pedirá que o agressor lhe atribua tarefas irrealizáveis com prazos impossíveis de cumprir. Jamais um Alvo se oferecerá para ser humilhado na frente de seus colegas. Não, o bullying sempre é uma agressão indesejada.

Os Alvos também não são responsáveis pela decisão unilateral do agressor sobre quem escolher, que método usar, quando praticar ou não o bullying, ou onde os maus-tratos serão aplicados.

Você está sofrendo bullying?

Excepcionalmente, você pode ter sofrido bullying por um longo tempo sem que tenha se dado conta disso. O seu desejo de "suportar", ou sua forte ética profissional, ou ainda sua vergonha podem fazer com que você demore a admitir o que está acontecendo, apesar de não ser culpa sua.

Os familiares costumam perceber antes de você. Em alguns casos é o médico da família que descobre, quando, durante uma visita de rotina, sua pressão sanguínea revela-se muito elevada. Inevitavelmente, o médico lhe dirá para abandonar esse emprego que poderá levá-lo à morte, porque ele compreende os custos para a saúde decorrentes de permanecer em tal ambiente por muito tempo, suportando um estresse contínuo.

Você pode estar sofrendo bullying quando:
- Sente ânsia de vômito na véspera do início de uma nova semana de trabalho;

- Sua família, frustrada, pede que você pare de falar em casa sobre assuntos relativos ao trabalho;
- Você se sente tão envergonhado de ser controlado por outra pessoa no trabalho que não consegue contar isso para seu cônjuge ou companheiro;
- Todas as suas licenças são utilizadas para "pausas de saúde mental" a fim de escapar do sofrimento;
- Você fica exausto e fragilizado nos dias livres e seu desejo de fazer qualquer atividade vai embora;
- Suas atividades prediletas e de diversão com sua família já não lhe parecem atraentes;
- Você começa a acreditar que provocou aquela crueldade no local de trabalho;
- Você se lança à tarefa, obviamente impossível, de realizar um novo serviço sem o treinamento ou o tempo necessários para aprender novas aptidões, mas seus esforços nunca serão suficientemente bons para o chefe;
- Reuniões-surpresa são convocadas por seu chefe sem nenhum resultado, a não ser humilhações adicionais;
- Tudo que o agressor faz é arbitrário e imprevisível, ele segue prioridades próprias, que comprometem os interesses de negócios legítimos do empregador;
- As outras pessoas recebem instruções de parar de trabalhar, conversar ou socializar com você;
- Você se sente constantemente agitado e ansioso, vivenciando uma sensação de mau agouro, esperando que coisas ruins lhe aconteçam;
- Independentemente do que você faça, nunca consegue ficar sozinho para realizar o seu trabalho sem interferências externas;
- As pessoas se sentem no direito de gritar ou berrar com você na frente dos outros, mas você é punido se reagir com gritos;
- O departamento de RH diz que o assédio que você está sofrendo não é ilegal e que é preciso resolver isso "entre vocês mesmos";

- Você, enfim, enfrenta firmemente o agressor para deter a conduta abusiva, apenas para que ele o acuse de assédio;
- Apesar de um histórico de excelência, você é surpreendido por acusações de incompetência, normalmente provenientes de alguém incapaz de realizar o seu próprio trabalho;
- Todos — colegas de trabalho, chefes-sênior, o departamento de RH — concordam (pessoal e verbalmente) que o agressor é um imbecil, mas que não podem fazer nada a respeito (e, mais tarde, quando são solicitados a lhe prestar apoio, negam o que disseram);
- Sua solicitação de ser transferido para uma outra função, sob o comando de outro chefe, é misteriosamente negada.

Por mais que sofrer bullying seja algo ruim, é natural minimizar o impacto que ele gera em sua vida por muitas razões.

Dos milhares de histórias de Alvos que ouvimos ao telefone no WBI, fica evidente que a surpresa desempenha um papel importante no agravamento do impacto do bullying sobre suas vidas. Eles sempre se sentem vítimas de uma emboscada; afirmam que não perceberam a aproximação. Toda situação de bullying começa quando o agressor ou o Alvo são uma novidade um para o outro. O Alvo pode ser uma pessoa recém-contratada ou transferida para uma nova unidade de trabalho, que acaba se deparando com um agressivo praticante de bullying (em 72% das vezes trata-se de um chefe; em 18% das vezes, de um colega de trabalho; e em 10% das vezes o agressor ocupa uma posição inferior). O praticante de bullying pode integrar-se ao seu já estabelecido local de trabalho como um chefe ou um colega novos. Também constitui uma situação nova quando o agressor é um ex-colega de trabalho, de seu próprio grupo, que foi recentemente promovido a supervisor. A "novidade" cria oportunidades para o abuso.

Quem sofre bullying

Indivíduos que sofreram bullying responderam à pesquisa do WBI de 2003 e apontaram as principais razões para terem sido escolhidos como Alvo (em ordem de frequência):

1. A recusa do indivíduo em ser subserviente, não aceitando ser controlado (relatada por 58% dos entrevistados).

Se o agressor for chefe de um Alvo independente e habilidoso, ele precisa apenas limitar a criatividade do Alvo, distribuir-lhe pilhas de tarefas impossíveis ou roubar o crédito de suas conquistas. Esses tipos de Alvo abandonarão o emprego ou permanecerão para ludibriar o agressor, pois, graças à sua autoconfiança, eles não toleram as mentiras propagadas pelos praticantes de bullying.

Se o inteligente Alvo escolher não competir com o praticante de bullying, ele pode ser afastado e abandonará o emprego sem estar plenamente convencido das razões de seu afastamento. Todos os Alvos querem "ficar sozinhos para realizar o trabalho pelo qual foram contratados da melhor forma que puderem". Há algo de ingênuo neles. Eles são bastante competentes em relação ao trabalho a ser feito, mas ignoram as políticas de escritório (a única razão da existência profissional, segundo o ponto de vista do agressor).

2. Maior competência ou habilidade técnica do Alvo (relatada por 56% dos entrevistados).

O Alvo, em muitos casos, é um veterano na organização, o empregado a quem se recorre, em quem todos confiam para fornecer as respostas às questões difíceis. O praticante de bullying, novo na empresa, poderia aprender bastante com ele. Em vez disso, a habilidade do Alvo representa uma ameaça para o inseguro agressor. Todos os seus esforços são dirigidos para desmantelar o Alvo, sua reputação e seu status.

3. As aptidões sociais do Alvo: ele é apreciado, ostenta uma atitude positiva etc. (relatada por 49% dos entrevistados).

Os praticantes de bullying atacam ferozmente as pessoas "legais". Eles são competidores e sonham com a oportunidade de trabalhar com um grupo de pessoas acostumadas a cooperar — pessoas que espontaneamente gostem de receber ordens. Imagine a felicidade de um supervisor sádico que herda uma equipe de pessoas positivas e amigáveis para gerenciar.

Diante de todas as afirmações presentes na maior parte dos locais de trabalho contemporâneos americanos de que o "espírito de equipe" é uma característica decisiva para o bom desempenho, é irônico que as pessoas que se encontram em um estágio mais avançado de desenvolvimento (que possuem a habilidade de cooperar) se tornem presas de praticantes de bullying primitivos, verdadeiros homens de Neanderthal.

As pesquisas mostram que quando todos cooperam, os grupos maximizam os benefícios para cada uma das pessoas. Elas obtêm mais benefícios, não importando quais sejam. Mas a tendência humana de tomar o máximo para si transparece nos estudos centrados em grupos que teriam condições de acumular dinheiro de modo coletivo. Normalmente, as regras estabelecem que o montante de dinheiro guardado em um recipiente dobrará se ninguém retirar qualquer quantia ao longo de uma rodada do jogo.

Infelizmente, os grupos dos estudos psicológicos americanos costumam quebrar a banca, e raramente jogam mais de uma rodada. Isso acontece porque indivíduos gananciosos (participantes de um grupo aleatório que se senta ao redor de uma mesa) pegam o dinheiro para si mesmos, acabando com o jogo dos outros. Eles tomam tal atitude apesar de serem livres para conversar, formular uma estratégia e continuar dobrando certa quantidade de dinheiro, que poderia ser posteriormente dividida.

A realidade do local de trabalho não é diferente. As regras formais, escritas, recomendam o trabalho em equipe, estabelecendo os maiores prêmios para os grupos que cooperam entre si. As regras operacionais, no entanto, comprometem a cooperação. Os praticantes de bullying, como fortes competidores, sabem que vencerão se tomarem para si os "benefícios", em detrimento dos Alvos. Os colaboradores ficam meramente observando o competidor decidir os resultados (ganhos ou perdas) que terão.

É evidente que, em um ambiente profissional competitivo repleto de praticantes de bullying, os colaboradores são cidadãos de segunda classe. Os americanos detestam estar na segunda posição. Diante de um mundo cujo modelo é o-vencedor-fica-com-tudo, os colaboradores não terão nenhuma chance, a não ser que haja um esforço institucional idealizado para arrancar o controle das mãos dos gananciosos agressores.

Os colaboradores não são fracos; eles são simplesmente superotimistas e acreditam que a boa vontade prevalecerá natural e automaticamente. Os praticantes de bullying veem nas pessoas "legais" a improbabilidade de serem confrontados ou detidos.

Legal, em inglês, *nice*, não é uma característica tão positiva quando se consulta o *Oxford English Dictionary*. Quando a palavra *legal* é usada como um adjetivo para descrever alguém, isso significa que essa pessoa é irresponsável ou lasciva (libidinosa, obscena), segundo a etimologia da palavra no inglês medieval. Suas origens franco-saxãs são ainda piores: bobo e rude. E sua derivação do latim, *nescus*, significa ignorante, de *nescire*, aquele que não sabe nada! Caramba! E você pensou que era uma grande descrição pessoal. Ser *legal* faz com que as pessoas passem por dificuldades nos ambientes de trabalho contemporâneos.

4. Relatos éticos e honestos de fraudes e abusos feitos pelo Alvo (comportamento do tipo delator — relatada por 46% dos entrevistados).

Os Alvos não têm problemas de integridade. A hipocrisia é um problema do local de trabalho e da sociedade. As instituições enchem seus corredores com afirmações emolduradas, destacando as nobres noções de "respeito pelos indivíduos" e "cortesia e dignidade para todos". Ainda assim, a maioria soa falsa quando os empregados passam diariamente diante delas e murmuram "bela moldura". As pessoas que trabalham nessa cultura podem dizer a qualquer um que se preocupe em saber se existe alguma correspondência entre o que realmente acontece e as brilhantes frases produzidas em um retiro para executivos e consultores, longe do local de trabalho. Os empregados sabem que a integridade é uma questão de adequação, de não precisar falsificar.

Os Alvos que trabalham em escolas, centros médicos, laboratórios de pesquisa universitários, igrejas e organizações sem fins lucrativos dedicadas a melhorar a saúde pública parecem esperar que seus empregadores defendam e ajam de acordo com metas moralmente mais elevadas do que as vigentes em uma loja de automóveis. Evidentemente, eles se desapontam com frequência. A jurisdição escolar pode se sentir honrada com um prêmio federal de excelência por conta de um trabalho realizado por um homem que já foi mandado embora. A saúde do homem foi prejudicada e sua carreira atirada na lama, mas, de qualquer forma, o abusivo superintendente da jurisdição aceitou as aclamações. Os praticantes de bullying não sentem vergonha.

Enfermeiras costumam ligar para a linha de apoio do instituto regularmente. As mesmas pessoas encarregadas de salvar as vidas de estranhos se voltam umas contra as outras se não gostam da maquiagem de alguém ou do carro que aquela pessoa dirige.

A lacuna ética mereceria ser batizada com um nome divertido, mas esse nome não existe. É o primeiro mal do qual sofrem os Alvos. É evidente que nenhum ambiente profissional está imune ao bullying. Ele acontece nas "melhores" empresas e também naquelas nas quais poderíamos esperá-lo por alguma razão previsível.

Os Alvos têm expectativas apolíticas e, portanto, pouco práticas sobre como as organizações e as pessoas deveriam tratar umas às outras com integridade. Os denunciantes levam a sério a responsabilidade de verificar se as escolas que recebem financiamento para cuidar de crianças com necessidades especiais não estão desviando o dinheiro. Os que já estiveram dentro da indústria do tabaco vão a público com informações que desdizem as mentiras nas quais certa empresa pretendia fazer o público acreditar. A integridade é uma decisão muito pessoal. As organizações se comprometem quando alguém que ocupa uma posição de poder pretende silenciar aquele que demonstra ter integridade. O bullying começa em uma dimensão pequena, entre duas pessoas. A organização inteira toma partido com seu desajeitado esquadrão quando o denunciante moralmente superior se recusa a ceder. É aí que começa a destruição das personalidades; o Alvo perde seu emprego, a família, os amigos e a saúde. Sua decisão valeu a pena? Os denunciantes diriam que fariam tudo de novo, se tivessem a oportunidade. A verdade os obriga a fazê-lo.

Os Alvos também valorizam a igualdade e a justiça. Eles acreditam que as recompensas devem ser proporcionais ao talento. Por isso é tão incômodo quando praticantes de bullying incompetentes roubam ideias e são promovidos. Como você lerá nas próximas páginas, os Alvos quase sempre são mais inteligentes do que seus agressores. Não é justo.

A justiça é um princípio que provoca sofrimento contínuo aos Alvos. O sistema de reclamações e respostas como um todo desaponta a pessoa que espera ver a justiça sendo feita. Quando os praticantes de bullying são confrontados com seus maus procedimentos, eles mentem. Isso é um insulto para o Alvo, que pode ter assumido grandes riscos para denunciar o bullying. Os Alvos se transformam em clientes difíceis para os advogados. Embora seja a lei que não lhes dê a devida proteção, os Alvos consideram os advogados culpados por não serem capazes de fazer mais do que de fato fazem.

Os Alvos que se deixam levar por um forte senso de igualdade, justiça e integridade tornam mais desafiadora a vida daqueles que desejam apenas que eles desapareçam. Talvez eles nos deixem desconfortáveis porque nos lembram como todos deveríamos ser, as pessoas que deveríamos querer nos tornar. É essa culpa que faz com que as testemunhas do bullying deixem desamparado o escrupuloso, entusiasmado e empenhado Alvo.

Os Alvos se mostram vulneráveis?

Os praticantes de bullying examinam os grupos em busca daqueles que têm menos probabilidade de reagir às suas agressões. Talvez isso seja um resquício evolutivo de nosso papel no reino animal. Todas as espécies predatórias selecionam e atacam as presas mais fracas. Isso é uma prática relacionada à sobrevivência, não uma espécie de esporte. Os seres humanos, ao contrário, algumas vezes provocam a violência pelo simples prazer de prejudicar outros seres humanos. Eles ferem os Alvos, mas os mantêm por perto para prejudicá-los ainda mais, da mesma forma como um gato brinca com um rato ferido.

Os praticantes de bullying analisam o campo, especialmente com relação a novos empregados. Eles procuram por Alvos que não ofereçam resistência aos seus ataques. O praticante de bullying recua quando encontra oposição. Os pesquisadores comportamentais afirmam que o agressor traça um cálculo mental da relação esforço/benefício. As pessoas que exigem um empenho maior para serem assediadas do que é considerado válido pelo agressor deixam de ser vistas como Alvos. Isso quer dizer que os praticantes de bullying são preguiçosos. Eles querem um Alvo fácil.

Muitos de nós odiamos o conflito e o confronto. Queremos paz e sossego. Não reagir ao ser provocado faz com que os Alvos não se mostrem ameaçadores. Isso é feito tanto por meio de palavras quanto por mensagens não verbais dirigidas ao agressor.

Vulnerabilidade através de palavras

Afirmações modestas podem ser um indício de humildade ou de civilidade. Nesses casos, ouvimos o Alvo derramar uma série de elogios aos outros, a expressão de um desejo genuíno de desviar-se do crédito que ele mesmo merece. "Não poderia ter feito isso sozinho. Há muitas outras pessoas a agradecer. Meus colegas de trabalho impediriam que qualquer um falhasse nessa tarefa." "Devo meu sucesso a todos os que estão à minha volta." A pessoa pode não ter intencionalmente decidido difamar-se, pode estar simplesmente escolhendo não chamar atenção para si mesma.

No entanto, afirmações autodifamatórias e autoderrotistas são indícios reveladores de uma insegurança mais profunda. Há evidências de que a semente da falta de confiança em si tenha sido plantada muito tempo atrás, na infância do indivíduo, vindo a mostrar sua face mais severa através do conflito com um praticante de bullying. Todos temos dúvidas uma vez ou outra, mas a maioria de nós acredita que somos inerentemente capazes de superar os obstáculos. Aqueles que têm um histórico de insegurança são sempre mais suscetíveis a ceder ao desespero todas as vezes em que forem confrontados por pessoas poderosas que apenas os criticam e menosprezam.

Uma coisa é o praticante maníaco de bullying rebaixar os Alvos, mas é doloroso testemunhá-los fazendo isso a si mesmos. Por exemplo, dói ouvir alguém dizer:

- "Eu só atraso os outros."
- "Nunca fui bom nesse tipo de tarefa."
- "Vocês devem continuar, eu não consigo. Eu acabaria atrapalhando vocês."
- "Nunca aprendi como trabalhar com computadores. Meus filhos são muito mais espertos do que eu. Sou um idiota."
- "Você deve ter razão, eu erro muito, mas vou me esforçar mais da próxima vez."

Além disso, há aspectos da fala que fornecem pistas não verbais para um predador que deseja se insinuar. Os indícios paralinguísticos relevantes (todos os aspectos da fala, exceto as próprias palavras) incluem o tom de voz (desinteressante, tímido), o ritmo da fala (lento demais a ponto de ser interrompido, ou muito rápido e agitado, mascarando um medo de ser considerado pouco competente) e demonstrar tolerância para as interrupções feitas pelo praticante de bullying, todos os quais se combinam para transmitir uma falta de confiança generalizada.

Vulnerabilidade através de ações

A maneira como os Alvos andam, comportam-se, sentam-se, ficam em pé, gesticulam e usam o espaço interpessoal é esquadrinhada pelo praticante de bullying, talvez sem a devida atenção dos Alvos. O medo ou a intimidação podem ser sinalizados por um andar hesitante, passos curtos ou, de fato, pelo hábito de recuar a fim de acompanhar o que uma pessoa mais poderosa está dizendo. As pessoas confiantes normalmente gesticulam para pontuar suas falas. A ausência de gestos não significa necessariamente uma baixa autoconfiança. Ela indica, no entanto, uma reserva aprendida no seio de uma família que desestimulou a livre expressão, ou um adiamento deliberado das ações. Em qualquer um dos casos, o praticante de bullying agride a pessoa sossegada e inexpressiva, assumindo que ela não reagirá quando atacada.

Finalmente, os praticantes de bullying exploram o espaço interpessoal em benefício próprio. Eles ficam perto demais, aproximam-se insidiosamente de sua mesa quando você está de costas, e tocam-no para demonstrar controle, em vez de compaixão. Sempre que um Alvo fracassa em afastar o praticante de bullying, não conseguindo restabelecer uma distância razoável, a invasão de seu espaço pessoal pode causar estragos em seu senso de controle. Mostrar-se acuado ou tolerante diante da invasão geralmente transmite sinais de submissão ao praticante de bullying.

Uma vulnerabilidade particular

Alguns Alvos carregam consigo um peso particular. De alguma forma, eles já foram previamente traumatizados por alguma pessoa. Embora possam ter se passado anos, a memória nunca se apaga. No WBI, conversamos com muitas vítimas que compartilharam histórias horríveis sobre tais traumas. Para muitas delas, é difícil romper esse ciclo. Em sua infância, por exemplo, os pais podem ter se divorciado, causando sentimentos profundos de infelicidade, abandono ou perda. Ela pode ter sido abusada sexualmente quando era pequena e, na idade adulta, ver-se aconselhada por um gerente de banco a manter segredo sobre os desfalques na instituição. Um Alvo do sexo feminino pode ter visto sua jovem filha ser atropelada por um motorista inconsequente e ter passado anos tentando superar esse trauma, apenas para que seu chefe gay lhe pedisse que ela "fizesse um lindo bebê" para ele e seu companheiro. Um homem que foi profundamente humilhado quando era criança por um pai dominador pode ser transferido de um chefe infame a outro. Aproximadamente 38% dos entrevistados na pesquisa do WBI de 2003 disseram que haviam passado por experiências traumáticas anteriores.

Ficamos sabendo que Alvos previamente traumatizados:

- São mais relutantes em revelar aos outros os seus suplícios;
- Não têm muita confiança de que o praticante de bullying é a causa do tratamento ríspido;
- Toleram muito mais as loucuras e a instabilidade no trabalho porque estão acostumados ao caos;
- Sentem-se tão envergonhados que é especialmente difícil pedir ajuda ou falar sobre isso, até mesmo com os cônjuges;
- Parecem irritados aos colegas de trabalho e gerentes quando finalmente decidem falar sobre o bullying — o ressentimento reprimido em relação ao agressor é despejado raivosamente e sem nenhum filtro;
- São mais suscetíveis a agressões indesejadas do praticante de bullying por conta do efeito da "retraumatização";
- Experimentam um revés emocional por precisarem reviver memórias profundas a cada etapa do processo de enfrentamento — a cada vez que repetem a história para um burocrata, um psicólogo, um advogado.

Oferecemos essas informações sobre Alvos previamente traumatizados para ajudar você e sua família a compreender por que o processo de cura demora tanto tempo. A cura não poderá ter início até que você se afaste do agressor e daqueles que o apoiam. Se uma ação judicial for iniciada, ela adiará indefinidamente o fim da situação de bullying. Algumas vezes, membros da família bem-intencionados se frustram pelo fato de o Alvo simplesmente não "deixar para lá". Não é tão fácil assim. Os cônjuges podem não ter conhecimento das experiências prévias do Alvo.

O episódio de bullying é uma oportunidade de dar início a essa discussão íntima e privada.

A suscetibilidade aumentada não é, de forma alguma, uma justificativa para o comportamento inconcebível e desprezível do praticante de bullying. Traumas anteriores não dizem respeito ao agressor ou ao empregador, mas, de um modo geral, eles utilizarão essas informações contra o Alvo. Nesse caso, ele precisará do apoio incondicional da família, mais do que nunca.

Algumas formas comuns de negação que envolvem o bullying são:

Negação simples

Sustentar que o bullying não está acontecendo, apesar das evidências e do fato de os outros já o terem notado. Essa é a abordagem "não veja, não escute e não comente". Quando a equipe discute as atitudes do praticante de bullying, você deixa o recinto, acreditando que, se algo estiver longe dos olhos, estará longe da mente.

Minimização

Admitir a existência do bullying, mas subestimá-lo, de modo que ele pareça ser muito menos sério do que é. As frases "Momentos difíceis fortalecem a personalidade" e "Tenho que desenvolver uma tolerância maior, só isso" passam por sua cabeça.

Racionalização

Oferecer outras razões ou justificativas para o comportamento do praticante de bullying. Para fazer a loucura parecer normal, você se convence de que as táticas dele são, de alguma forma, justificáveis. Isso faz com que o Alvo não tenha ninguém a quem culpar, a não ser a si mesmo. "Devo ter feito algo para que essa pessoa tenha me escolhido."

Intelectualização

Evitar os efeitos danosos do praticante de bullying, lidando com ele através de generalização, análise intelectual ou teorização. Essa é a abordagem "macro". As justificativas podem soar como: "A competição generalizada prejudicou a minha empresa.", ou "Pelo menos, tenho sorte de ter um emprego.", "A pressão que o coitado do presidente executivo sofre é demais para uma pessoa.", "Ele não tem escolha, está simplesmente se deixando levar.", ou, finalmente, "Tenho que aceitar um ambiente repressor e vil para que a empresa continue sendo competitiva, porque essa é uma necessidade econômica."

Autonegação saudável

Quando estamos sofrendo com os efeitos do bullying e nos sentimos vulneráveis, queremos que tal sofrimento acabe. Quando nos sentimos ameaçados ou vulneráveis depois de uma nova ação de bullying, algumas vezes é importante negar a situação. É demais para absorver de uma vez só. Agimos como se estivéssemos colocando uma venda nos olhos — recusamo-nos a retirá-la para ver o que aconteceu.

De modo geral, isso produz efeitos benéficos a curto prazo, para que possamos terminar o que precisamos fazer. Isso nos ajuda a nos arrastar até as férias planejadas, quando descansaremos um pouco. Quando se é dilacerado pelo chefe, é comum se usar a negação para conseguir chegar ao fim de um dia de trabalho, até que se possa voltar para casa e atestar a loucura dele para sua família e amigos.

Sem a negação, o trauma do bullying poderia perturbá-lo e fazer com que você ficasse inativo ou imobilizado. Perder um emprego ou ser assediado constantemente por um chefe ou um colega de trabalho pode causar um choque. A negação é a defesa que usamos para evitar o fluxo de emoções depois de transcorrido o efeito do choque inicial.

Todos nós usamos algum tipo de negação quando estamos sofrendo. Se você tem um histórico de muito sofrimento, pode ter aprendido a usar com frequência a negação para escapar desses sentimentos.

Origens da autonegação

Na família de origem do Alvo, ninguém fala claramente em bullying. O agressor, o membro abusivo da família, estimula e sustenta a negação coletiva.

Na infância, você pode ter ouvido frequentemente as palavras: "Você não tem motivo para ficar chorando." Isso ensina o Alvo a não confiar em sentimentos profundos. Quando alguém lhe nega seu direito de sentir e expressar uma emoção genuína, isso se chama desconsideração. Ter sua perspectiva pessoal negligenciada durante o amadurecimento explica por que os Alvos aceitam insultos verbais similares por parte do praticante de bullying. Na vida adulta, os Alvos simplesmente não dão valor ou não confiam em sua própria versão dos acontecimentos. Os agressores sempre tentam invalidar a sua verdade.

Quando o praticante de bullying é confrontado com seu comportamento inaceitável, ele pode alegar que isso nunca aconteceu, ou que o Alvo o "provocou". O Alvo, que julga não ter direito de questionar essas mentiras, pode buscar instintivamente uma explicação racional, acreditando que o agressor tem uma razão lógica para ter agido dessa forma. O Alvo pensa: "Deve haver alguma razão para ele estar bravo comigo.", ou "Se ele pensa que meu trabalho não é bom, provavelmente não é."

O Alvo cai na armadilha do autoderrotismo, agindo com base em um roteiro que vem sendo ensaiado desde a sua infância. O trabalho do praticante de bullying é perpetuado seguindo o roteiro que o Alvo traz consigo.

A crença do Alvo de que o agressor está se comportando de modo lógico é uma das muitas fontes de confusão. O praticante de bullying pode calmamente atribuir ao Alvo uma tarefa importante, apenas para reagir aos gritos quando ela não estiver concluída em dez minutos. Essa rápida mudança do comportamento racional para o irracional aumenta a confusão do Alvo, que ainda insiste na lógica, levando-o a procurar pela sanidade em um mundo insano. A negação minimiza o sofrimento provocado pela confusão e pelo estilo de comunicação ambíguo e enlouquecedor do praticante de bullying.

Talvez o Alvo nunca tenha se perguntado: "Eu estou sofrendo bullying?"

Muitas pessoas nunca ouviram falar de bullying e não sabem do que se trata. Em muitos casos, o conceito é totalmente novo para elas. É surpreendente o número de pessoas que nos disseram que o simples fato de haver um nome, um rótulo, para o que elas estavam enfrentando já as ajudou a começar a fazer algo a respeito. Isso auxilia a levantar o véu de segredo e vergonha imposto pelos agressores.

As agressões diárias do praticante de bullying também estimulam a autonegação por parte dos Alvos. Os agressores e os aliados que os defendem dizem aos Alvos que eles são muito sensíveis, muito competitivos, e que tentam fazer as coisas constantemente do seu modo. É como uma lavagem cerebral, que pode se estender para além do trabalho, abrangendo a família e os amigos.

> ## O bullying NÃO é culpa do Alvo!

Ciclos de negação

A negação pode aparecer depois do episódio de bullying como forma de evitar o reconhecimento da dor. Isso foi demonstrado pela psicóloga Lenore Walker, que pesquisou a violência doméstica. Seu modelo do ciclo de abuso da violência doméstica se adapta bem ao conceito do bullying.

Aplicando o modelo da Dra. Walker ao mundo do trabalho, teríamos: primeiro, tudo parece ir bem. Então, as tensões começam a aumentar conforme o Alvo é submetido ao estresse das táticas sabotadoras do praticante de bullying. A isso se segue um episódio de bullying verbal e destrutivo, provocando confusão no Alvo. Ele se pergunta como poderá mudar para agradar seu chefe ou colega de trabalho. As tentativas do Alvo de mudar para satisfazer o praticante de bullying (no sentido de atender aos seus padrões) são recebidas, a princípio, com aprovação. O clima no escritório se acalma por um momento — até que o agressor se sinta fora de controle e, então, o ciclo recomeça.

A fim de que esse ciclo de bullying pare, a negação deve ser interrompida. Os Alvos devem reconhecer o bullying e começar a intervir em seu próprio benefício. Assumir o controle de sua vida e de seu destino é a única maneira de detê-lo.

A negação prolongada piora a situação

A negação só é aceitável como uma estratégia de sobrevivência a curto prazo. Enquanto os Alvos estão no processo de negação, eles permanecem presos às circunstâncias de suas próprias percepções imaginárias, que impedem uma avaliação realista da situação. Sem dar esse primeiro passo reflexivo, nenhuma ação para recuperar a dignidade no trabalho poderá ter início. A negação prolongada é um caminho que não leva a lugar nenhum.

O psicólogo organizacional já aposentado Jerry Harvey, autor de *The Abilene Paradox and Other Meditations on Management,* atribui a superdependência da negação às excessivas fantasias negativas das pessoas. Isto é, elas imaginam o pior resultado possível de um confronto com o praticante de bullying, mesmo que esse desfecho pareça improvável — elas perderiam o emprego, o praticante de bullying as agrediria ainda mais, elas sofreriam um ataque cardíaco, o agressor mataria seus filhos, e assim por diante. Com a mente cheia de pensamentos negativos como esses (a maioria deles referente a acontecimentos que nunca teriam lugar), os indivíduos agem de forma muito cautelosa. As pessoas não querem assumir riscos.

Nossa aversão ao risco, em combinação com uma imaginação exagerada, limita a reflexão sobre as possibilidades e alternativas saudáveis.

Além disso, quanto mais o confronto com a fonte de seu sofrimento no trabalho for adiado, menos provável será que se tome uma ação para deter o praticante de bullying. A negação prolongada é uma forma de perturbação que, ao longo do tempo, perde, na verdade, sua única utilidade — o poder de mascarar a depressão e a insegurança.

> *Realidade irônica:* **adiar o confronto custa ao Alvo e à sua família mais do que a pior consequência imaginada.**

Tudo gira em torno do controle

O controle é o tema implícito principal, a base fundamental do bullying. Lidar com o colega de trabalho ou o chefe caótico, com o ambiente corporativo descontrolado e com as regras rígidas do mundo dos negócios são imperativos intimamente ligados ao tema do controle. A necessidade de controle está sempre lá. As preocupações relacionadas a perder o controle são o assunto principal, tanto para os Alvos quanto para aqueles que praticam o bullying.

Para o Alvo, a necessidade de controle é excelente. O medo de parecer muito expansivo, muito carente, muito agressivo ou muito irritado está ligado a todos os aspectos do trabalho. Visto de outro ângulo, exercer o controle significa ser dominante, exigente, agressivo e autoritário. Os Alvos acreditam que a única maneira de se proteger é manter o controle. A questão se define nitidamente. Essa ênfase sobre o controle deixa o Alvo vulnerável aos agressores, que começam toda a encenação do bullying para satisfazer seu próprio anseio por tomarem as rédeas.

Stephanie Brown, em seu livro *Safe Passage: Recovery for Adult Children of Alcoholics*, faz uma distinção entre compactuar e adotar uma atitude defensiva. Ela argumenta que compactuar piora essas situações (com os praticantes de bullying), que nunca serão resolvidas. Isto é, usar a negação como uma estratégia de convivência somente leva a problemas cada vez maiores — e nunca resolve a questão em si. Sem nenhum tipo de solução, os Alvos veem seu sofrimento aumentar indefinidamente.

Os Alvos são encurralados pelos praticantes de bullying em uma rede de mentiras. O perigo maior aparece quando a insegurança começa a devastar o bom empregado. Ao longo do tempo, até mesmo a mais forte das pessoas vê-se vencida pelas constantes agressões verbais e táticas.

Alguns Alvos ficam surpresos ao verem outra pessoa, um ser humano como eles, tratá-los de forma tão cruel. Eles só querem fazer o seu trabalho. O choque por ter que reagir constantemente ao intransigente agressor rouba-lhes grande parte de sua energia. Exaustos e descrentes, eles têm pouca probabilidade de exigir com eficácia seus direitos e repudiar o praticante de bullying.

De alguma forma, a ação dos agressores é bastante facilitada por Alvos já calejados. Depois que a primeira agressão planta as sementes da insegurança, muitos Alvos transformam-se em seus próprios e piores inimigos ao permanecerem fragilizados. O fracasso em montar uma contraofensiva, capaz de devolver o praticante de bullying ao seu lugar, faz com que o sofrimento perdure.

Adiamento

Os Alvos podem estar muito chocados ou surpresos para reagir imediatamente, mas, ao fim, é o medo que os paralisa. Eles não se mostram capazes de agir para se proteger. Quando os amigos e familiares perguntam por que eles estão apáticos, inúmeras razões diferentes são oferecidas, mas o medo é o denominador comum.

- "Amo meu emprego. Quem eu não suporto é a gerente. Vou simplesmente me afastar dela."
- "Tenho que fazer uma cirurgia importante daqui a seis meses e preciso contar com os benefícios de um plano de saúde para poder pagá-la."
- "Alguns dias são melhores do que outros. Eu posso me fazer de invisível por algumas semanas de vez em quando."
- "Dois de nossos filhos estão entrando na universidade e minha esposa não trabalha. Eu tenho que levar para casa um contracheque."
- "Eu posso suportar. Pelo menos ele não é tão ruim quanto o supervisor anterior."
- "Ninguém na minha família entenderia se eu abandonasse o emprego. Somos pessoas vitoriosas há várias gerações. Não posso desistir."

Cada uma dessas pessoas está ainda mais apavorada com um futuro incerto em um local diferente, com a possibilidade de realizar um trabalho distinto, do que com o inegável sofrimento enfrentado diariamente nas mãos de seus agressores. Se elas desenhassem duas colunas, denominadas "Custos pessoais de não fazer nada" e "Benefícios de não fazer nada", veriam que os custos ultrapassam em muito os benefícios. Infelizmente, da mesma forma que um alcoólatra tem que chegar ao fundo do poço antes de encontrar a motivação para mudar, os Alvos esperam um tempo inacreditavelmente longo antes de começarem a agir para expulsarem os praticantes de bullying de suas vidas.

Pensamento — catástrofe

Os Alvos também ficam paralisados quando insistem em imaginar a pior das hipóteses. Eles passam um filme-catástrofe em suas mentes. O roteiro desse melancólico filme pode ser desenvolvido da seguinte forma:

- As queixas do Alvo são recebidas com indiferença ou rejeição;
- Ele sente que ninguém mais o ouve ou o leva a sério;
- O praticante de bullying é transformado em herói pela empresa graças à sua firmeza e à sua capacidade de extrair cada grama de produtividade de sua equipe;
- A família e os amigos ameaçam abandonar o Alvo;
- O cachorro e o gato chegam perto dele e fogem ao sentir um odor desagradável, fruto de um dia de agressões e brigas com o praticante de bullying;
- O praticante de bullying rouba o cônjuge do Alvo na cena final, deixando-o sem casa, desempregado e inválido, aguardando a aceitação de uma apelação da queixa de indenização trabalhista por estresse que lhe fora recusada enquanto o sol se põe. Fim.

Esse tipo de pensamento é uma ilustração do quão profundamente um agressor pode afetar a vida de um Alvo. O Alvo é a estrela, mas o praticante de bullying é o diretor do filme.

A ação é o antídoto

O que quer que você faça, você precisa de coragem. Em qualquer caminho que decida tomar, sempre haverá alguém para lhe dizer que você está errado. Sempre surgirão dificuldades que o levarão a acreditar que as críticas estão corretas. Mapear um caminho de ação e segui-lo até o fim requer um pouco da mesma coragem de que o soldado necessita.
— Ralph Waldo Emerson

Pergunte a si mesmo: poderia ser pior do que já está? Sua resposta: "Posso ser repreendido por me expressar." Isso é o assédio do assédio.

A questão é que as contínuas tolices estarão garantidas se nada for feito para deter o praticante de bullying. Mesmo que seja improvável que as queixas o façam parar, você não terá certeza de nenhum tipo de retaliação se não tentar. O que você tem a perder? O emprego que você adorava mudou no dia em que você foi escolhido como Alvo.

Para resumir, os piores riscos que você imagina correr ao denunciar o praticante de bullying e lutar por justiça se tornam ínfimos em comparação com os verdadeiros riscos de saúde que você enfrenta ao se expor diariamente a essa máquina de terror indutora do estresse — a pessoa que o agride. Você tem pouco a perder se tentar colocar em prática a abordagem que defendemos nos próximos capítulos deste livro. Mas não vamos pedir que você enfrente o praticante de bullying sozinho. Você exigirá que o empregador faça isso por você.

Capítulo Quatro:

A diferença irreconciliável

Há exploração quando o empresário considera o trabalhador não um sócio ou um auxiliar, mas um instrumento do qual é preciso extrair a maior vantagem possível ao preço mais baixo que puder. A exploração do homem pelo homem é a escravidão.
— Antoine Frédéric Ozanam

Muitas pessoas que se veem na condição de Alvos de um praticante de bullying se perguntam *por quê*. Por que isso está acontecendo comigo? Discutimos anteriormente o papel potencial das personalidades dos agressores na condução de suas ações. O conceito fundamental do bullying é o controle. Seja você um Alvo ou um praticante de bullying, terá que lidar com ele. O problema reside na definição de "controle". Os agressores e os Alvos o veem de duas formas diferentes.

Os recém-nascidos têm uma abertura, uma facilidade para serem moldados por seu ambiente social. Durante a infância, todos nós estamos sob o total controle de nossos pais. Nós nos beneficiamos desse controle para aprender a falar, andar e nos comportar em sociedade. Experiências diferenciadas de criação e de socialização determinam se nos desenvolveremos como Alvos ou como agressores.

Se você foi criado com amor incondicional e níveis razoáveis de independência, adquiridos na passagem da infância para a adolescência e daí para a vida adulta, um senso saudável de autocontrole, ou controle reflexivo, se desenvolveu. Ser responsável por sua própria vida satisfaz a maioria das pessoas. Na vida adulta, os Alvos continuam a agir como se estivessem cercados por um universo caracterizado por cooperação, benevolência e segurança. A sua visão de mundo (as lentes através das quais toda percepção é absorvida) é, em sua maior parte, positiva.

O praticante de bullying nunca vivenciou a segurança da autoaceitação e da cooperação na infância que lhe permitiria buscar estabelecer parcerias na idade adulta. Por causa dessa lacuna, ele cresce menos seguro. Com baixa autoestima, os agressores desenvolvem sentimentos intensos de impotência e inutilidade.

Há algo de Oz nos praticantes de bullying. Eles precisam do aparato de fumaça e espelhos que o mágico usava no palácio de esmeraldas de Oz. Lembra-se de quando o mágico foi desmascarado? Totó puxou uma cortina, que revelou um homenzinho todo enrugado operando as alavancas da máquina de ilusão do grande homem.

Os agressores são artistas do ilusionismo. É tudo aparência, não há nenhuma substância genuína.

Os praticantes de bullying não percebem suas deficiências, além de negar as consequências de suas ações sobre os outros. Eles fecham os olhos para o abuso ou a tentativa de controlar os outros, nunca se considerando pessoalmente responsáveis. Em suas mentes, os Alvos "provocaram e mereceram" a agressão verbal.

Os praticantes de bullying são:

- Imprevisíveis
- Irritadiços
- Intensos
- Rabugentos
- Críticos
- Ciumentos
- Manipuladores
- Explosivos

O Controlador

Os praticantes de bullying vivem, comem e dormem para controlar os outros. Eles não conseguem existir de verdade a menos que seja dessa forma. Viver, para eles, é controlar os outros através do poder. O poder, real ou imaginado, é adquirido tanto pelo status correspondente a certos cargos profissionais quanto pela habilidade de provocar medo e caos na equipe de trabalho.

O praticante de bullying está desesperado para dominar. Ele se sente impotente, a menos que esteja no controle. A realidade do agressor depende de estar no controle, dominando os outros.

Os agressores não pretendem desenvolver um "relacionamento" com seus Alvos. Os relacionamentos normais no trabalho exigem trocas. O praticante de bullying nunca admite tal interdependência humilhante. Ele pode mentir para o Alvo, dizendo que ambos são colegas e estão em posição de igualdade. Isso apenas esmorece o Alvo, de modo que ele compartilhe segredos, hábitos e outras informações particulares que podem ser usadas posteriormente, em ataques perversos e desleais.

Ser igual aos outros sugere inferioridade para o praticante de bullying. Os iguais têm o direito de rejeitar um ao outro. O praticante de bullying esconde uma vulnerabilidade à rejeição, algo que ele teme muito. Além disso, em um relacionamento entre iguais, o praticante de bullying teria que demonstrar seus sentimentos e manifestar seus desejos. Ele acabaria pedindo alguma coisa aos outros, e esse pedido poderia ter um "não" como resposta. Os praticantes de bullying abominam ficar em pé de igualdade.

Finalmente, há um efeito bumerangue que Alvos muito independentes vivenciam. Quando esse tipo de Alvo rejeita o praticante de bullying, o agressor regozija-se em sua crueldade porque o desafio para controlar é ainda mais instigante. Lembre-se: a resistência ao controle do agressor era a razão número um pela qual os Alvos acreditavam estar sofrendo o bullying.

O Cooperador

Sem saber, o Alvo esbarra exatamente no muro de poder e controle projetado pelo praticante de bullying. O momento mais importante para o Alvo é quando ele começa a questionar a pertinência do comportamento do agressor em relação a ele. Dependendo da diferença de estilos, leva algum tempo para que os Alvos percebam que "há algo errado". Nesse momento, a família e os amigos questionam por que eles estão sendo tão tolerantes com os desrespeitosos maus-tratos do praticante de bullying.

O Alvo e o agressor têm percepções opostas sobre o controle. Tal diferença pode ser atribuída às suas respectivas famílias de origem.

A família de origem é a família biológica em meio à qual você nasceu. A combinação entre hereditariedade e estilo de criação dentro da família determina, em grande parte, como nos comportaremos na vida adulta. O estilo de criação afeta o temperamento da criança (se nos tornaremos passivos, respeitosos, hostis ou assertivos) e nossas formas de nos relacionar com o mundo.

Há dois estilos de criação principais que se mostram relevantes para transformar alguém em Alvo: o passivo e o autoritário. Pais passivos estabelecem poucas regras e tendem a superproteger seus filhos. Pais autoritários têm regras estritas e rápidas, e permitem poucas contribuições de seus filhos, quando permitem. Pais igualitários, entretanto, usam uma abordagem mais democrática, estabelecendo regras que levam em consideração as perspectivas de seus filhos. Essa é a abordagem que apresenta menos chances de gerar Alvos no futuro.

As crianças que crescem em famílias passivas e superprotetoras exibem timidez, reticência e tranquilidade, que contribuem para que elas se tornem adultos ansiosos diante de situações sociais. Essas mesmas qualidades fazem com que as crianças de tais famílias fiquem inseguras quanto às suas habilidades e, assim, se transformem em uma presa fácil para os praticantes de bullying. Pais superprotetores criam filhos socialmente ingênuos, pois seu amor extremamente indulgente nunca permite que as crianças desenvolvam uma visão realista do mundo.

Pais autoritários, por sua vez, nunca permitem que seus filhos se comportem de uma maneira diferente da sua. Essas crianças também não desenvolverão uma visão realista do mundo. Pelo fato de os filhos de pais autoritários serem repetidamente orientados sobre o que fazer e como fazer, eles se tornam tímidos e acanhados, e mostram sinais de isolamento. Essas crianças são menos espontâneas e mostram-se pouco confiantes diante de situações sociais. Isso as afasta de outras crianças e as torna suscetíveis aos praticantes de bullying.

A família de origem de uma pessoa pode afetar a habilidade daquele adulto na resolução de problemas. Através da rotina diária da vida e da celebração de eventos, a família é o lugar, antes de qualquer outro, em que aprendemos a ser sociais, a lidar com os outros. Se você for criado em uma família na qual há um tumulto constante e não se cumprem quaisquer rituais previsíveis (como refeições ou grandes reuniões familiares), você nunca irá desenvolver a habilidade de interagir normalmente com outras pessoas. A desorganização dos rituais diários tem um impacto profundo na vida de uma criança, porque, sem a exposição diária às conversas normais, ela tem poucas chances de aprender as primeiras etapas da resolução de problemas. Sem a habilidade de resolver problemas, a criança se torna uma presa fácil.

Pesquisas provenientes da área da dependência química fornecem uma explicação alternativa. Torna-se evidente que há diferenças entre crianças de lares em que há alcoólatras que permitem que algumas crianças cresçam com mais resiliência do que outras. É possível que essa resiliência seja, também, a causa da capacidade de cooperação dos Alvos.

Os Alvos são aqueles que nos dois primeiros anos da vida aprendem que não há necessidade de usar o controle para conseguir o que precisam. Assim como as crianças resilientes, eles recebem muita atenção, não se separam por muito tempo dos pais ou da pessoa que toma conta deles e não testemunham nenhum conflito aberto entre os pais (eles podem ter problemas, mas esses problemas não atrapalham o resto de suas vidas).

Eles aprendem a usar a cooperação de uma maneira que não supõe a existência de vencedores ou perdedores. Eles não precisam controlar ninguém, vivem e funcionam de forma colaborativa. No trabalho, já adultos, eles têm preferência por uma atmosfera que promova o trabalho em equipe, a cooperação e a criatividade.

O bullying se torna possível porque os Cooperadores não percebem que o mundo é povoado por Controladores, que não estão preocupados com os seus interesses. A ingenuidade do Alvo determina seu grau de surpresa quando ele finalmente se dá conta da natureza feroz do praticante de bullying.

No ninho da serpente aparece um Alvo que acredita que os colegas de trabalho expressarão livremente seus sentimentos e ideias e procurarão efetivamente por relacionamentos colaborativos. Pelo fato de o emprego e as boas relações definirem seu mundo de trabalho, ele supõe que isso será verdadeiro para todas as pessoas, incluindo os praticantes de bullying. Ele ama o seu emprego, inclusive as tarefas que o obrigam a colocar em prática suas aptidões. As políticas dos escritórios costumam ser ignoradas, ou ter importância menor.

Infelizmente, os agressores encaram o local de trabalho como um campo de batalha, um local para saquear os outros, que abriga a carnificina com a qual recebem os adversários indignos que povoam seu dia de trabalho e interferem em seu direito divino de exercer um controle incontestável sobre os apaniguados. Relacionar-se bem com os outros é o objetivo mais distante que pode passar pela mente de um praticante de bullying. A política é o esporte dos competidores. Os despojos, literalmente os restos daqueles que foram dominados e dilacerados com sucesso ao longo dos anos, ficam com o praticante de bullying.

A inevitável colisão

É um tanto hipócrita caracterizar o confronto entre duas pessoas tão fundamentalmente diferentes como um mero "conflito de personalidades", produto de "má comunicação" ou "incompreensão". Todos esses rótulos sugerem que o Controlador está tentando corresponder pelo menos parcialmente às necessidades do Cooperador. Isso não é verdade.

Se os Alvos continuarem funcionando sob as regras da cooperação, eles podem acabar acreditando que estão fazendo algo "errado". Eles se desdobram para agradar o agressor, que nunca ficará satisfeito. A cura do Alvo não começará nunca, até que ele perceba que sua relação com o praticante de bullying não é normal. Somente depois de começar a desconfiar do agressor, e não de si mesmo, é que o Alvo poderá pensar em buscar segurança e melhorar sua própria saúde.

Nossa descrição de um praticante de bullying é triste. E torna-se horrível quando observamos sua dança patológica com um Alvo ingênuo. Como pode um Alvo cair em tal armadilha?

A resposta é que os Alvos raramente percebem a aproximação dos praticantes de bullying. Simplesmente, eles veem o mundo através de lentes completamente diferentes.

Jill é supervisora de uma fábrica de vidros. Ela foi trabalhar na fábrica depois de servir dez anos na Marinha. Jill se orgulha de comandar um "navio sólido" e já recebeu uma menção especial por seu trabalho como supervisora. Na faculdade, Sandy decidiu que queria trabalhar como artista. Ela começou no emprego na fábrica de vidros logo depois de formada. Após três meses trabalhando sob o comando de Jill, Sandy está prestes a abandonar o emprego e desistir de seus sonhos.

O que aconteceu? Sandy começou a se relacionar imediatamente om um Controlador. O caso seguinte é um exemplo do relacionamento ntre as duas mulheres.

Jill adentra a sala de descanso e desaba numa cadeira na mesma mesa na qual Sandy está sentada, dizendo casualmente: "Cara, você só traz problemas."

Sandy, dirigindo-lhe o olhar, responde: "Por que você está dizendo isso?" (Embora esteja surpresa, ela responde como se ambas estivessem agindo sob as mesmas regras, em uma realidade compartilhada.)

Jill está pronta para começar a batalha pelo controle. Para ela, Sandy precisa entender que Jill é a SUPERVISORA. "O chefe acabou de vetar sua ideia maluca de simplificar a linha de pintura." Jill diz isso com um toque de raiva ε um perceptível ar de triunfo.

Sandy, então, sente que deve se defender. Ela diz: "Quando falei com você ontem, estava apenas discutindo algumas ideias que achei que poderiam nos ajudar a agilizar o trabalho."

"Bem, pensei que você quisesse que o chefe ouvisse sua ideia. Ele ouviu, e acha que a minha solução é a melhor." Em sua mente, Jill ganhou. Ela usou o controle sobre Sandy para atacar sua percepção básica sobre suas aptidões e sobre si mesma.

Sandy está magoada e confusa. Ela parece não conseguir fazer com que Jill compreenda que ela apenas deseja ajudar o departamento, está frustrada e parece não entender o que Jill espera dela. Sandy não percebe a necessidade de Jill de controlar tudo — pois a supervisora costuma lhe dizer que novas ideias são importantes; e isso, para Sandy, significa permissão mútua, e não o controle sobre os outros.

*Se Sandy tivesse dito: "Fico magoada quando você diz que trago proble-
mas", Jill, como uma típica praticante de bullying, desconsideraria o sentimento
de Sandy, dizendo: "Você está fazendo tempestade em copo d'água!" ou (sar-
casticamente) "Ah, coitadinha de você.".*

Ainda assim, Sandy continuaria se sentindo magoada e confusa.

*Se Jill estivesse no mundo da cooperação (a realidade de Sandy), ela teria
dito: "Ah, me desculpe, acho que eu devia ter conversado mais com você antes
de ter falado com o chefe." Nesse caso, Jill poderia ser acusada de ser ranzinza,
mas ela, então, reconheceria a sua irritabilidade.*

*Embora Sandy aja sob a realidade da cooperação, ela não tem nenhuma
ideia de que Jill nunca a consultará para nada. Sandy não tem consciência de
que Jill funciona a partir de uma mentalidade completamente diferente da sua.
Infelizmente, Sandy talvez nunca perceba que Jill não é uma Cooperadora,
mas opera em um mundo hostil de controle.*

O que é seu também é meu

Existe outra maneira de representar o contraste entre o Controlador e
o Cooperador. É uma forma de descrever os relacionamentos que envolvem o cuidado com aquilo que mais importa às pessoas. É um modelo
de troca social que se transforma em exploração.

Considere-se a visão de mundo do Cooperador associando-a à tarefa
de manter o placar em um jogo. Você se lembra do desejo manifestado
por Mark McGwire durante a temporada de beisebol de 1998, quando
ele e Sammy Sosa bateram o recorde de corrida nacional de todos os
tempos? McGwire disse que desejava que eles terminassem a temporada
empatados. A afirmação foi rara, partindo de um atleta profissional cujo
mundo é definido pela competição, dominado por competidores. Por um
breve momento, o mundo observou competidores esportivos do mais
alto nível buscando quebrar o recorde como amigos, cada um desejando
o melhor para o outro.

O resultado ideal para um Cooperador é alcançar uma divisão meio
a meio dos benefícios (recursos) que os empregados buscam no trabalho.
Alguns Cooperadores têm almas angelicais e agem como altruístas. Os
altruístas preferem dar aos outros. Eles ficariam realizados se pudessem

dar aos outros 100% dos recursos, não ficando com nada para si mesmos. Faz muito tempo que não se vê um altruísta em um local de trabalho. Eles são uma espécie em extinção na arena competitiva dos negócios. Avise-me se você encontrar um.

No diagrama seguinte, as duas extremidades da linha horizontal mostram o altruísta à esquerda, o Cooperador ao centro, buscando um solo comum, e o Controlador na extremidade direita da linha, buscando resultados absolutos.

O mundo otimista de igualdade de um Cooperador — divisão de 50/50

Os Controladores são competidores no sentido estrito, jogadores de soma zero. Suas vitórias são conquistadas à custa da derrota dos outros. O resultado ideal para um Controlador é 100% para ele e nada para o Alvo. Sua lógica: o que é meu é meu e o que é seu é meu também. Observe como, no segundo diagrama, o Controlador arranca a metade dos benefícios pertencentes ao Cooperador.

O tango entre o Alvo e o agressor nesse modelo de troca-exploração é uma luta entre os dois sobre qual deve ser a meta. O praticante de bullying força para o seu lado, tentando esticar a corda para dominar tudo. O Alvo faz uma força no sentido contrário (quando se dá conta da exploração que está sofrendo) apenas para chegar à marca intermediária. O Alvo não pensa em invadir o território do Controlador e avançar o limite dos 50/50. Se e quando ele fosse além do restabelecimento do autorrespeito, para além de voltar à neutralidade, ele começaria a se sentir um agressor.

A exploração da divisão do Alvo realizada por um praticante de bullying que busca a dominação

Recursos que os Controladores buscam dominar:
- Aprovação;
- Crédito por conquistas;
- Tempo (horas trabalhadas, folgas);
- Suprimentos para a realização do trabalho;
- Autoridade no trabalho;
- Respeito;
- Reputação junto aos colegas de trabalho;
- Competência do Alvo.

Capítulo Cinco:

A paralisia das testemunhas

Você ganha força, coragem e confiança a cada experiência em que você realmente para e enfrenta o medo. [...] Você deve fazer exatamente aquilo que acha que não consegue.
— Eleanor Roosevelt

Por que os membros da equipe não ajudam

Normalmente, o praticante de bullying elege um Alvo de cada vez. No entanto, há testemunhas. Por que elas veem e não fazem nada?

> **PARA TER SUCESSO, OS PRATICANTES DE BULLYING PRECISAM DE**
> **Segredo • Vergonha • Testemunhas silenciosas**
>
> **Você pode detê-los.**
> **Elimine o que os mantém vivos!**

Se os grupos (vamos chamá-los de equipes de trabalho) são poderosos o suficiente para manipular os indivíduos à vontade, entrar em suas mentes e fazê-los duvidar de sua própria competência, levá-los a tomar atitudes que os prejudicam, então a lógica ditaria que os companheiros de trabalho que veem um praticante de bullying ofendendo alguém correriam para ajudá-lo. Certo? Errado!

A estranha fábula das pessoas que agem em grupos e influenciam indivíduos se torna mais estranha ainda. Por várias razões, aqueles que testemunham a injustiça do bullying no ambiente de trabalho raramente tomam uma atitude. Isso se dá por escolha própria ou pelo fato de tais testemunhas não poderem agir, por razões geralmente desconhecidas por elas próprias e pelo Alvo, que certamente se valeria de sua ajuda.

Vamos analisar cinco fatores comuns que afetam os companheiros de trabalho e as testemunhas do bullying e os desestimulam a intervir ou ajudar.

Paradoxo de Abilene

O psicólogo social e notável autor Jerry Harvey homenageou sua Texas natal ao nomear esse fenômeno. A dinâmica de grupo é, talvez, o elemento mais relevante para entender por que os agressores são testemunhados por tantas pessoas e ainda conseguem continuar praticando o bullying.

A cidade do Texas é homônima do paradoxo. Ele se refere à história (recontada por Harvey) de uma decisão infeliz tomada por sua família. Em um dia quente de verão, eles entraram em um carro sem ar-condicionado e dirigiram várias milhas até Abilene, a fim de experimentar um novo restaurante. O calor estava insuportável e a comida, péssima. Mas ninguém ousou falar sobre isso até o fim daquela noite, quando todos já estavam em casa.

Finalmente, a matriarca da família quebrou o silêncio e se queixou da comida. E, então, todos interromperam a conversa para externar suas queixas — o carro estava muito quente, foi uma estupidez tentar ir a um restaurante desconhecido. Isto é, ficou claro que ninguém queria de fato ir, mas, na hora, ninguém se pronunciou. No fim, todos culparam o pai por haver sugerido o passeio.

Para Harvey, sempre que um grupo está prestes a fazer uma coisa errada, apesar de saber que se trata de uma coisa errada, temos um grupo "a caminho de Abilene".

Imagine um conjunto de pessoas brilhantes tomando uma decisão estúpida. Sabemos, por conta de conversas privadas com cada uma dessas pessoas, que todas têm consciência de estarem prestes a realizar uma coisa estúpida. No entanto, quando o grupo parte para a votação, as pessoas acabam escolhendo fazer a coisa estúpida! Mais tarde — de um modo geral, muito mais tarde —, quando a decisão se volta contra ele, o conjunto se dissolve, tentando encontrar um culpado. O grupo precisa desesperadamente de alguém ou de alguma coisa a quem culpar, muito tempo depois de tomar uma decisão que poderia ter sido facilmente evitada.

Essa é a descrição de um grupo que age de comum acordo, não litigiosamente. Todos concordam particular e individualmente quanto à situação real. Entretanto, não comunicam seus sentimentos uns aos outros. E, então, publicamente, na presença de todos eles negam o acordo mútuo que desconhecem existir.

O paradoxo é a coexistência das versões privada e pública da realidade. Na verdade, trata-se de um acordo mal conduzido, e não de um desacordo. Tudo é possibilitado através de um silêncio público em relação ao que cada indivíduo considera verdadeiro. Há alguma semelhança com o local onde você trabalha?

Vamos analisar um exemplo de bullying.

Todos os colegas de trabalho do Alvo sabem o que está acontecendo. Se entrevistados separadamente e livres de retaliação, cada um deles deploraria o óbvio sofrimento pelo qual o Alvo está passando. No entanto, em situações de grupo, mesmo sem a presença do agressor, eles não tomam a atitude certa.

Quando estão juntos, não planejam utilizar seu poder de grupo para derrotar o solitário praticante de bullying. Em vez disso, ignoram os evidentes maus-tratos, não comunicando publicamente seus pontos de vista ou sentimentos. Se, posteriormente, o Alvo propuser uma ação judicial e os responsáveis, para defendê-lo, entrevistarem a equipe que fazia parte daquele ambiente hostil, começarão as acusações.

Por que isso acontece? Harvey considera como causa provável as excessivas fantasias negativas das pessoas. Isto é, elas imaginam o pior cenário possível, o resultado mais arriscado do confronto com o praticante de bullying — elas perderiam seus empregos, o praticante de bullying se voltaria contra elas, que sofreriam um ataque cardíaco, o praticante de bullying mataria seus filhos, e assim por diante. Isso se chama pensamento-catástrofe. Com a mente cheia de pensamentos negativos como esses, a maioria deles sobre acontecimentos que nunca ocorrerão, os indivíduos agem de modo muito cauteloso quando estão em conjunto. Como grupo, eles não querem correr nenhum risco. Portanto, tomam a atitude errada, tudo porque não conversam abertamente sobre isso. Eles permitem que o Alvo passe por situações ruins; situações que, como indivíduos, acreditam que não deveriam acontecer.

Sinal de algum transtorno? Não, simplesmente a aversão humana natural ao risco, proveniente de uma imaginação exagerada, que impede que se pense nas possibilidades.

As testemunhas silenciosas e imóveis do bullying sofrido por outras pessoas são um grupo "a caminho de Abilene".

Pensamento de grupo

O pensamento coletivo é a segunda dinâmica de grupo que inibe as testemunhas do bullying de intervir ou ajudar os Alvos.

Isso também envolve a tomada de decisões ruins enquanto grupo, como permitir que o praticante de bullying prejudique as pessoas que pertençam àquela equipe de trabalho. No pensamento de grupo, a atitude errada é realizada pelo grupo, mas as pessoas não se dão conta de que a ação está errada, já que estão sob o paradoxo de Abilene.

O pensamento de grupo é o termo que George Orwell usou em *1984*, o sombrio romance futurista. Os psicólogos tomaram a denominação emprestada para descrever um grupo incapaz de avaliar criticamente os prós e os contras de uma decisão. Pelo fato de os membros do grupo se sentirem tão intimamente conectados, tão coesos, eles preferem ver apenas um lado da questão. Eles são facilmente comandados por um líder enérgico e preferem concordar com as decisões do chefe e bajulá-lo para se manter em uma situação favorável. Tornam-se um bando insensato e superprotetor quando reunidos em grupo, colocando sobre todas as outras questões a meta política de reprimir os dissidentes.

O pensamento de grupo é relevante para o bullying se imaginamos um conselho de gerentes que tem, como um de seus colegiados, um praticante de bullying. Ele pertence ao clube, vamos dizer assim. O Alvo tenta encontrar um aliado entre os colegas do agressor. Se e quando o Alvo abordar os membros do grupo, ele será ignorado. A equipe de gerência não estará aberta a ouvir queixas sobre um dos seus integrantes. O agressor sente-se seguro em seu casulo; o clube é blindado para proteger um de seus membros.

Não é de admirar que os apelos por ajuda dirigidos aos colegas do agressor fracassem com tanta frequência, desde os executivos até os colegas de trabalho. O pensamento de grupo está programado para impedir os membros do clube de ouvir qualquer coisa que vá de encontro à sua confortável visão de mundo. É o muro que separa os que pertencem ao grupo de todas as outras pessoas. Ele carrega consigo um código de silêncio que influencia a estratégia do praticante de bullying.

Dissonância

A dissonância cognitiva é a terceira dinâmica que inibe as testemunhas. Leon Festinger é o psicólogo mais associado à teoria da dissonância cognitiva.

A dissonância sobre as cognições e crenças sustentadas pelo auxiliador potencial paralisa os membros do grupo como indivíduos. Vamos acessar a mente de Sally e tentar entender seu raciocínio.

Chris e Sally foram as melhores amigas de Helen durante sua pequena permanência no departamento. Todas as três eram psicoterapeutas. Sally foi a primeira a oferecer sua amizade. Nas horas de almoço, Sally costumava contar a Helen histórias terríveis sobre Zoe, a temível chefe da amiga. Um ano antes, Zoe perseguira um homem e o mandara embora do cargo hoje ocupado por Helen, e dizia-se que o homem ainda não havia se recuperado do estresse causado por Zoe.

A própria Sally havia pedido transferência para outra supervisora para fugir dos imprevisíveis ataques de fúria de Zoe e admirava a habilidade de Helen de se relacionar com ela. Chris já havia ocupado a posição de Zoe como chefe, mas desistiu do cargo depois de Zoe ter sido contratada como terapeuta da equipe. A vida de Chris ficou completamente deplorável quando tentou combater as artimanhas políticas e as sabotagens de Zoe. Então ela abdicou do cargo e Zoe ficou em seu lugar, conseguindo o que queria.

Chris confidenciou a Helen que tinha medo de Zoe e procurava evitar contato com ela o máximo possível. Ela costumava, até mesmo, se esconder em sua sala até que Zoe passasse, para que não precisasse encontrar com ela no corredor.

Mais tarde, Helen foi afastada do departamento por Zoe. Apesar de terem vivido experiências similares com Zoe, Chris e Sally se recusaram a encontrar-se com Helen para reconfortá-la depois que ela partiu. Nenhuma das duas respondeu os recados deixados por Helen. Mais tarde, quando processou a corporação, os advogados de Helen entrevistaram Chris e Sally e concluíram que os testemunhos iriam prejudicar seu caso, já que ambas haviam escolhido apoiar a posição de Zoe.

A maneira mais comum de reduzir a dissonância após escolher em qual dos lados ficar é exagerar tanto os aspectos positivos do lado escolhido quanto os aspectos negativos associados ao lado que não foi escolhido. Sally poderia, por exemplo, focar na injustiça da demissão de Helen, mas isso a levaria a apoiá-la nos tribunais, colocando em risco suas boas relações com Zoe, a tirana.

Entretanto, Sally, como a maioria das pessoas, escolheu o caminho de menor resistência. Ela decidiu minimizar as dificuldades de Helen e concluiu que, afinal de contas, o local onde ela trabalha não é tão ruim assim. Ela ponderou que Helen teria que ser estúpida para continuar em um local como esse, e ela não é estúpida. Portanto, o mundo de Zoe, com Zoe dentro dele, não deve ser tão ruim: Helen estava errada.

Tal como acontece em todos esses fenômenos, estamos simplesmente tentando explicar por que as pessoas não ajudam mais umas as outras. A dissonância não tem nada a ver com moralidade. Quando as pessoas ponderam e afastam os conflitos internos para se sentirem bem, a probabilidade de tomarem uma ação humana (ainda que mais difícil) diminui.

Provavelmente, você perceberá que a dissonância está relacionada ao apoio que o praticante de bullying recebe. Se o sobrevivente e o agressor permanecerem no mesmo ambiente, o sobrevivente se empenhará em fazer um cálculo mental de motivos para justificar sua permanência. Ele concluirá, assim como Sally, que Zoe é mais importante do que Helen, que, de qualquer forma, já foi embora.

Os colegas de trabalho apoiam o praticante de bullying, o agressor

A quarta razão para que a equipe fracasse em usar o seu poder para deter o praticante de bullying é que os membros da equipe apoiam o agressor. A origem do princípio de identificação com o agressor está na psicanálise, mas não adotaremos a perspectiva freudiana aqui.

O importante é que isso explica como o melhor amigo do Alvo ou a pessoa que já foi a sua mais forte aliada pode se virar contra ele.

A maior parte dos praticantes de bullying quer agredir o Alvo fora do trabalho. Normalmente, as lealdades mudam de lado depois que o Alvo vai embora. Sem as dolorosas evocações diárias do efeito devastador do praticante de bullying sobre o Alvo, os colegas de trabalho ficam livres, na sequência, para agir como se o Alvo nunca houvesse estado ali. Eles podem se tornar amigos dos praticantes de bullying de uma forma que se mostra óbvia para os observadores externos, mas sem a consciência pessoal do que estão fazendo. A lealdade recém-descoberta em relação ao praticante de bullying pode ter origem no medo, na necessidade de se proteger, mas para todos os observadores parecerá uma escolha feita livremente.

Tristemente, depois que o Alvo vai embora, os antigos colegas de trabalho irão rejeitá-lo, culpando-o por sua sorte, por simplesmente não entender as políticas do escritório ou por ter um "conflito de personalidade" com o agressor. Tal pensamento protege aqueles que permaneceram à custa do Alvo que se afastou.

Evidentemente, os agressores podem exigir a lealdade dos colegas de trabalho do Alvo explicitamente. Quando o Alvo ainda estava presente, o praticante de bullying proibia os colegas de trabalho de socializarem com ele. Outra tática cruel é proibir o Alvo de solicitar a ajuda dos colegas de trabalho para executar suas tarefas. Isolar uma pessoa, em uma tentativa de controlar sua percepção da realidade, é uma tática usada também por torturadores.

O vencedor fica com tudo — os Alvos são perdedores

Se não fosse o livro *The Winner Take-All Society*, de Robert Frank e Philip Cook, teríamos chamado essa explicação de "O amor dos americanos pela competição". Reverenciamos os vencedores e não reservamos "espaço mental" para os perdedores.

A nociva mentalidade de mercado invadiu nossas relações sociais. A grande maioria das riquezas vai para os poucos privilegiados que estão no topo de qualquer profissão, esporte ou hierarquia. De certa forma, o clássico entusiasmo competitivo americano nos estimula a denegrir os azarados Alvos e a valorizar os praticantes de bullying. Afinal de contas, o local de trabalho é um campo de guerra e o vencedor (mesmo que seja um praticante de bullying) vai ser entrevistado depois do jogo, enquanto os derrotados batem em retirada, despercebidos e malquistos.

Vencer à custa de outros competidores é participar de uma competição de soma zero. Em um mundo de soma zero não há vitórias compartilhadas, nenhum prêmio proporcional. Há somente um grande prêmio para o vencedor. O perdedor não fica com nada.

A competição é impulsionada pela percepção da escassez. Deve haver um conjunto limitado de possíveis recompensas — monetárias e sociais —, pelas quais os trabalhadores têm que lutar. No trabalho, os bens sociais podem ser tão simples quanto uma conversa civilizada, um tratamento humano decente, a empatia pelo sofrimento alheio e o tempo concedido a alguém que não precisa de nada mais que do reconhecimento que o companheirismo ou uma mente aberta podem proporcionar. Esses "recursos" não são escassos. Eles são ilimitados.

Ainda assim, o praticante de bullying e seus cúmplices, por serem testemunhas, mas não agirem, os monopolizam. Ao distribuir elogios e gentilezas de forma mesquinha, o praticante de bullying toma conta da competição.

Ingenuamente, referimo-nos à competição do "mercado livre" como se o jogo fosse justo. Na verdade, a distribuição de oportunidades sempre pende para o lado dos mais poderosos. Nas organizações, os praticantes de bullying controlam os oportunistas; os que eles elegem como Alvos não têm nenhuma chance.

É inconcebível que tratemos os agressores de forma decente no trabalho, ao mesmo tempo que ignoramos o dano deliberado que eles causam às outras pessoas. O que consideramos sucesso também não faz nenhum sentido. Atribuímos um alto valor ao tamanho da mesa de trabalho de uma pessoa, ao tipo de cadeira e aos benefícios a que ela tem direito, avaliamos se o escritório tem janelas ou é apenas um cubículo, se fica no porão ou na cobertura, se a pessoa trabalha no turno do dia ou da noite, se apresenta notas de despesas ou se paga em dinheiro vivo, e assim por diante.

O sucesso é definido por uma classificação relativa, em vez de através de um desempenho absoluto. As empresas credenciam alegremente os praticantes de bullying como vencedores e tratam os Alvos como perdedores. Ei, o jogo foi fraudado!

Quem defende os Alvos?

Como parte da pesquisa do WBI de 2003, perguntamos aos Alvos se eles relataram os maus-tratos a outras pessoas e que ações elas teriam tomado. As ações possíveis eram:

- Ações positivas (sustentar a perspectiva do Alvo, testemunhar, manter o relacionamento);
- Não fazer nada, mesmo reconhecendo que recebeu um pedido de ajuda;
- Ações negativas (abandonar o Alvo, tornar-se seu inimigo e apoiar o praticante de bullying).

Os defensores potenciais são: colegas de trabalho, chefe do agressor, departamento de Recursos Humanos, cônjuge/parceiro e amigos de fora do trabalho. Os resultados abaixo sintetizam quem tomou conhecimento do bullying e o que foi feito.

	Colegas de trabalho	Chefe	Recursos Humanos
Ações positivas:	15%	18%	17%
Não fizeram nada:	28%	40%	51%
Ações negativas:	57%	42%	32%

Fica evidente que os que estão envolvidos diretamente com o local de trabalho — os colegas, o chefe do agressor, o RH — foram destrutivos, não apoiaram. O apoio positivo veio somente dos cônjuges (85% de ações positivas) e de amigos de fora do trabalho (79% de ações positivas).

A pesquisa do WBI de 2008 explorou em profundidade as respostas dos colegas de trabalho ao bullying no ambiente profissional. Os entrevistados (95% dos quais já estiveram na posição de Alvos, ou seja, sofreram bullying) disseram que 95% dos colegas de trabalho testemunharam os maus-tratos e que 97% estavam cientes do que estava acontecendo. Mas eis aqui o que os colegas de trabalho realmente fizeram:

- 0,8% se uniu, confrontou o agressor e acabou com o bullying;
- 7,1% ofereceram conselhos específicos ao Alvo sobre o que ele deveria fazer para acabar com o bullying;
- 28,4% deram apenas apoio moral e social;
- 15,7% não fizeram ou não disseram nada; não ajudando nem o Alvo nem o agressor;
- 13,2% se distanciaram voluntariamente do Alvo, isolando-o;
- 4,8% seguiram as ordens do agressor para se afastarem do Alvo;
- 12,9% denunciaram o Alvo ao agressor enquanto fingiam ser amigos do primeiro;
- 14,7% apoiaram publicamente o agressor e agiram agressivamente contra o Alvo;
- 2,5% das ações não foram claras.

Os colegas de trabalho foram quase tão pouco prestativos quanto os empregadores. Em 46% dos casos de bullying, eles abandonaram seus colegas, a ponto de 15% terem agredido o Alvo, acompanhando as ações dos agressores. Os colegas de trabalho não fizeram nada em 16% dos casos.

Alguns colegas de trabalho chegaram a tomar atitudes positivas (em 36% dos casos, limitadas, principalmente, a oferecer apoio moral). O resultado mais raro (menos de 1%) foi a união dos colegas para acabar com o bullying através do confronto direto. Os medos pessoais dos companheiros de trabalho foram a explicação preferida dos Alvos (55%) para as ações tomadas ou não pelas testemunhas.

Em conclusão, os colegas de trabalho não são pessoas más. Você é um deles, inclusive. Entretanto, o medo se sobrepõe à ação. O bullying contamina o local de trabalho com o medo, fazendo com que quase todos fiquem paralisados. Não conte com aqueles com os quais você trabalha lado a lado.

Apesar de todas essas notícias ruins, há evidências reais de que os grupos podem, de fato, enfrentar em conjunto os praticantes de bullying — e isso funciona! Um exemplo brilhante é a técnica "Código Rosa", usada por enfermeiros de equipes de cirurgia. Esses profissionais altamente especializados são normalmente censurados e humilhados por cirurgiões arrogantes, sejam eles homens ou mulheres. Em alguns hospitais, sempre que um cirurgião agressor insinua lançar mão de maus-tratos, o "Código Rosa" é convocado pelo enfermeiro escolhido como Alvo. Imediatamente, enfermeiros solícitos formam uma roda em torno do médico. Juntos, eles declaram sua relutância em auxiliar aquela pessoa com os pacientes atuais e futuros se ela não pedir desculpas e prometer se comportar de maneira civilizada.

A natureza interdependente da cirurgia torna o cirurgião impotente sem a ajuda de sua equipe na sala de operações. Todo o trabalho é interrompido e o médico é responsabilizado pela prática de bullying. O médico é o responsável pela vida do paciente. O "Código Rosa" é uma forma de o grupo demonstrar seu poder perante o agressor, exigindo cooperação em vez de jogos de controle. Segundo os relatos prestados ao WBI, todo cirurgião que pratica bullying e que é confrontado dessa forma se rende ao grupo. O absurdo pode ser interrompido!

Capítulo Seis:

Ajuda da família e de profissionais

A liberdade é a vontade de sermos responsáveis por nós mesmos.
— Friedrich Nietzsche

Com a compreensão e o apoio dos entes queridos, as reações de estresse dos Alvos geralmente passam mais rápido. Por vezes, o acontecimento traumático é tão doloroso que a ajuda profissional pode ser necessária. Isso não significa que a pessoa seja fraca. Simplesmente indica que aquele acontecimento traumático em particular foi forte demais para que ela, ou qualquer outra pessoa, possa lidar com isso sozinha. O isolamento é o inimigo. Solicitar ajuda é essencial.

Escute com paciência e cuidado, gaste algum tempo com essa pessoa, ofereça ajuda espontaneamente para a realização das tarefas diárias, reforce o fato de que ela está segura, não considere a raiva que ela está expressando como algo pessoal, não lhe diga que ela teve "sorte" por não ter sido pior (diga que você lamenta que o bullying tenha ocorrido e que está disposto a entender e ajudar).

Como foi mencionado anteriormente, quando os Alvos pedem ajuda, há uma grande probabilidade de já ter se passado muito tempo. De um modo geral, os Alvos esperam tempo demais para buscar ajuda, pensando que os problemas são culpa deles mesmos. É extremamente importante que os Alvos não fiquem isolados. Eles devem confiar em amigos e familiares durante esses momentos estressantes, e não se afastar deles. Amigos cuidadosos podem ajudar. Vejamos como.

Como familiares e amigos podem ajudar

- Os Alvos não foram a causa da agressão (se você pensa que os Alvos pediram para ser agredidos, pare agora. Você fará mais mal do que bem. NÃO se voluntarie. Você não pode ajudar!);
- O que eles sofreram se chama "bullying";
- Possivelmente, eles não são o único Alvo desse comportamento irracional do agressor (provavelmente não estão sozinhos);
- Há testemunhas, talvez inicialmente silenciosas, que podem eventualmente ajudá-los a enfrentar o agressor;
- Vergonha e culpa são o que o agressor deseja que o Alvo sinta. Ambos os sentimentos são naturais, mas inúteis. Eles retardam a recuperação e a cura;
- As percepções dos Alvos são válidas e corretas. Ser gentil, claro ou cooperativo ainda é o mais importante;
- Eles não estão se impondo ao buscar ajuda. As pessoas querem reparar a injustiça e ajudar os outros;
- O bullying é comum no trabalho (metade de todos os adultos americanos já sofreram ou testemunharam tal violência);
- A perspectiva do agressor sobre o mundo do trabalho é que está incorreta, não a do Alvo.

Oferecendo apoio

ESCUTE sem julgar ou condenar

- Evite as críticas;
- Afirme, seja positivo;
- Evite perguntar por que o Alvo fez o que acaba de relatar. Isso o coloca na defensiva e faz com que você se assemelhe a

um investigador, possivelmente um cúmplice do praticante de bullying;

- Seja paciente. Deixe que o Alvo fale com seu ritmo próprio. Não o interrompa ou preencha os momentos de silêncio com suas palavras. Não termine as frases dele. Respire antes de falar, de modo que possa permanecer calmo e consiga ponderar. Expresse cuidado em sua voz. O Alvo é o centro das atenções. Você tem que seguir as orientações dele.

CONFIRME/CORROBORE a realidade do Alvo

- Assuma completamente a perspectiva do Alvo. Não tente ser "equilibrado", sustentando ambos os lados do conflito entre o Alvo e o agressor;
- Use apenas as informações necessárias, com base naquilo "que é preciso saber". Algumas vezes, o simples fato de se nomear a experiência já é suficiente para começar o processo de cura.

DEMONSTRE EMPATIA

A empatia é a habilidade de se colocar no lugar de alguém e sentir o que essa pessoa sente. Encare a situação a partir da perspectiva dela. Se você já experimentou sentimentos semelhantes, diga isso. Se não passou por isso, não minta. Simplesmente tente entender como deve ser se sentir dessa forma e demonstre tal compreensão.

COMPARTILHE EXPERIÊNCIAS PESSOAIS

No momento adequado, sem se impor, tente contar a sua história. Assegure-se de enfatizar que você superou suas dificuldades. Você tem a chance de ser uma fonte de esperança. Aproveite essa oportunidade.

EDUQUE

- Esteja atualizado sobre o assunto. Consulte o site do WBI (www.bullyinginstitute.org) e este livro para informações;
- Sugira ações a serem tomadas — perguntar aos colegas de trabalho sobre suas experiências, visitar www.nela.org para

obter indicações de advogados, ajudar a construir o plano de negócios do empregador, consultar um médico para documentar o impacto do bullying sobre a saúde. Seja um criador de ideias para o Alvo.

Lembre-se, você *não* está sendo solicitado a resolver o problema para o Alvo.

Guia do consumidor para os "ajudantes" profissionais

Seleção de terapeutas

Até que consigamos treinar e credenciar profissionais de saúde mental que compreendam claramente o bullying no local de trabalho, não podemos indicá-los a ninguém. A ajuda de tais profissionais é uma prestação de serviços. Não podemos atestar a qualidade do aconselhamento por telefone, embora forneçamos orientação estratégica por esse meio, e ela nos pareça suficiente. Sugerimos usar o seu plano de saúde, se você ainda o tiver, para encontrar um conselheiro.

Os conselheiros podem ser mestres (MA em Psicologia Clínica) ou assistentes sociais clínicos credenciados (LCSW, na sigla em inglês). Os psicólogos devem ter um Ph.D. em Psicologia Clínica ou um PsyD (doutorado) também em Psicologia Clínica. Os psiquiatras são médicos (M.D.) aptos a prescrever medicações para o sofrimento psicológico. Em muitos estados americanos, somente psiquiatras podem prescrever remédios. Em alguns deles, profissionais de enfermagem psiquiátrica ou assistentes de médicos (ARNP, PA) também podem fazê-lo. A maioria dos conselheiros trabalha interdisciplinarmente com um profissional que pode prescrever medicações nos casos necessários.

Seu ex-empregador ou o empregador atual pode oferecer programas de assistência ao trabalhador (EAP, na sigla em inglês). Entretanto, muitos conselheiros de EAP têm dificuldade de manter a confidencialidade ou sentem-se inclinados a defender o empregador que lhes paga o salário. É preferível que você encontre um profissional de saúde mental independente.

Tipos de conselheiros a evitar

- Aquele que diz que o problema é você, e que não acredita que alguém possa fazer o que o praticante de bullying fez;
- Aquele que mostra curiosidade sobre a relação que você tem com sua mãe, mas não deseja ouvir o que aconteceu no trabalho;
- Aquele especializado em relações familiares ou em adolescentes.

Tipos de conselheiros a contratar

- Um especialista em traumas, em transtorno de estresse póstraumático (PTSD, na sigla em inglês), ou aquele que orienta grupos de pessoas que sofreram PTSD;
- Um especialista em violência doméstica;
- Um especialista em transtornos de ansiedade;
- Um terapeuta que tenha certificação em EMDR (na sigla em inglês, dessensibilização e reprocessamento através dos movimentos oculares, uma técnica de redução de ansiedade).

Você pode hesitar ao ter que entrevistar por telefone os potenciais terapeutas antes da consulta inicial. Lembre-se: você é o cliente. Você está pagando, ou repassando o dinheiro do seu plano de saúde para os bolsos desses profissionais. Escolher uma terapia é uma tarefa de consumidor como outra qualquer. Os terapeutas fazem parte do mundo dos negócios. Se o terapeuta deixá-lo desconfortável quando você perguntar o que estamos sugerindo, não o escolha. Se, durante a consulta inicial, o terapeuta deixá-lo desconfortável, sinta-se livre para abandonar aquela sessão.

Provavelmente, você já suportou o bullying por tempo demais. É por isso que você está procurando um terapeuta agora. Portanto, não deixe que ele pratique bullying com você e piore a sua saúde emocional.

Perguntas a fazer quando for escolher o terapeuta

- Você já ouviu falar no termo "bullying no local de trabalho"? Se não, gostaria de saber mais sobre isso? (Você pode fazer o download de artigos do site do WBI e recomendar este livro para o terapeuta.)

- Você entende como um ambiente de trabalho pode despertar ou causar um comportamento disfuncional?
- Você dá ênfase às questões atuais em detrimento das primeiras experiências de vida?
- Você tem algum conflito de interesses em relação a qualquer assunto relacionado com a empresa X (minha empregadora atual ou anterior)?
- Há um número ideal de sessões que você prefira? Como você caracterizaria sua técnica terapêutica?

Tente entrevistar três ou mais terapeutas (ou suas secretárias) antes de agendar a consulta inicial. Dessa forma, se não funcionar com um, você poderá ligar para outro.

Se o terapeuta se opuser ao conceito de bullying no local de trabalho e não estiver aberto à aprendizagem, não o contrate. Se ele subestimar o papel de um ambiente de trabalho que inclui um chefe praticante de bullying e um departamento de RH que defende o chefe, esse tipo de terapeuta tenderá a culpá-lo por sua sorte. Você não pode trabalhar com um terapeuta que se mostre em conflito. Ele defenderá o empregador e será tendencioso. A maioria dos conselheiros contemporâneos usa abordagens "cognitivo-comportamentais", que incluem técnicas de dessensibilização e que funcionam bem para reduzir a ansiedade. Quase todas as filosofias terapêuticas funcionam para reduzir a ansiedade, o estresse e o trauma induzidos pelo trabalho, exceto as abordagens psicanalítica e psicodinâmica (freudianas).

A tarefa de encontrar um terapeuta não pode ser passiva. Você tem que ser um consumidor questionador, ativo. Se isso se mostrar um problema para qualquer terapeuta que você procurar, evite-o.

Sua experiência com o bullying corrobora anos de pesquisa nessa área. Ele afeta claramente a saúde psicológica das pessoas atingidas.

Talvez você queira ler alguns artigos científicos no site do Workplace Bullying Institute (WBI) para familiarizar-se com a literatura sobre o assunto.

Representantes sindicais

Os sindicatos, da mesma forma que os empregadores, são organizações. Eles têm propósito e metas que podem ou não satisfazer às suas necessidades. Entristece-no dizer que os sindicatos não necessariamente cumprem a tarefa de oferecer apoio incondicional aos trabalhadores. Eles se apropriaram da palavra "trabalho", mas exercem influência em apenas cerca de 10% da força de trabalho americana hoje em dia.

Casos extraídos de nossos arquivos:

Clara era membro do Sindicato dos Caminhoneiros e motorista de ônibus escolar. Seu chefe era um assediador sexual à moda antiga, que sabotava seu veículo para que ela perdesse o freio quando o ônibus estava cheio de crianças. Pelo fato de o Sindicato Nacional de Trabalhadores publicar instruções que definem claramente como os sindicatos locais devem defender os trabalhadores que são assediados, ela ligou solicitando ajuda. Entretanto, durante o telefonema, seu representante a chamou de "pessoa gorda e feia, por quem não vale a pena lutar" e se recusou a marcar um encontro com ela.

Susan é a única mulher que trabalha como embaladora de carne em um armazém. Ela faz parte de um sindicato. Problemas com seu chefe imediato e com o gerente da loja levaram-na a procurar o sindicato. Como forma de se preparar, ela tomou nota de 18 questões para as quais buscava respostas, relacionadas ao comportamento repreensível de ambos os chefes. O representante sindical reservou apenas trinta minutos para ouvir sua queixa. Na metade do encontro, depois de revirar os olhos em sinal de descrédito, ele encerrou a sessão. Susan protestou tanto que ele marcou uma sessão de acompanhamento para o dia seguinte. Seu marido a acompanhou nesse novo encontro. O representante agiu de modo cerimoniosamente cordial e deu entrada na papelada de queixa formal. Quando perguntado sobre quando eles teriam respostas para as 18 perguntas de Susan, o representante bocejou e disse: "Talvez nunca, não há tempo para isso." Eles perguntaram, então, se poderiam lhe enviar a lista por fax, para que ele buscasse as respostas quando possível. Ele se recusou. Somente depois de Susan ligar para o presidente do sindicato local, em cuja eleição ela havia colaborado, o representante consentiu em ler suas perguntas.

Gary trabalha em uma usina siderúrgica e é associado a um sindicato local. Recentemente, sua empresa decidiu acabar com todos os intervalos de descanso dos empregados, apesar do fato de a maioria deles trabalhar oito horas por dia, perfazendo uma semana de quarenta horas. A empresa diz que suas atividades estão se tornando uma operação contínua, e que não apenas estendeu o tempo de trabalho como removeu pessoas do departamento de Gary. Agora, duas pessoas devem fazer o trabalho de três. Gary solicitou ao seu representante sindical as leis que asseguram que um empregador tem que oferecer intervalos de descanso depois de um determinado número de horas trabalhadas. O sindicato se recusa a ajudar: ele está deixando a empresa fazer o que bem entende.

Tara sofreu bullying, praticado por um assediador sexual. Ela correu para o sindicato e, simultaneamente, para um advogado trabalhista independente. Sua ação judicial foi adiada até que os procedimentos da queixa junto ao sindicato estivessem concluídos. Ela esperava que isso levasse algumas semanas. Seu caso era um exemplo inquestionável de assédio sexual ilegal. Uma vez por mês durante um ano, ela ligou para o sindicato para verificar o status de sua queixa. Eles sempre adiavam. Seu advogado não podia fazer nada. Dois anos depois, um representante sindical ligou para Tara para avisar que sua audiência havia sido marcada para a semana seguinte, mas ela retornara para a faculdade e não poderia comparecer na hora marcada. O representante disse que isso colocaria em risco sua queixa. Ela ligou para a casa do presidente do sindicato local para explicar seu dilema. Ele lhe garantiu que um novo horário poderia ser marcado, levando em conta suas aulas. Pediu ainda que ela enviasse um fax com sua grade horária. Ela fez isso. Semanas se passaram sem uma palavra sequer sobre o novo horário da audiência. Então, quase dois meses depois de haver contactado o presidente pela primeira vez, ele lhe telefonou para avisar formalmente que sua queixa havia sido arquivada porque ela não comparecera à audiência dois meses antes! Ele negou ter recebido os horários dela por fax e alegou não se recordar da conversa que haviam tido sobre o reagendamento.

É vergonhoso que os jovens trabalhadores desconheçam o papel positivo que os sindicatos podem desempenhar na melhoria das condições de trabalho. Entretanto, para reverter o rápido declínio da popularidade dos sindicatos, eles terão que melhorar o serviço para os trabalhadores já associados. Não há desculpa para que os únicos defensores oficiais dos trabalhadores aleguem estar tão ocupados a ponto de não poderem ajudar aqueles que procuram alívio para ambientes de trabalho terríveis.

Inúmeros grupos e fundações financiadas por corporações têm grandes fundos de reserva e se apresentam como amigos dos trabalhadores. A maioria é formada por impostores. Um desses grupos é o National Right to Work Legal Aid Foundation. Em 1997, ele respondia por quatrocentos casos ativos nos tribunais em nome de trabalhadores que lutavam contra os "abusos sindicais". Na realidade, os únicos "abusos" que os trabalhadores contestam são as contribuições sindicais compulsórias, das quais uma pequena parte é reservada para comitês de ação política. O NRTW, uma organização que procura boicotar a organização sindical, dificilmente será o tipo de ajudante de que você precisa para obter melhores serviços do seu sindicato.

Se você acha que o sindicato ao qual pertence não está protegendo seus direitos de trabalhador por razões arbitrárias, maliciosas, de má-fé ou discriminatórias, você pode processá-lo baseando-se no National Labor Relations Act (Lei Nacional de Relações Trabalhistas).

Isso é discriminação?

Você deve se lembrar que, em 20% dos casos de bullying, a discriminação desempenhava um papel importante, pois a crueldade vem se somar à discriminação. Na maioria dos casos, não há discriminação: trata-se de pura crueldade e, nos Estados Unidos, não existe nenhuma lei contra a crueldade psicológica no trabalho.

Se você vier a ser Alvo de um assédio, na maior parte das situações, o agressor não terá infligido a lei. Este é um dos aspectos mais frustrantes do bullying no local de trabalho. As leis federais determinam em quais circunstâncias limitadas você se encontra protegido. Não somos advogados e não podemos interpretar as leis por você. O National Employee Rights Institute publicou *Job Rights and Survival Strategies*, dos advogados Paul Tobias e Susan Sauter. O pequeno resumo das leis antidiscriminatórias apresentado a seguir foi retirado desse livro.

A seção VII do Civil Rights Act (Lei de Direitos Civis) protege os trabalhadores da discriminação no local de trabalho se eles forem membros de uma das "classes protegidas", determinadas de acordo com a raça, a cor, a religião, a nacionalidade ou o sexo — o que inclui a discriminação por conta da gravidez.

Os trabalhadores são protegidos contra a discriminação por idade sob o Age Discrimination in Employment Act (ADEA, Lei de Discriminação Etária no Emprego), para empregados com 40 anos ou mais. Entretanto, desde 1997, os tribunais passaram a permitir que os empregadores alegassem "razões econômicas" para demitir empregados mais velhos que, casualmente, recebem os maiores salários, indo assim contra as garantias federais.

Também é contrário à lei federal discriminar alguém por causa da sua incapacitação (definida como uma condição física ou mental que limita substancialmente uma pessoa em uma função ou em diversas funções principais da vida). Somente os problemas permanentes, crônicos ou de longo prazo estão assegurados, de acordo com o Americans with Disabilities Act (ADA, Lei dos Americanos com Necessidades Especiais).

Como encontrar um bom advogado, seu defensor legal

Só podemos dar referências de advogados com quem temos experiência ou quando um Alvo que já sofreu bullying o recomenda. Consulte a seção *Success Stories* no site do WBI para obter os nomes dos poucos advogados que já prestaram excelentes serviços a seus clientes.

Sejamos claros. Não somos advogados nem pretendemos oferecer aconselhamento jurídico. Somente os profissionais jurídicos credenciados — assistentes jurídicos e advogados — podem fazer isso. Também não temos um fundo de defesa jurídico para ajudar com alguma verba os Alvos que sofreram bullying. A ajuda jurídica é cara!

Devemos esclarecer três pontos antes de orientá-lo no processo de escolher um advogado.

1. Não há nenhuma lei em nenhum estado americano contra o bullying no local de trabalho. Os advogados interpretam as leis

existentes. Assim, não há advogados especializados em bullying no ambiente de trabalho. Há algumas leis contra a crueldade com seres humanos de uma forma geral. No trabalho, vale quase tudo. Nesse país, existem proteções mais efetivas contra o abuso de animais! A América é um lugar agressivo e o consenso jurídico é que apenas as pessoas "em desvantagem" merecem proteção.

2. Abrir um processo conduz a uma retaliação previsível, enormes despesas financeiras e o risco de piorar o dano emocional causado pelo agressor. Apesar de algumas leis proibirem a retaliação à prestação de queixas formais, quase todos os empregadores ignoram a regra e retaliam. Eles odeiam se sentirem expostos. Os advogados são caros; eles leem documentos de forma muito lenta e cobram por intervalos de seis minutos. Há grandes chances de que você tenha que pagar uma quantia significativa (US$ 10 mil ou mais) e dilapidar suas economias antes que uma data de julgamento seja definida. Muitos Alvos que sofrem bullying relatam que depor equivale a um estupro. As ansiedades despertadas são fortes e atualizam os piores sentimentos vivenciados durante o bullying original. Se você sofreu um trauma no trabalho, envolver-se em um processo que exija que você repita a sua história para a outra parte coloca-o sob o risco de ser novamente traumatizado.

3. A justiça que você procura para reparar a injustiça vivenciada no abusivo local de trabalho dificilmente poderá ser alcançada em uma sala de tribunal. Sabemos de Alvos que ganharam mais de US$ 1 milhão em um acordo e ainda não ficaram satisfeitos. O agressor foi mantido no emprego e continuou contando mentiras anos depois de concluído o processo. A justiça vem por vias tortas, inesperadas — o agressor é pego cometendo atividades delituosas e vai para a prisão; ele é finalmente despedido e você lhe dá um aceno de adeus da porta dianteira do escritório.

4. Não se ofenda se um advogado insensível não tiver muito "tato". Os advogados, como todos os seres humanos, diferem com relação ao estilo de revelar as más notícias. Saber que não existe nenhuma lei para protegê-lo o ajudará a aceitar a avaliação oferecida pelos advogados. Talvez eles tenham que desiludi-lo. Só que alguns são melhores do que outros nessa tarefa.

Tipos de advogados a contratar e a evitar

Demandantes *versus* Advogados de defesa

A maioria dos advogados especializados em leis trabalhistas representa os empregadores. Portanto, ao ligar para escritórios de advocacia, pergunte se a pessoa representa principalmente os demandantes (o jovem ou a moça do escritório que querem lutar contra a corporação) ou defende sobretudo as corporações e os empregadores. Existe uma organização composta principalmente por advogados das partes demandantes: a NELA (National Employment Lawyers Association). Os associados da NELA têm que ter entre seus clientes 51% de demandantes individuais. Consulte o site da www.nela.org para verificar os associados.

Especialistas em leis trabalhistas

Você precisa de um especialista em leis trabalhistas — consulte a NELA ou a ordem dos advogados local para uma listagem. A área mais popular das leis trabalhistas é a de direitos civis. Há leis estaduais e federais que consideram ilegais o assédio e a discriminação. Em um quinto dos incidentes de bullying, a discriminação desempenha um papel importante. Os advogados trabalhistas fazem uma triagem cuidadosa junto a seus futuros clientes para coletar evidências de discriminação ilegal. Eles querem perceber se houve discriminação; nesse caso, eles escutam o som das moedas. A discriminação pode ter como fundamento o gênero, a raça, a etnia, a idade ou alguma necessidade especial. É preciso ser um membro de um "grupo de status protegido" para apresentar uma queixa por danos. Mas se o seu assediador estiver igualmente protegido, talvez você não tenha sorte. O bullying praticado por pessoa do mesmo gênero ou da mesma raça raramente se qualifica como uma violação das leis de direitos civis existentes. Se não houver discriminação, é difícil fazer com que um advogado aceite o seu caso.

A má notícia é que o bullying é muito mais predominante do que as formas ilegais de maus-tratos. E os advogados são surdos a casos que não têm a discriminação como parte integrante dos maus-tratos. Não é apenas culpa deles; culpa-se a lei. Se a queixa por discriminação for cabível, é preciso conseguir permissão da comissão federal de EEO antes de contratar um advogado particular. Algumas vezes, trata-se de mera formalidade, mas é possível que isso retarde a ação que você pretende tomar. É necessário avisar primeiro ao governo federal que você tem uma queixa de discriminação a fazer contra o empregador, e então conseguir uma carta de "direito de processar judicialmente". A atual comissão de EEO (altamente politizada e pró-empregador) não tem interesse em dar entrada em casos que beneficiem os indivíduos, uma vez que ela reluta em punir os empregadores. E pode levar dez anos até que os casos estejam concluídos!

Um outro tipo de caso relacionado ao bullying que pode ser considerado ilegal é quando a conduta é tão ofensiva e o impacto pessoal é tão severo que é possível alegar "inflição dolosa de sofrimento emocional". Os tribunais têm padrões praticamente impossíveis de atingir para vencer as queixas por sofrimento emocional. E todos os registros médicos de sua vida podem ser revistos por seu empregador caso você o processe por isso.

Há alguns outros canais jurídicos a buscar, igualmente malsucedidos. Você pode ler um resumo das leis relevantes no site do WBI e do New Workplace Institute (www.newworkplaceinstitute.org), escrito pelo professor de Direito David Yamada.

Em resumo, as leis trabalhistas americanas — tanto no nível federal quanto no estadual — são fracas. Os empregadores levam vantagem. Se você pertencer a um sindicato, terá mais direitos e poderá frear o impulso do empregador de demiti-lo (desde que o sindicato lhe ofereça apoio). Sem o sindicato, a doutrina do "emprego discricionário" predomina nos Estados Unidos. Você pode dar adeus a seu emprego se algum representante do empregador quiser tirá-lo de você por um capricho qualquer. Todos os direitos pertencem ao empregador, exceto em raros casos.

Evitando o conflito de interesses

Sempre que ligar para um escritório de advocacia para marcar um primeiro encontro (algumas vezes, cortês), pergunte se algum de seus sócios representa o empregador que você está querendo processar. Quando existe conflito de interesses no escritório, o seu caso não receberá atenção suficiente. Por outro lado, é relevante saber se algum advogado em um determinado escritório tem experiência em enfrentar seu empregador praticante de bullying (consulte os registros públicos dos tribunais para identificar os advogados que já o enfrentaram em outros casos — eles serão mais eficazes que um novato que nunca tenha lidado com esse empregador e sua equipe de defensores).

Pagando advogados

Em primeiro lugar, o melhor uso que se pode fazer do tempo de um advogado é para pedir-lhe que redija uma notificação extrajudicial para o empregador praticante de bullying. Somente um advogado pode ou deve ameaçar com uma ação judicial. Você não deve ameaçar; não vai assustar ninguém e isso ainda se reverterá contra você. Os advogados também são ideais para ajudá-lo a negociar os termos de um acordo de separação favorável. Em todos os outros assuntos, talvez você esteja prestes a estabelecer uma relação a longo prazo com um advogado. Há três métodos de pagamento: (1) contingência — em casos nos quais o advogado aceita o caso e não cobra seus honorários até que obtenha vitória e um porcentual desses ganhos vá para ele (talvez você tenha que pagar as pequenas custas judiciais, quando elas incorrerem); (2) adiantamento — uma grande soma de dinheiro é adiantada e preveem-se pagamentos regulares, à medida que o caso avance; (3) pré-pagamento — os honorários por hora variam entre US$ 250 e US$ 400. Sempre é recomendável se voluntariar para ajudar, realizando o maior número possível de pequenas coisas para reduzir os custos. Por exemplo, você não deve entregar ao seu advogado uma documentação volumosa sobre o seu caso. Reduza os relatos para poupar o tempo de leitura. Ele sempre poderá pedir algo mais elaborado quando chegar o momento.

Advogados que prestam atenção

Este é, provavelmente, seu primeiro e único caso. Os advogados gostam de dizer que têm muitos casos que precisam de sua atenção. Portanto, reconheça os seguintes dilemas. Em um escritório pequeno (um único advogado é o menor tamanho possível), você terá atenção, mas essa pessoa pode não ter os recursos/dinheiro para enfrentar um grande empregador com muitos advogados de defesa. Os escritórios maiores podem ter os recursos para enfrentar grandes empregadores, mas seu volume de processos é tão elevado que eles levarão semanas para retornar suas ligações ou responder às perguntas enviadas por e-mail. Quando estiver procurando advogados, pergunte sobre o volume acumulado de processos no período imediatamente anterior ao trabalho no seu caso. Pergunte também como eles preferem ser contactados — telefone, e-mail — e faça o que eles pedirem. Então, quando o ignorarem, você estará no direito de afirmar que seguiu as regras deles.

Lembre-se de que você é um consumidor de um serviço muito caro. Você tem o direito de pesquisar e de fazer perguntas desconcertantes. Os advogados que se ofenderem com sua assertividade não serão bons parceiros jurídicos. Exija experiência, pergunte sobre suas taxas de sucesso e peça referências de clientes satisfeitos. Ligue para tais clientes antes de assinar os contratos.

Um dia, quando houver uma lei antibullying no seu país, alguns advogados se apresentarão como especialistas. Depois que uma lei estiver em vigor, poderemos começar a treinar advogados para entender melhor o fenômeno do bullying e o tipo especial de clientes formado pelos Alvos. Até lá, esse é o melhor conselho que podemos oferecer. Se você, eventualmente, decidir abrir um processo, isso somente poderá ser determinado em colaboração com um especialista jurídico credenciado por seu estado ou município.

A entrevista dos advogados do WBI

Eis aqui nosso guia resumido do que buscar ao selecionar um advogado trabalhista. Faça perguntas diretas se o advogado não oferecer essas informações durante o primeiro telefonema. Provavelmente, nenhum advogado responderá a todas essas perguntas ou demonstrará todos os princípios desejados, mas você é o consumidor e tem o direito de saber.

Princípios desejáveis em um advogado:

- Espírito combativo;
- Habilidade para ter empatia, para demonstrar indignação com sua situação;
- Sabedoria, baseada em experiência direta nos tribunais;
- O senso de realidade para lhe dizer se você tem ou não algum amparo jurídico no qual se apoiar (e você, por sua vez, tem que saber que a lei frequentemente não oferece nenhum recurso para as pessoas que sofreram bullying; não é culpa do advogado).

Peça por:

- Números de telefone de clientes satisfeitos (e peça-lhes, então, que respondam a muitas das questões seguintes);
- Experiência em casos semelhantes, contra réus similares;
- Um registro de enfrentamento da organização que apoiou o bullying;
- Um itinerário de como e quando se preparar para seu depoimento (ou você terá que divisar sua própria estratégia?);
- A principal pessoa para contato responsável pelo seu caso;
- Uma frequência de atualizações regulares sobre o caso, relativa a prazos futuros, adiamentos provocados pelo réu etc.;
- Uma avaliação do tempo disponível para o seu caso, considerando-se o atual volume de processos;
- Resultados:

- Percentual total de queixas resolvidas (e em que estágio?);
- Percentual de casos que foram aos tribunais e seus resultados;
- Indenização financeira média conquistada para clientes com casos semelhantes;
- Uma disposição para aceitar o caso em contingência (custos judiciais pagos pelo escritório ou por você) *versus* adiantamento e pagamentos adiantados;
- Uma indicação de outro advogado se alguma das questões não for respondida satisfatoriamente ou se ele recusá-lo como cliente.

Nosso simples lembrete é que, se for realmente preciso envolver um advogado, ainda assim, você terá que carregar a maior parte do fardo se quiser vencer o seu caso. Você, e somente você, oferecerá muitas das informações e será a fonte mais fidedigna de novas perspectivas e aborda-gens que o advogado poderá adotar quando se sentir desestimulado. E, se você espera que ele irá apoiá-lo emocionalmente, esqueça. Você tem que ter uma rede de apoio à mão para ajudá-lo a manter o equilíbrio.

Lembre-se: os advogados diferem em suas capacidades e habilidades interpessoais. Mas a lei deve comandar a maioria de suas escolhas. Até mesmo o advogado abençoado com a mais alta habilidade de empa-tia é incapaz de fabricar uma lei. Ele está preso ao que os legisladores escreveram e à forma pela qual os tribunais interpretam essas leis. Fre-quentemente, a razão pela recusa abrupta ao seu caso está nas limitações da lei, embora você a possa tomar como mais uma das muitas agressões pessoais. Não defendemos os advogados indelicados; o mais importante é trabalharmos para criar leis que ofereçam até mesmo ao advogado menos habilidoso a mínima probabilidade de vencer o seu caso.

Consulte vários advogados até se sentir confortável. Então, diminua suas expectativas de obter riqueza e justiça. Observe todas as advertências anteriores. E entre em contato conosco se o seu advogado se mostrar interessado em nossos serviços forenses como peritos.

Capítulo Sete:

Preparando-se para o confronto

O que conta não é exatamente o tamanho do cachorro na luta.
É o tamanho da luta no cachorro.
— Dwight D. Eisenhower

Descobrimos que os efeitos do bullying sobre os Alvos seguem um padrão bastante previsível. Há altos e baixos e muitas mudanças de orientação no humor e na energia.

Há duas razões para prestar atenção aos seus ciclos emocionais pósbullying. Primeiro, você não será pego de surpresa. No mundo caótico do Alvo, qualquer previsibilidade é útil para começar a reconquistar o controle que lhe foi roubado. Segundo, você não conseguirá dar os passos necessários para se livrar da confusão e sentir-se seguro se estiver em determinados estágios.

Eis aqui a sequência pela qual a maioria dos Alvos passa.

Estágio 1: Vitimização

A dor imediata provocada pelo assédio toma conta de todo o pensamento. Os vinte anos de experiência que você levou para aquele emprego são rapidamente esquecidos. Supomos que o gerente assediador seja novo no emprego ou em seu departamento. "Como isso pode ter acontecido comigo?", você pensa. É fácil se sentir vencido ao avaliar suas opções e perceber a destrutividade dos efeitos do bullying. As pessoas que não têm experiência com esse assunto são incrivelmente ingênuas sobre seus direitos e os procedimentos a tomar. O contraditório empregador não oferece nenhuma informação que possa representar alguma vantagem para você. Estranhamente, aqueles que já abandonaram o emprego antes raramente oferecem algum conselho, pensando, de certa forma, que é melhor você descobrir tudo por si mesmo.

Cura: saiba que é o sistema que cria ou sustenta uma pessoa amedrontadora e maldosa como o abusivo praticante de bullying. Você não foi escolhido com base em nenhuma falha ou fraqueza real. Você simplesmente não lhe fez oposição no momento da agressão inicial. Os agressores preferem vítimas menos combativas, mais cooperativas.

Estágio 2: Aumento de poder

Você encontrou ajuda! Os sistemas de queixas por indenização/incapacitação/EEO são descobertos. Surgem, repentinamente, histórias de decisões favoráveis dos tribunais ou de acordos generosos em casos como o seu. Os advogados são identificados. Com amigos e defensores, você acaba manifestando o seu pesar pelo empregador infrator. Você é onipotente. Evidentemente, você é advertido de que a justiça é muito lenta, mas, nesse estágio inicial, o futuro parece cor-de-rosa.

Cura: alimente esses sentimentos. Você precisará ser forte. Conforme for tomando conhecimento da situação vantajosa do seu caso e do quanto você merece receber, deixe a lógica prevalecer. Você precisará ouvir o eco desses pensamentos para passar pelos estágios três e quatro.

Estágio 3: Vulnerabilidade

O contra-ataque começa pelo empregador. Ele dispõe de grandes recursos financeiros, que se tornam evidentes quando seus assessores jurídicos começam a descrever você como fraudulento, ganancioso e mal-criado profissional. Seus recursos são ilimitados se comparados aos do insignificante escritório de advocacia que você contratou, baseado na contingência. O advogado para de retornar as suas chamadas porque, afinal de contas, ele tem clientes que estão lhe pagando. Há um ritmo constante de interrogatórios (questões do conselho da empresa) que conduzirão ao temido depoimento. Se o seu caso avançar tanto assim, o porcentual de seu advogado também aumentará.

Os depoimentos são assassinatos institucionalizados. Você nunca está verdadeiramente pronto para a experiência. Lembre-se apenas de que os advogados corporativos acreditam na estratégia de "terra queimada, nenhum sobrevivente". O seu advogado provavelmente não teve tempo de ensaiá-lo para o interrogatório. Ao ouvir os argumentos da defesa do empregador, você começa a sentir que devia pedir desculpas por ter trabalhado para ele por vinte anos e ter atrapalhado a produtividade por tanto tempo.

Evidentemente, se você não tiver aberto um processo perante um tribunal judicial, o burocrata responsável por diminuir os pedidos de indenização dos trabalhadores contra o empregador — alguém que provavelmente você conhecia de vista quando trabalhava lá — se tornará seu inimigo. Suas necessidades entrarão em conflito direto com a segurança profissional daquela pessoa. Esses tipos de auditores têm poucos amigos no trabalho, porque desconfiar dos outros ("todos eles fazem queixas fraudulentas") é fundamental para realizar bem o seu trabalho. Pessoas repugnantes. Elas costumam ocupar cargos no departamento pessoal ou de Recursos Humanos (RH).

Finalmente, você se dá conta de que o RH trabalha para a gerência. Pelo fato de você ter sido prejudicado, começa a perceber, em primeira mão, o quanto os empregadores têm acesso aos seus registros médicos. Eles verificam todas as suas receitas. Você teve um ataque temporário de depressão depois da morte de seu pai? Eles interpretarão erroneamente os registros para colocá-lo contra a parede, ou os deturparão para demonstrar que você é um monte de estrume inútil, dependente de médicos e remédios. Dor? Você será classificado como um "paciente com dor crônica" — um código para o sofrimento ilegítimo. A partir de agora, os laudos médicos começam a ser usados contra você: protrusão discal, algo comum para uma pessoa de sua idade; pequena lesão ao tecido indetectável: a dor é subjetiva, não existe tratamento, você terá apenas que enfrentar a situação, a cirurgia não é recomendada. O estresse é uma ficção mental. O estresse é coisa de chorões. O estresse molda a personalidade. Houve uma motivação para que o empregador o expusesse a esse tormento diário.

Cura: continue dizendo a si mesmo que é tarefa da outra parte reagir. Mantenha-se focado na justiça que você está buscando. Assista a programas jurídicos na televisão para observar como os advogados de defesa são hábeis ao justificar o que fazem para beneficiar as corporações. Além disso, é possível que você aproveite uma ou duas ideias para a estratégia do seu próprio advogado. Leia o livro de Ralph Nader, *No Contest*, para corroborar sua luta. Sua causa é nobre, mas os tribunais não reconhecem isso.

Estágio 4: Isolamento e abandono

Agora você se sente sozinho. A outra parte mostrou sua força: é amedrontador. Seu advogado "cavaleiro andante" está sempre ocupado e desaparece no cenário. Os colegas de trabalho, antigos amigos seus, têm dificuldades de continuar mantendo contato com você. Eles temem tomar o seu lugar algum dia e o tratam como se você fosse portador de uma doença contagiosa. É irônico que eles tenham sido os primeiros a estimulá-lo fortemente a enfrentar o cruel praticante de bullying. Eles não seguiram o próprio conselho, é claro. Você os imagina no banco de testemunhas, depondo contra você no tribunal.

Cura: recuse-se a ficar sozinho. Lute contra o isolamento; ele faz o estresse aumentar. O apoio social pode salvar sua vida. Force os amigos a manter contato. Continue envolvido com a vida que existe além do seu caso. Voluntarie-se para auxiliar um grupo a fazer algo que você sempre quis fazer. Comece a trabalhar em casa, como sempre desejou. Seja seu próprio chefe. Não deixe que essa pendência se torne o momento definidor de sua vida — empurre-a para o segundo plano. Não perca o entusiasmo pelo seu caso, simplesmente dirija a sua energia cotidiana para atividades construtivas. Crie ou faça algo. Envolva-se com algo ou com alguém.

Não deixe que todas as conversas familiares acabem abordando o progresso, ou a falta de progresso, do seu caso.

Conte sua história para um repórter. Reinvista nas antigas relações com amigos que o conheciam antes desse triste acontecimento e que não trabalharam com você. Você merece a confirmação de que, efetivamente, teve uma vida antes disso. A pendência atual não define quem você é como pessoa. Anote os detalhes do caso e os seus sentimentos. Faça terapia para lidar com a desvantagem de desafiar um grande e abominável empregador.

Estágio 5: Raiva

Geralmente, é dirigida a todos, principalmente a você mesmo, mas inclusive aos que o apoiam. Parte desse fenômeno é explicado pelo fato de você estar fora de sua rotina regular de trabalho, com tempo de sobra e isolado; os argumentos vingativos dirigidos contra você pela outra parte destroem a sua confiança. Isso é muito perigoso. Não se deixe afetar pelo "fundo de verdade". A insegurança se autoalimenta, dependendo do roteiro escrito por seus inimigos. Se é para ficar com raiva, fique com raiva deles. Descobrimos que a raiva contra as circunstâncias parece ser um dos requisitos para a cura.

Cura: leia o capítulo "Raiva e vergonha" deste livro (página 227). Leia livros sobre como aliviar a raiva. É muito destrutivo transformar-se no objeto da própria raiva e é antissocial externá-la contra os outros. Confie no seu senso identitário; defina-se através daqueles que o amam, em vez de se preocupar com o lixo arremessado por seus oponentes em um conflito jurídico.

Estágio 6: Resolução

Você encontra uma forma de seguir adiante. Na vitória, você pode perdoar seus inimigos mais rapidamente do que na derrota. Ao fim, em parte para compreender o processo estressante ao qual acabou de ser submetido, você pode se tornar um ativista. Você lutou por uma causa e descobriu que muitas outras pessoas passam pela mesma situação. Você quer ajudar. Talvez não haja muita coisa que possa fazer, mas você se sentirá satisfeito se conseguir realizar um trabalho significativo. Você se esquece de que, algum dia, já trabalhou para aquele miserável empregador.

Cura: seguir adiante e deixar que o ressentimento esmoreça é o caminho mais indicado em direção à sua saúde mental e a sentimentos positivos de autoestima. Vencer um processo jurídico não traz necessariamente a sensação de que esse capítulo obscuro de sua vida se encerrou. O que parece importar mais é registrar a sua repulsa quanto à conduta do agressor e permitir que ele, a empresa e o mundo saibam que você considerou aquela conduta ultrajante e intolerável.

Uma mulher que sofreu bullying durante anos decidiu se queixar, lutar contra Golias. Ela passou por todas as seis fases. A resolução bastante pessoal de seu caso foi o prazer que ela sentiu no dia em que deu adeus a seu agressor, quando o praticante de bullying abandonou o emprego para sempre, preferindo se aposentar voluntariamente a ficar e lutar. Nada de manchetes, apenas um momento havia muito tempo adiado, tranquilo e vitorioso, assim que o agressor foi banido.

Nossa pesquisadora comportamental favorita, Pam Lutgen-Sandvik, Ph.D., professora da Universidade do Novo México, abordou de outra maneira bastante proveitosa os estágios vivenciados pelo Alvo. O agressor atinge o seu senso identitário, sua identidade. Essa identidade deve ser reparada e recuperada (os capítulos da Seção Dois são todos sobre esse processo).

1. *A fase pré-bullying* é caracterizada pela quebra da sua segurança psicológica e da previsibilidade cotidiana. A primeira agressão desafia suas percepções mentais sobre si mesmo. É algo enlouquecedor. Suas metas de reparação de identidade incluem o restabelecimento do seu senso de proteção e segurança, e a confirmação de seu senso identitário.

2. *A fase de bullying* diz respeito à extrema dissonância entre o que o agressor diz que você é e quem, de fato, você sabe que é. Há um estigma ligado ao fato de ser escolhido como Alvo. Agora você é um pária na equipe de trabalho. Sua imagem é seriamente prejudicada quando você é desacreditado pela gerência-sênior. Você acaba sendo culpado pelo abuso, na verdade. Suas metas de reparação de identidade incluem enfrentar as mentiras e as acusações, destacando os feitos verdadeiramente bem-sucedidos no passado e convencer os

outros de seu valor e de seu apreço à verdade. Talvez o aspecto mais importante dessa fase seja a destruição, ou pelo menos o abalo, de seus valores e crenças em relação ao mundo (você já chegou a achar que ele era seguro e benevolente). Essa é a tarefa de identidade mais difícil de assumir. Você tem que enfrentar a realidade de que o mundo pode ser injusto. O choque e a surpresa são a base do trauma que você vivencia. Você tem que recuperar um senso de equilíbrio e se preparar para repensar as crenças que você traz desde a infância.

3. *A fase pós-bullying* é gasta lidando com as perdas. Como mostra a nossa pesquisa, a maioria dos Alvos perde seus empregos antes adorados sem terem nenhuma culpa. Isso traz consigo a perda não apenas de um emprego e, em geral, de uma carreira, mas da identidade pessoal investida em tal emprego. Os Alvos sofrem mais quando transformam o trabalho remunerado em seu único meio de identidade. Quando perdem os empregos, parece que perderam suas almas. É absolutamente necessário que o luto aconteça. A perda deve ser aceita e incorporada à narrativa de sua vida para que você siga adiante. A principal meta de reparação de identidade é se curar do trauma, é "se reconstruir novamente", mais forte e refeito, como resultado da aprendizagem dessa experiência transformadora. É uma questão de converter o mal em bem.

Sua prontidão para o confronto

A segunda vantagem de conhecer os previsíveis estágios pelos quais passará na condição de Alvo é poder determinar com exatidão se você "está pronto para o confronto". Quando, finalmente, você decide dar um basta à racionalização (seja por que motivo for — talvez diante da insistência de seu médico ou psicólogo clínico), é fundamental ter resistência suficiente para aguentar essa briga até o fim.

Se você se doar muito cedo, logo no estágio inicial de aumento de poder, acabará desmoronando, relativamente desprotegido, enquanto seu caso perde força com o passar do tempo.

As crianças pequenas não podem ser ensinadas a usar o penico até que seu relógio biológico diga que todos os órgãos estão prontos. De modo semelhante, não se deve dar início a nenhum confronto até que você esteja emocionalmente equilibrado. Pelo fato de a insegurança desempenhar um papel tão importante no bullying, é importante estar verdadeiramente confiante de que não há nada de errado com você antes de partir para o confronto.

Você não poderá lutar efetivamente sozinho ou sentir-se motivado a vencer a menos que esteja com raiva. A raiva é o sentimento que vem logo depois do sofrimento. Pare de sofrer primeiro. Então, lute se assim quiser.

Acreditamos que nosso método de reagir, as três etapas de ação apresentadas no Capítulo 17, representa, pelas razões lá detalhadas, a melhor forma de abordar a questão.

Você deve reagir?

Fique atento. Há poucas chances de sucesso caso você decida reagir por meio dos canais internos de reclamações e através do sistema informal que sugerimos, sem o suporte de advogados. É uma batalha trabalhosa. A escolha é sua.

Razões para não reagir

As desvantagens dizem respeito ao preço que os mártires têm que pagar por desafiarem instituições que podem sobrepujar, retardar, caluniar, distorcer e sobreviver a qualquer campanha solitária individual para trazer a verdade à tona. Elas incluem: (a) custos para sua saúde; (b) o preço que os empregadores defensivos e perversos podem impor; e (c) perdas econômicas.

Custos à saúde

Você sabe que, ao sofrer bullying, os Alvos pagam com sua saúde emocional e física. Eles também pagam um preço social. São excluídos e isolados no trabalho por aqueles colegas que já lhes foram leais e que, agora, se acovardam diante da possibilidade de serem associados ao "criador de problemas". Pior ainda é quando o abandono se torna uma traição: eles passam a apoiar e a colaborar com o aterrorizante tirano, contra o Alvo. Embora isso seja de certa forma compreensível através da ótica de um analista racional, intelectual e imparcial, é degradante testemunhar essa situação. É o que basta para fazer com que uma pessoa sã se transforme em um lunático irritadiço e paranoico. E isso é, na verdade, o que os empregadores fazem.

O PTSD (transtorno do estresse pós-traumático, na sigla em inglês) é comum entre os Alvos traumatizados no trabalho por cumulativas agressões à sua competência, confiança, autoimagem e segurança profissional. O trauma relacionado ao trabalho, uma forma especial de PTSD, é reconhecido por especialistas como uma situação complicada, não se extinguindo com tanta facilidade ou rapidez. Uma luta prolongada através das intermináveis etapas de reclamações e apelações internas ou por meio do sistema jurídico, com anos de protelação implícitos, assegura que as ansiedades, apatias, pesadelos e fobias envolvidos no PTSD terão vida longa. O trauma também pode ser revivido em cada audiência ao se recontar a história ou no momento do recebimento das cartas de determinação através do correio[2]. Reagir prolonga a agonia. A função curadora do luto em relação às perdas é adiada até que o elemento propagador do estresse — o próprio ato de reagir — tenha um fim.

Empregadores defensivos exigem um preço

É da natureza do sistema de indenização dos trabalhadores (um nome mal aplicado, pois sugere que ele beneficia os trabalhadores que sofreram algum dano) e de todos os sistemas internos de reclamações funcionar de modo que o Alvo (o demandante) seja tratado como um impostor, um falsário e um ladrão querendo ganhar na loteria. As reclamações ameaçam a aparente calma organizacional e as corporações reverenciam suas

---

2 Cartas de determinação são documentos emitidos pela Receita Federal dos Estados Unidos. Essencialmente, a carta de determinação é uma decisão oficial que julga se um plano de aposentadoria ou pensão colocado em prática por uma entidade patronal cumpre ou não todos os critérios estabelecidos pela Receita Federal para a estruturação e o funcionamento. Geralmente, uma carta de determinação é emitida para confirmar o cumprimento integral do plano de aposentadoria ou para avisar ao empregador que o plano não está em conformidade, sendo necessário readequá-lo antes que ele seja sancionado oficialmente. (*N. do T.*)

próprias imagens. As pessoas e os processos que desnudam o bullying enfrentam uma pressão tremenda para serem silenciados.

Quando um empregador responde à sua queixa, começa a fase de negação. Várias pessoas, departamentos e instituições, tanto fora quanto dentro da empresa, se envolvem na questão. A negação ocorre de duas maneiras: (1) através de pronunciamentos oficiais ridículos, afirmando que a empresa não tem problemas com praticantes de bullying; e (2) por meio de justificativas para a crueldade, uma vez que ela gera algo positivo para o empregador (produtividade, cumprimento de prazos, "motivação" rigorosa da equipe).

Quando confrontados com essas enormes mentiras e com a ilógica invenção de desculpas, os Alvos levam um "choque de percepção". Eles não conseguem acreditar no que está sendo dito para e sobre eles. Pelo fato de terem sólidas crenças na igualdade e na justiça, eles pensam que as mentiras acabarão perdendo a força quando contrastadas com a verdade que eles estão dispostos a contar. Não acredite nisso. Revelar a verdade em um local público, seguro e imparcial no campo do empregador é praticamente impossível. Mesmo quando se consegue isso, não há nenhuma garantia de que a verdade prevalecerá. Os tribunais tendem a ser hostis, definindo os empregadores como senhores e os empregados como escravos. A suposição é a de que os escravos devem se sentir gratos por seus contracheques.

A verdade é que o Alvo foi exposto ao sofrimento pelo empregador. Foi o ambiente de trabalho que fez com que ele se expusesse involuntariamente a um praticante de bullying cruel e obcecado pelo controle. Todos os recursos à disposição do empregador serão utilizados para esquivar-se da responsabilidade e da culpa com relação ao bullying. Eles tentarão fazer com que você, o Alvo, seja identificado como a fonte do problema.

Quando os Alvos ousam reagir, os aliados do agressor materializam-se do nada. Os colegas de trabalho ficam contra você. O papel do departamento pessoal, de proteger o agressor e o empregador, se torna claro.

Se você ousar abrir, de fato, um processo jurídico, o empregador se enfurecerá. Os advogados de defesa dele pedirão vista de seus registros médicos, procurando por uma pista para convencer o tribunal de que você sempre foi maluco. Essa estratégia de defesa os leva a descobrir ou inventar desvios de personalidade (se você também se queixar de assédio sexual, eles o acusarão de ser um promíscuo — a defesa do "louco e promíscuo"). Segundo os Alvos cujos casos chegaram ao estágio dos depoimentos, o processo se assemelha a um "estupro intelectual". Tais depoimentos, assim como as outras etapas da batalha, podem retraumatizá-lo. Antes de abrir um processo, os Alvos devem pedir que seus advogados expliquem as situações mais sinistras que eles podem vir a enfrentar. Os Alvos devem mover um processo somente quando se sentirem emocionalmente seguros. Os riscos de uma traumatização prolongada e do adiamento da cura são grandes.

Perdas econômicas

Depois que a saúde do Alvo foi comprometida e sua rede de apoio social se desfez, o que mais pode dar errado? A devastação econômica, isso é o que pode acontecer! Depois de exauridas as licenças por motivos de saúde, as férias e outras ausências remuneradas, os Alvos são pressionados pelos empregadores a se afastar através da FMLA (*Family and Medical Leave Act*, Lei da Licença Médica e Familiar). A curto prazo, uma prescrição médica para ausentar-se por motivos de estresse no trabalho e uma remuneração por incapacitação são uma alternativa melhor do que a licença não remunerada. Se a sua questão não for resolvida rapidamente (ela nunca é), a incapacitação por longo prazo representa apenas uma fração do seu pagamento normal. Os pedidos de indenização por parte dos trabalhadores, se forem bem-sucedidos, também repõem apenas uma parte de seus salários integrais. Os empregadores contam com médicos e seguradoras prontos para indeferir o pedido de um empregado que tenha sofrido danos psicológicos nas mãos de um assediador praticante de bullying. Você terá que lutar por muito tempo e arduamente para conseguir uma indenização, e sofrerá financeiramente enquanto a luta se arrastar.

O resultado final é a rescisão de contrato. Quando um agressor mira em um Alvo, a segurança profissional está perdida. Segundo a pesquisa do WBI-Zogby, 64% dos Alvos foram demitidos ou abandonaram seus empregos. Outros 13% foram forçados a pedir transferência, a deixar o emprego do qual gostavam, para continuar recebendo seus contracheques.

Mostrar-se subserviente ao praticante de bullying nunca tornará o emprego do Alvo mais seguro.

Ficar sob o domínio do agressor somente aumenta os riscos (do abalo da saúde, da autoderrota e do abandono). A subserviência sai pela culatra. Assim aconteceu quando a Europa tentou retardar a ação de Hitler; funciona de modo semelhante entre um Alvo e o agressor.

Escapar a seu modo deveria ser uma meta para todos os Alvos.

Uma triste consequência do bullying é que o trabalho satisfatório, desafiador e bem remunerado do qual você costumava gostar pode ser roubado de você. Notadamente, alguns praticantes de bullying não ficam satisfeitos em fazer com que o Alvo vá embora. Eles perseguem a pessoa que foi banida, diminuindo suas chances junto ao empregador seguinte ao oferecerem uma referência profissional difamatória ou, simplesmente, contactando a gerência do novo emprego para envená-la com suas impressões sobre o Alvo recém-contratado. Isso é ilegal. Sempre há formas de combater ambas as práticas. Uma empresa de verificação de referências pode ajudar a deter o primeiro tipo de ataque e um advogado que esteja familiarizado com casos de difamação pode falar sobre a parte mais difícil, que é usar seu empregador praticante de bullying como referência.

Sem emprego, vivendo de economias, os Alvos procuram os advogados para buscar a justiça em seu nome, sendo solicitados a pagar, de boa-fé, milhares de dólares como adiantamento, sem nenhuma promessa de resultados. Em pouco tempo, se o Alvo era a única pessoa assalariada da família, a casa acabará sendo vendida. O popular ditado de que as famílias americanas de classe média estão a dois contracheques dos desabrigados se torna uma realidade.

Nosso sistema jurídico, a alternativa dos Alvos para o mecanismo interno de reclamações, raramente funciona satisfatoriamente. Veja a discussão nos Capítulos 19 e 20 sobre as deficiências das "proteções" nas atuais leis trabalhistas.

Para resumir a posição contrária à reação: tal atitude pode prolongar problemas de saúde, encerrar amizades e ter altos custos financeiros. Não é de admirar que os Alvos permaneçam em ambientes de trabalho horríveis e destrutíveis porque precisam de seus contracheques. Ninguém tem o direito de culpá-los por fazer aquilo que parece uma escolha autodestrutiva para os observadores externos.

Por que você deve reagir

O Alvo não devia considerar a possibilidade da reação, a não ser que se sinta seguro. Em algum estágio, o agredido se cansa de ser magoado e se irrita. Esse é o sinal de que ele pode começar a reagir ao agressor. Duas razões principais para reagir, apesar dos retrocessos potenciais, são: (a) satisfazer sua necessidade de justiça e de fazer o que é certo; e (b) ser capaz de seguir adiante, preservando sua dignidade pessoal.

Igualdade e justiça para todos

A reação ao agressor também depende do quanto o Alvo se sente violado. Os Alvos acreditam que o mundo deveria ser justo e as recompensas e os resultados deveriam ser proporcionais ao esforço e às aptidões investidas no trabalho. Isso determinaria as maiores recompensas para os que fossem mais competentes. No entanto, a realidade raramente corresponde a esse padrão idealista. Os imbecis incompetentes que, graças à política organizacional, dominam seus companheiros mais competentes repetem o refrão familiar: "A vida não é justa. Simplesmente aceite isso."

Sentimentos de desigualdade e injustiça parecem guiar a maior parte das reações ao agressor, embora os Alvos nada tenham a seu favor. Os denunciantes são os exemplos extremos de Alvos que sofreram bullying, que arriscam tudo para reagir. Eles agem dessa forma porque não conseguem conceber o que lhes foi feito. Eles seguem um nível moral mais elevado quanto à tomada de decisões do que a maioria de nós, que jogamos o jogo político, enganando-nos com a ideia de que temos que "escolher a luta correta, pela qual valha a pena lutar". Então, deixamos que os outros roubem nossa integridade em pequenas doses, ao longo de grandes períodos de tempo. Antes que possamos nos dar conta, já perdemos o senso de quais são os nossos valores, se é que temos algum. Se ousarmos lutar, nossos adversários poderão alegar imediatamente que não temos motivos suficientes para reagir agora, quando já concordamos com tantos outros acontecimentos anteriormente sem esboçar reações.

Os denunciantes lutam com frequência pela superioridade moral, envergonhando a todos nós, que somos muito covardes para exigir igualdade e justiça. É triste perceber que os grandes princípios americanos são rejeitados, sendo tomados como "idealistas" ou "radicais", quando a discussão envolve o local de trabalho. Saudamos os denunciantes e outros Alvos fiéis a seus princípios por demonstrarem a coragem que todos nós deveríamos admirar e reproduzir.

A desigualdade e a injustiça desagradam aos Alvos; eles querem fazer algo para repará-las. Alguns Alvos reagem porque sabem que não há outra maneira.

Seguindo adiante com dignidade

A razão mais importante para reagir ao agressor é pôr fim a um episódio ruim na vida do Alvo. Colegas de trabalho, familiares e amigos costumam repreender ingenuamente os Alvos por "simplesmente não seguirem adiante" com suas vidas. O bullying não é tão fácil de esquecer, trata-se de uma invasão da privacidade do Alvo, de uma perturbação da forma como ele vê a si mesmo. O dano à psiquê e à confiança para seguir adiante é mais prejudicial que o abuso físico.

Nas pesquisas do WBI, os Alvos nos relataram repetidas vezes que seu grande arrependimento era terem abandonado seus cargos sem confrontar o agressor, sem revelar ao empregador o que costumava ser feito a portas fechadas, ou sem permitir que os outros soubessem como eles haviam perdido o emprego. Na impossibilidade de identificar o agressor como um criminoso, de um modo geral diz-se para a equipe que o Alvo foi embora por "razões pessoais" ou por culpa de mau desempenho, o que permite aos empregadores culpar os Alvos e nunca serem considerados responsáveis pelo comportamento do agressor. Quando o Alvo não oferece informações sobre o bullying, o agressor e o empregador distorcem a história de maneira a acobertar os maus-tratos.

Com a reação, espalha-se logo a notícia de que o Alvo foi vitimizado pelo agressor e de que pessoas-chave na empresa cederam às exigências do agressor e apoiaram a pessoa errada. No que diz respeito à reação, nós nos importamos menos com seu impacto sobre o praticante de bullying e o empregador do que com o efeito restaurador que isso possa ter para o Alvo.

Reagir ao agressor restaura o autorrespeito e a dignidade perdidos. Você deve isso a si mesmo para escapar a seu modo.

142

Descobrimos que a natureza de seu afastamento (quase inevitável) do local de trabalho onde sofreu o bullying determina se você se recuperará e conseguirá um novo emprego com relativa rapidez, ou se ficará preso aos lençóis, traumatizado demais para querer sair de casa. Tente não se afastar mantendo essa experiência envolta em vergonha e segredo. Saia esperneando e reclamando contra a injustiça que lhe foi feita. Dê nome aos bois. Identifique os agressores. E, como poderá acompanhar em nossa abordagem, você os anunciará no nível mais alto da organização, não permitindo que sua história morra em um modesto departamento de RH, a portas fechadas.

Apesar de todas as probabilidades contra o seu sucesso, pelo fato de empregador e agressor colaborarem entre si para servirem como acusadores, juiz, júri e executor, a reação envia uma mensagem às testemunhas de que pelo menos um Alvo não aceitou as mentiras, distorções e táticas de ameaça profissional destinadas a humilhá-lo. Essa vítima serve como um modelo de coragem. Com sorte, as testemunhas e os Alvos futuros se manterão firmes e derrotarão o agressor, envergonhando o empregador que apoia o perpetrador da violência psicológica.

Conselhos de veteranos das guerras do bullying

Nas suas próprias palavras, eis aqui o bom senso dos entrevistados, quando solicitados a revelar o que teriam feito de modo diferente ao sofrerem o bullying:

- *Tomar uma posição e conquistar o apoio necessário para confrontar o agressor, porque você não teria ninguém vitimizando-o se mais pessoas estivessem do seu lado.*
- *Reagir desde o começo.*
- *Perceber que, na verdade, o agressor é um covarde. Perceber também que você não deve desistir, mas ter o cuidado de não se tornar um agressor você mesmo.*
- *Dizer aos outros que aquilo realmente está acontecendo. Conseguir apoio e se preparar para o confronto. Isso não está certo! Refletir sobre suas experiências profissionais anteriores e perceber que tais acontecimentos estão relacionados ao agressor, e não representam*

uma verdade a seu respeito. Fazer testes de verficação da realidade constantemente com outras pessoas.

- *Não aceitar nenhum tipo de disparate de ninguém. Enfrentá-los.*
- *Acho que fiz a melhor coisa ao confrontar o agressor. Também dei apoio aos outros que estavam sendo afetados pelo comportamento do agressor e os estimulei a falar. Também informei meus superiores sobre a postura do agressor e os efeitos que isso tinha sobre mim. (...) Essa atitude foi de uma ajuda incrível. (...) Eles vinham tolerando essas ocorrências e esquivando-se de suas responsabilidades. (...) Depois de terem ouvido alguns dos meus comentários e os considerado "estúpidos", perceberam que o agressor estava me vitimizando e intervieram, dando conselhos ao agressor.*
- *Eu teria desafiado o agressor e defendido minhas próprias crenças em vez de recuar.*
- *Eu teria confrontado a situação mais cedo, partido para uma ação judicial e sido menos passivo e indulgente.*
- *Eu teria prestado queixa ao escritório central de nossa corporação ou ao administrador distrital em vez de ao nosso gerente imediato.*
- *Eu teria feito um registro mais apurado dos incidentes de bullying.*

Como você pode ver, a mensagem daqueles que sofreram bullying é confrontar em vez de suportar as humilhações recorrentes. Talvez você tenha que montar sozinho a campanha para delatar o agressor, mas antes de se preparar para cumprir as três etapas de ação (descritas em um capítulo subsequente), considere que talvez — apenas talvez — as outras pessoas possam se prontificar a ajudar.

> **Não tente reagir ao agressor se não estiver (e até estar) à prova de bullying.**

Seção Dois

....

Depois da agressão, a restauração do seu eu perdido

Capítulo Oito:

Trauma no trabalho: entenda os sofrimentos que lhe foram causados

A alma humana é imortal e imperecível.
— Platão

Os Alvos vivem o drama do estresse no trabalho nos Estados Unidos. Nossa sociedade ainda questiona o sofrimento psicológico. Por vezes, parecemos esclarecidos. Brincamos a respeito do Prozac e do número cada vez maior de antidepressivos, mas sua familiaridade é um testemunho da predominância da depressão e das inúmeras pessoas que buscam ajuda para se curar desse mal. Então, procedemos com estupidez em relação aos processos psicológicos, quando rejeitamos insensivelmente esses que estão pedindo ajuda, tomando-os como "fracos" ou "aqueles que precisam de muletas". Apesar do extenso volume de pesquisas farmacológicas sobre a química do cérebro e as bases biológicas de doenças como a depressão, ainda continuamos alimentando a expectativa de que as pessoas "aprendam a suportar".

No entanto, a experiência pessoal gera tolerância. O conceito de bullying é imediatamente reconhecido por qualquer pessoa que tenha passado por isso ou conheça alguém que tenha — são apenas dois graus de distância

Há inúmeras doenças ou hábitos vergonhosos que já foram aceitos como "o modo como as coisas são feitas" e que não são mais tabu. Aprendemos a falar livremente sobre impotência, incontinência, assédio sexual, violência doméstica, abuso infantil, o hábito de dirigir embriagado e uma série de cânceres — mama, próstata, colorretal. Nós, no WBI, prevemos que o status de tabu do bullying no local de trabalho está com os dias contados.

O trabalho não deve causar sofrimento

O primeiro passo é despertar a atenção do público e dos legisladores para os danos que os praticantes de bullying infligem à qualidade de vida do Alvo. Os americanos deveriam se mostrar intolerantes com essas invasões indesejadas e prejudiciais à vida de um trabalhador. Seu eleitorado é diverso e amplo, incluindo pessoas de todas as raças, níveis de renda e crenças políticas. O bullying une os veteranos. Há um reservatório inexplorado de apoio dos americanos a políticas públicas e reformas legais em relação a esse assunto.

Somente os advogados de defesa corporativos acreditam que os empregados merecem um local de trabalho traumatizante, se esse for o desejo do dono. Temos leis federais e estaduais que garantem a segurança física no ambiente de trabalho; não deveríamos estar livres dos sofrimentos psicológicos também?

Para que o bullying no local de trabalho seja levado a sério pelos que elaboram políticas e pelas pessoas que naturalmente rejeitam os agressores, os Alvos devem ser capazes de comprovar o prejuízo causado. Qualquer que seja a lei, o lobby do empregador exigirá uma comprovação de um dano considerável. O delito atualmente mais próximo ao bullying é a Imposição Intencional de Sofrimento Emocional (IIED, na sigla em inglês). Para que um Alvo possa processar e vencer uma ação judicial, ele deve provar ao tribunal a severidade do sofrimento. Os tribunais refletem o pensamento público do "seja forte", subestimando a severidade do sofrimento emocional alegado pelos Alvos nos processos jurídicos.

Nem todos no trabalho são escolhidos pelos praticantes de bullying como Alvos de maus-tratos. Dentre aqueles que são escolhidos, o dano sofrido varia do nível brando ao severo. O mesmo agressor, as mesmas táticas; diferentes Alvos, diferentes tipos de danos e graus de severidade. As diferenças individuais determinam se o Alvo perderá o sono ou entrará em um processo de depressão profunda, reduzido a uma vida essencialmente traumática.

Como um exemplo mais radical, a regulamentação sueca que descreve a "vitimização" no trabalho exige que o empregado tenha sido "posto para fora da comunidade de trabalho". Em outras palavras, o trabalhador tem que perder seu emprego para ter sofrido o dano.

As muitas faces do sofrimento

Danos emocionais e psicológicos à saúde

- Redução da concentração, esquecimentos;
- Perda de sono, fadiga;
- Estresse, irritabilidade;
- PTSD (detalhado anteriormente);
- Mudanças de humor, surtos de raiva;
- Choro espontâneo, perda do senso de humor;
- Indecisão;
- Ataques de pânico, ansiedade;
- Depressão clínica;
- Sentimentos de insegurança, de estar fora de controle;
- Pesadelos envolvendo o agressor;
- Pensamentos obsessivos sobre o agressor;
- Viver antecipando o próximo ataque (hipervigilância);
- Perda da fé em si mesmo, sentimentos de inutilidade;
- Vergonha, constrangimento e culpa;
- Hábitos autodestrutivos: abuso de drogas ou outras substâncias, viciar-se no trabalho;
- Personalidade alterada, irreconhecível para familiares e amigos;
- Pensamentos suicidas.

> **O bullying pode ser prejudicial à sua saúde!**
> **Ele causa SOFRIMENTO psicológico.**
> **Os Alvos não são doentes mentais.**

A dor psicológica não deve ser menosprezada ou negada pelos próprios Alvos ou por outras pessoas. A coragem estoica e a firmeza não combinam com pensamentos suicidas ou sentimentos de pânico que lhe ocorrem ao chegar ao estacionamento da empresa pela manhã. Procure ajuda. Você deve tal atitude a si mesmo e às pessoas que o amam. Elas reconhecem o sofrimento bastante real que você enfrenta com o bullying e querem que isso pare.

Quanto maior a severidade da dor psicológica, mais perigosos os efeitos e mais tempo eles parecem durar. Está comprovado que os que são expostos à violência doméstica sofrem mais com o abuso verbal do que com as feridas físicas, que se curam mais facilmente.

Danos físicos relacionados ao estresse

- Problemas cardiovasculares, variando de hipertensão a ataques cardíacos;
- Imunidade reduzida para infecções: mais resfriados, gripes etc.;
- Problemas menstruais;
- Coceiras, transtornos de pele;
- Dores de cabeça e enxaquecas decorrentes do estresse;
- Aumento da ocorrência de alergias, asma;
- Indigestão, colite, síndrome do intestino irritável;
- Artrite reumatoide, fibromialgia, fadiga crônica;
- Queda de cabelo;
- Alterações de peso;
- Hipertireoidismo: glândula tireoide hiperativa;
- Diabetes mellitus;
- Mudanças neurológicas em estruturas cerebrais e neurotransmissores.

Danos às relações sociais

- Isolamento dos colegas de trabalho causado pelo medo;
- Os pais incentivam que se entre em acordo com o agressor;
- Ressentimentos dos colegas de trabalho, tentativas de silenciá-lo;
- O cônjuge questiona seu papel na pendência com o agressor;
- Filhos e amigos de fora do trabalho mostram-se tensos;
- Apoio hesitante dos familiares;
- Abandono/traição dos colegas de trabalho;
- Separação/divórcio do núcleo da família;
- Abandono dos amigos de fora do trabalho.

Danos econômico-financeiros

- O compreensivo fornecedor de serviços de saúde recomenda horas de trabalho intercaladas para melhorar o estresse no trabalho;
- As licenças remuneradas (PTO, na sigla em inglês) começam a ser utilizadas;
- Exauridas as licenças por motivos de saúde, troca-se para a incapacitação de curto prazo;
- O empregador encoraja a licença não remunerada através da FMLA (Family Medical Leave Act);
- O empregador impõe que você escolha entre a rescisão do contrato e a indenização ao trabalhador (WC, na sigla em inglês);
- Extinto o saldo de PTO, não sobra mais nenhum dia;
- Mudança para a incapacitação de longo prazo, redução da renda;
- Economias pessoais são utilizadas;
- Os credores renegociam a estrutura do pagamento;
- Ao preencher o WC, ocorre a perda potencial do direito ao processo judicial;
- Rescisão formal do contrato de uma forma que o empregador possa negar o seguro-desemprego;
- Extinguem-se os pagamentos por incapacitação;

- A casa e as propriedades são vendidas;
- Esgotam-se as economias pessoais.

Em questão de poucos meses, é possível que um empregado vibrante, saudável e competente possa ser levado à ruína — econômica, física e emocional. E tudo isso se deve a decisões unilaterais tomadas por um indivíduo incompetente, inseguro e perverso, apoiado pelo poder de um empregador que não quis se envolver no que ele considera um "conflito pessoal" entre dois indivíduos.

Estágios do estresse

O agressor é a fonte do estresse do Alvo — ele e o estrago que produz são os agentes estressores. As respostas do seu corpo e de sua mente para tais agentes determinam a extensão do dano causado. A sequência do estresse biológico é bem conhecida. Há três estágios, conforme descritos por Hans Selye:

1. Alarme — o despertar de todos os sistemas de defesa do corpo, que deveria durar pouco tempo; ele deflagra a resposta de "fugir ou lutar" diante do perigo, físico ou psicológico. Infelizmente, o corpo reage ao medo do ataque iminente de um tigre da mesma forma que a um insulto do agressor. O alarme aciona o sistema nervoso simpático, que libera adrenalina para que o indivíduo possa lidar com o agente estressor.

2. Resistência — a manutenção de um estágio de alerta, que geralmente para depois do alarme. O corpo espera e precisa dessa reação para se desligar, de modo que as funções possam voltar ao normal. A resistência ao agressor, entretanto, é contínua e enfraquece as defesas do corpo. Se você permanecer em resistência por muito tempo, o corpo reagirá e o dano efetivo ocorrerá mesmo que o agente estressor não esteja mais presente.

3. Exaustão — o colapso de todo um sistema, mental e físico. Ele exige que o agente estressor seja removido sob pena de

você ter que pagar com a própria vida. Para chegar à exaustão, é preciso ignorar todos os sinais de alerta que o seu corpo oferece. Essa situação pode levar à morte, caso o agente estressor nunca seja removido e o corpo e a mente continuem a lutar contra ele indefinidamente.

O estresse é real

De acordo com o American Institute of Stress:

✓ O estresse no trabalho é, de longe, a maior fonte de estresse para os adultos americanos. 78% dos americanos descrevem seus trabalhos como estressantes.

✓ Entre 75% e 90% das consultas a clínicos gerais são motivadas por problemas relacionados ao estresse.

✓ O National Safety Council estima que um milhão de empregados faltam a um dia normal de trabalho por causa de problemas relacionados ao estresse.

✓ Estima-se que o estresse no trabalho custe anualmente à indústria americana de US$ 200 a US$ 300 bilhões, levando-se em conta as faltas; a redução de produtividade; a rotatividade de empregados; os acidentes; as despesas médicas diretas, os custos jurídicos e as taxas de seguradoras; os valores por indenização de trabalhadores etc. Colocado em perspectiva, isso é mais do que o preço de todas as greves juntas, ou dos lucros líquidos totais das empresas listadas na *Fortune* 500.

✓ De 60% a 80% dos acidentes de trabalho estão relacionados ao estresse.

✓ 40% da rotatividade de empregados está relacionada ao estresse no trabalho.

✓ As solicitações de indenização de trabalhadores por estresse no trabalho dispararam — os empregadores da Califórnia desembolsaram sozinhos quase US$ 1 bilhão em despesas médicas e jurídicas.

Uma jornalista nos perguntou por que acreditamos tanto nos Alvos. "Vocês não levam em conta que eles podem estar fingindo?", ela quis saber. E por que eles fingiriam? As pessoas mentem sobre beleza, riqueza e saúde. Não há nenhuma razão para fabricar uma lenda sobre AVCs, ataques cardíacos e ansiedade imobilizadora.

Sintomas do estresse

Eis aqui alguns indícios bastante comuns de reações ao estresse em uma pessoa traumatizada.

Indicadores físicos

- Náusea, tremores nos lábios e nas mãos;
- Sentir-se descoordenado;
- Sudorese intensa;
- Calafrios;
- Diarreia;
- Tontura;
- Taquicardia;
- Dores no peito (peça que um médico o examine);
- Respiração acelerada;
- Aumento da pressão sanguínea;
- Dores musculares;
- Choro descontrolado;
- Dores de cabeça.

Indicadores de raciocínio e cognitivos

- Lentidão mental ou confusão;
- Indecisão;
- Dificuldade na resolução de problemas;
- Desorientação temporal/espacial;
- Perda de concentração;
- Problemas de memória;
- Dificuldade de lembrar o nome dos objetos;
- Pesadelos;

- Autopunição;
- Minimização da experiência;
- Sensação de que o mundo é injusto.

Emoções como indicadores

- Ansiedade;
- Medo;
- Raiva;
- Desilusão;
- Depressão;
- Tristeza;
- Vergonha;
- Sentir-se perdido, abandonado ou isolado;
- Culpa;
- Ficar transtornado;
- Entorpecimento;
- Alterações bruscas de humor;
- Desejo de se esconder.

A pesquisa do WBI de 2003 descobriu...

As 12 maiores consequências à saúde de Alvos que sofreram bullying

1. Ansiedade severa (94%);
2. Distúrbios do sono (84%);
3. Perda de concentração (82%);
4. Sentir-se nervoso, facilmente sobressaltado (80%) [Hipervigilância/ PTSD];
5. Obsessão em relação aos motivos e às táticas do agressor (76%);
6. Dores de cabeça decorrentes do estresse (64%);
7. Necessidade de evitar sentimentos, lugares (49%) [Evitação/ PTSD];
8. Vergonha ou constrangimento, provocando mudanças no estilo de vida/rotina (49%);
9. Taquicardia (48%);
10. Memórias recorrentes (46%) [Intromissão de pensamentos/ PTSD];

11. Novas dores corporais — músculos ou articulações (43%);
12. Depressão diagnosticada (41%).

Harvey Hornstein, autor de *Brutal Bosses and Their Prey*, pesquisou quase mil pessoas para escrever seu livro. Especialmente interessantes foram as consequências à saúde das pessoas submetidas ao desrespeito. Havia correlações claras e estatisticamente significativas entre o desrespeito e a depressão ($r = 0,64$), a ansiedade ($r = 0,58$) e a perda da autoestima (autorrespeito) ($r = 0,45$).

Transtorno do Estresse Pós-Traumático (PTSD)

A American Psychiatric Association reconhece um problema denominado transtorno do estresse agudo, com sintomas que incluem desorientação, confusão, agitação intensa e desligamento da realidade, algumas vezes acompanhados de amnésia. Aparentemente, tais reações tornam mais provável o desenvolvimento do PTSD. O risco também é elevado quando o estresse é repentino e severo, prolongado e repetitivo, humilha a vítima ou destrói o sistema comunitário e de apoio do Alvo. O bullying provoca isso!

O PTSD é o dano resultante de uma agressão devastadora sobre a mente e as emoções. Um trauma é um evento que vai além do escopo da experiência humana comum — algo que seria absurdamente terrível para quase todas as pessoas. Até mesmo tomar conhecimento do sofrimento de outras pessoas já seria suficiente para provocar uma reação desse tipo. De modo geral, o bullying pode ser considerado um trauma, vivenciado repetidamente ao longo do tempo.

A resposta imediata ao trauma pode ser medo intenso, sensação de desamparo ou horror. A reação pode ser retardada por dias, semanas, meses, ou até mesmo anos, e pode durar bastante tempo. Há três classes de sintomas:

Estado hiperalerta: as pessoas geralmente ficam nervosas, irritadiças, facilmente sobressaltadas e em constante vigilância. Elas dormem mal, tornam-se facilmente agitadas, têm problemas de concentração, são agressivas e se assustam com facilidade. 80% dos entrevistados na pesquisa do instituto relataram esse sintoma.

Pensamentos obsessivos: uma rememoração involuntária do evento traumático na forma de lembranças, pesadelos e flashbacks, que podem recriar as respostas e os sentimentos do evento em si. Os que sofrem disso podem agir como se o evento fosse recorrente (esses episódios podem ou não ser rememorados) e demonstrar sintomas de ansiedade quando expostos a qualquer elemento que evoque algum aspecto do trauma. 46% dos entrevistados na pesquisa do instituto relataram esse sintoma.

Apatia emocional: uma necessidade de evitar sentimentos, pensamentos e situações evocativos do trauma, uma perda de respostas emocionais normais, o surgimento de sentimentos que parecem irreais. 49% dos entrevistados na pesquisa do instituto relataram esse sintoma.

- Falta de preocupação com as coisas práticas da vida, sentir-se desvinculado das preocupações alheias, incapacidade de confiar nos outros;
- Sentir que não há futuro, expressar raiva em relação aos responsáveis pela experiência traumática ao mesmo tempo que se sente envergonhado por seu próprio desamparo ou culpado pelo que fez ou não conseguiu fazer. Os que sofrem disso sentem-se desmoralizados e isolados;
- Sufocar a raiva que pode levar a uma explosão de violência. Eles não são mais capazes de tomar seus sentimentos como indícios de que devem prestar atenção às suas necessidades. Habitualmente, as vítimas de trauma respondem com muita intensidade ou sem força alguma.

As três categorias de sintomas do PTSD foram incluídas na lista de verificação de saúde da pesquisa do WBI de 2003. Para cada indivíduo, computou-se um placar geral de trauma, com intervalo de pontuação de 0 a 3, correspondendo ao número de sintomas relatados. 31% das mulheres e 21% dos homens que participaram exibiam todos os três sintomas de trauma. O gênero do agressor não teve relação com a produção do Trauma no Trabalho, e o placar geral máximo de trauma de 3 pontos foi atribuído tanto a agressoras (51%) quanto a agressores (49%).

Os indíces médios de trauma foram significativamente mais altos nas mulheres do que nos homens (1,80 *versus* 1,51, respectivamente). Naturalmente, Alvos previamente traumatizados vivenciaram mais o Trauma no Trabalho do que aqueles sem nenhuma experiência anterior com esse tipo de situação (2,07 *versus* 1,63).

Alvos do sexo feminino que tinham companheiros apresentaram um indíce médio ligeiramente mais alto de trauma (1,81) que as mulheres sem companheiros (1,77), enquanto os Alvos do sexo masculino com companheiras tiveram um índice médio de trauma bem mais baixo (1,46) que os homens sem companheiras (1,76). Isso significa que os cônjuges podem ajudar a diminuir a experiência do Trauma no Trabalho. Entretanto, são principalmente as companheiras dos homens que oferecem apoio providencial, e não os companheiros das mulheres.

Houve uma correlação positiva significativa entre a educação e a traumatização. Isto é, quanto mais alto o nível educacional, maior o número de sintomas de trauma. Isso pode ser explicado pela suposição de que a educação propicia maiores habilidades ou um comprometimento maior com o trabalho. Por sua vez, tais habilidades ameaçam o agressor e aumentam a intensidade do abuso. Além disso, as pessoas mais vulneráveis ao abuso podem ser as mais competentes, caso também acreditem que o ambiente de trabalho lhes proporcionará justiça e recompensas por suas habilidades. Em certo sentido, o Alvo inteligente é apolítico. Ele subestima a importância da manipulação política dos outros. Isso faz com que ele se surpreenda ao se deparar com as agressões. Em parte, o trauma é o resultado da violação das expectativas e das crenças idealistas da pessoa esfaceladas por uma realidade cruel.

É importante apontar que o PTSD foi apresentado pela primeira vez à comunidade médica em 1980. Seu propósito era diagnosticar e tratar os veteranos do Vietnã e aqueles que haviam sofrido um grande trauma (presenciar o assassinato de um filho, sobreviver a um incêndio etc.). Entretanto, na maior parte dos casos de bullying no local de trabalho, a experiência do Alvo é diferente. O Alvo geralmente vivencia os sintomas descritos acima, mas o agente estressor que o traumatizou em dado momento frequentemente não está presente.

Os sintomas, porém, resultam de uma série de eventos cumulativos de bullying. A maior parte dos praticantes de bullying agride seus Alvos durante um longo período de tempo sem nenhum episódio singular aparentemente tão severo a ponto de destruir a vida da vítima. O dano provém do acúmulo de agressões que geram sofrimento.

O que é mais importante lembrar é que os sintomas resultantes são similares aos do PTSD e precisam ser tratados por um especialista que tenha conhecimento suficiente sobre os efeitos do estresse e do PTSD. Um profissional de saúde mental que compreenda a extensão dos danos causados pela exposição prolongada a agressões verbais e a tal trauma é muito importante para o tratamento desse tipo de bullying no local de trabalho.

Você pode sugerir a seu terapeuta a leitura do livro de Donald Meichenbaum, Ph.D., *A Clinical Handbook/Practical Therapist Manual for Assessing and Treating Adults with PTSD*, publicado em 1994.

Tratando o Trauma no Trabalho

Tomando emprestadas as sugestões de William Wilkie, M.D., no livro australiano *Bullying from Backyard to Boardroom*, propomos tratar o PTSD usando o seguinte método.

1. A atitude mais importante é tranquilizar o Alvo, pois ele não fez nada para causar sua própria vitimização e, assim, não deve ser responsabilizado. O dano mais severo que um agressor pode causar é minar a confiança de um indivíduo em sua própria competência. Os Alvos geralmente culpam a si mesmos pelo bullying, pela falta de coragem, por serem fracos ou por se sentirem imperfeitos quando sofrem críticas (mesmo que indesejadas, não provocadas e imerecidas). Sobretudo, o Alvo deve ser inocentado.

2. Assegurar à pessoa que ela foi vítima de um dano, e não de uma doença mental. Ela deve receber tratamento, da mesma forma que ocorreria se ela tivesse caído e quebrado um braço no trabalho. Ela não é maluca.

3. **Os Alvos não precisam encontrar um significado racional para as ações insanas do agressor.** Se não há nenhuma razão, a vítima talvez tenha que enfrentar a realidade de que o comportamento do agressor é injustificado e irracional.

Meichenbaum e seus colegas ofereceram informações sobre como a maioria das pessoas reage quando sofre de PTSD. Há reações previsíveis e alguns estágios pelos quais você provavelmente passará.

As pessoas que foram expostas a um evento traumático ou a uma série deles têm dificuldade de abandonar suas memórias. Daí o comportamento aparentemente obsessivo dos Alvos, que sobrecarregam a paciência dos familiares e dos amigos. Isso não é incomum, pois a intenção do bullying é degradar e ferir. Esse trauma não ataca apenas o seu emprego, mas a sua própria existência, podendo se tornar o único foco dos seus pensamentos. Dói quando alguém se propõe a destruí-lo tanto no trabalho quanto em casa.

Bev é assistente médica, tem 44 anos e trabalha há mais de vinte. Ela mantém um relacionamento pessoal estável de 11 anos com um parceiro que a apoia. Bev é uma mulher gentil e agradável, que realmente acredita que, se trabalhar duro em um emprego, você será apreciado e seus talentos serão reconhecidos.

Quando Bev começou a trabalhar, estava ávida para aprender e, ao longo de sua carreira, trabalhou com muitos médicos diferentes. Ela sempre buscou novas experiências e informações. Também realizou trabalhos temporários, que atestaram sua habilidade de chegar a um consultório e rapidamente se ajustar às diferentes necessidades de diferentes médicos.

No último ano, depois de ocupar uma série de cargos temporários, ela decidiu procurar por um emprego permanente. Recebeu várias propostas e decidiu aceitar um emprego em um consultório no qual a última assistente havia trabalhado por 17 anos. Bev aproveitou a oportunidade para colocar em prática suas aptidões nesse novo cenário.

Bev logo se inteirou dos procedimentos do consultório — mas isso não foi suficiente. Ao fim da primeira semana, o médico começou a apontar falhas em seu serviço. No começo, eram coisas simples. O médico lhe dizia que ela não era suficientemente rápida. Ela não fazia certos procedimentos da maneira "dele". Ele costumava deixá-la presa em uma das salas de atendimento durante sua meia hora de almoço, fazendo com que ela perdesse seu único tempo livre. Ela não tinha direito a nenhum intervalo e era recebida apenas com severa rejeição caso solicitasse uma pausa para ir ao banheiro.

Bev decidiu que trabalharia com o maior empenho possível, uma vez que sentia que devia estar fazendo algo errado. Por mais que ela tentasse se superar, o médico nunca estava satisfeito. Ao fim de dez meses, ele a estava ridicularizando aberta e regularmente. Ele chegou ao ponto de lhe dizer o que fazer apenas para empurrá-la e fazer o serviço ele mesmo quando ela começava a executá-lo. Ele usava o silêncio para confundi-la e, então, a criticava por não falar com ele. Também lhe dizia que ela estava "indo bem", mas que seu trabalho mantinha-se apenas a 90% e "se ela realmente tentasse, poderia melhorar".

O golpe final para Bev aconteceu em uma tarde de sexta-feira. Depois de ser solicitada a comparecer à sala do médico, ele lhe disse que ela estava lhe causando tanto estresse que ele precisava consultar um médico, e que Bev deveria se relacionar bem com ele para que ele não ficasse estressado.

Chocada e humilhada, Bev deixou o consultório aos prantos. Durante o fim de semana, ela chorou e se culpou por seu fracasso no emprego.

Bev estava sofrendo de depressão e demonstrava sinais de trauma prolongado. Ela consultou um terapeuta e foi encaminhada para um acompanhamento médico para casos de depressão. Bev foi afastada por incapacitação, começou a fazer terapia e passou a frequentar um grupo de apoio para mulheres. Aos poucos, começou a se sentir melhor consigo mesma, mas depois de dois meses ela, recebeu uma carta do médico. Para sua surpresa, a carta descrevia todos os seus defeitos, dizia-lhe mais uma vez que ela o havia prejudicado e lhe informava que, como ela havia "abandonado" o emprego, fora substituída.

Essa carta cruel fez com que Bev entrasse em colapso emocional. Ela sentiu como se tivesse recebido um soco no estômago. A isso se seguiram vários dias de choro e uma obsessão a respeito de seu trabalho. Ela continua a fazer terapia e seu grupo de apoio está ajudando-a a absorver o que aconteceu. No momento, ela continua tentando refazer a sua vida.

Quanto mais obcecado você se mostra em relação ao trauma, mais isso se torna o foco de sua vida. É aí que o entorpecimento emocional pode assumir o controle. Todo o seu tempo é gasto organizando sua vida para que você possa evitar as sensações emocionais que acompanham as lembranças do trauma. No entanto, quando você se depara com os elementos que rememoram o trauma (dirigir até a empresa, ver outros colegas de trabalho, contactar aqueles que estão tratando de sua reivindicação de incapacitação), isso pode despertar uma resposta emocional tão intensa quanto o próprio trauma. Para você, será praticamente como se o trauma estivesse ocorrendo novamente. Seu corpo pode se preparar novamente para a resposta de luta ou fuga, o que, nas palavras de Meichenbaum, é "a sabedoria do corpo" surgindo com uma resposta de sobrevivência, ou, se você ficar muito apavorado, seu corpo se fechará, pois toda a sua proteção e segurança estarão ameaçadas. Essa é uma parte natural e importante do processo.

Todos os traumas tendem a se curar com o tempo, desde que o Alvo reconheça que não é culpa sua e comece a trilhar o caminho da recuperação. Esteja atento aos eventos e às circunstâncias que prolongam o trauma. Um retorno ao funcionamento anterior ao trauma compreende um combate a médicos intrometidos, a advogados insensíveis, a colegas descrentes, a familiares incrédulos e a referências difamatórias que possam chegar aos ouvidos do próximo empregador.

Capítulo Nove:

Compreenda o impacto causado pelo praticante de bullying

Uma cientista esquentou até o ponto de fervura uma panela cheia d'água. Então, tentou colocar um sapo vivo dentro da panela. O sapo pulou para fora imediatamente. Um segundo sapo foi colocado em um panela com água fria, que foi sendo aquecida gradativamente até o ponto de fervura. O sapo nem tentou pular. Ele cozinhou até a morte.

— Uma parábola

Ao serem expostas a um praticante de bullying, muitas pessoas passam por três estágios de emoção.

1. Estão empolgadas com o emprego e consideram o bullying uma experiência positiva.
2. O bullying começa, e elas passam a fazer tudo o que está ao seu alcance para agradar ao agressor. Embora seus esforços não tenham sucesso, continuam a tentar satisfazer o agressor.
3. Finalmente, não conseguem mais ignorar suas frustrações e explodem com o agressor, o que faz com que se sintam ainda piores do que antes.

As fases funcionam mais ou menos da seguinte forma: você consegue um novo emprego e está ávido para ir trabalhar. Está disposto a fazer tudo o que puder, não apenas para beneficar a si mesmo, mas para obter resultados que satisfaçam o seu chefe e a sua empresa. Você chega ao trabalho pronto para mover montanhas. Nenhuma tarefa lhe parece impossível. Em geral, esse superentusiasmo vai embora no primeiro mês, e você se contenta em realizar o melhor trabalho que puder.

Então você percebe que algo está errado. Parece que você não consegue fazer nada direito. Embora continue a fazer o mesmo bom trabalho de antes, suas excelentes ideias não são reconhecidas. Em breve, você estará se questionando se tem ou não competência para realizar seu trabalho. Quanto mais você tenta e se aprimora, mais o seu chefe ou algum colega se irrita.

Você se deparou com um praticante de bullying. Em vez de questionar, você imagina que não está fazendo algo que deveria fazer e decide que deve mudar de alguma forma. Mas, independentemente de qualquer mudança que fizer, o agressor ainda continuará a encontrar defeitos em você ou em seu trabalho. Isso, por sua vez, faz com que você fique ainda mais determinado a encontrar uma maneira de agradar alguém que nunca se sentirá satisfeito.

Quando já tiver percorrido todos os caminhos (e mais alguns) e ainda não estiver fazendo as tarefas de modo correto, você se sentirá frustrado. Você fez de tudo para agradar, por que o agressor não entende? Por que ele não consegue ver o quanto você está se esforçando? Por que os seus melhores esforços nunca são suficientemente bons?

E aí vem a explosão. Um dia, depois de já ter sido agredido e envergonhado com certa frequência, você encara o agressor e diz: "Deixe-me em paz. Estou fazendo o melhor que posso. Simplesmente me deixe em paz."

Sua explosão não faz com que você se sinta melhor, mas sim pior. Você começa a pensar: "E se ele estiver certo? E se o meu trabalho for inferior?" Agora você realmente conseguiu, você se afastou da única pessoa da qual precisa para manter seu emprego.

Parece familiar? Essa é a reação que a maioria das pessoas tem quando se vê confrontada com um bullying contínuo. Você acha que o seu melhor não é bom o bastante. Você fica cheio de inseguranças. Finalmente, começa a observar o padrão desse círculo vicioso. Você se pergunta por que isso está acontecendo. Decide que não é realmente culpa sua. Agora é o momento de deter o agressor, de uma vez por todas.

Chegar ao ponto de saber que está na hora de pôr um fim à poluição sonora, às mentiras, à virulência do agressor torna-se mais complicado, pois você está imerso no sofrimento. É fácil se desorientar diante da profundidade de seus problemas.

A adaptação a um ambiente tóxico traz seu preço. Somente muito tempo depois, algumas vezes tarde demais, as pessoas percebem o preço que pagaram por compactuarem com os planos dolosos de alguém em relação ao próprio futuro.

Avaliando o impacto antes que seja tarde demais

Apresentamos dois exercícios para ajudá-lo no momento em que o praticante de bullying tentar exercer o controle. É importante que você tenha claras as definições de quem você é.

Para cada exercício, A e B, há duas séries de perguntas a serem feitas.

Exercício A

Você já sabe como reconhecer o bullying. O primeiro exercício foi projetado para ajudá-lo a enfrentar as falsas acusações do agressor, de modo que você possa se lembrar do quanto é competente.

Há quatro áreas que o ajudarão a começar seu processo de recuperação do bullying. Essas são as áreas ou os aspectos sobre si mesmo que serão avaliadas por você, seus amigos, familiares e colegas de trabalho (se você puder confiar em alguns deles).

As quatro áreas são:

- *Como me relaciono com os outros*
  Descreva pontos fortes e fracos nas relações com amigos e colegas de trabalho.
- *Como os outros me veem*
  Você se relaciona bem com os outros? Você é percebido como uma pessoa irritada? Prestativa? Tímida?
- *Meu desempenho no trabalho*
  Descreva a maneira pela qual você lida com as tarefas de trabalho que lhe são atribuídas. Você as cumpre no prazo adequado? É um protelador? Tem "obsessão por organização"?

- *Minha habilidade para ponderar e resolver problemas*
  Você gosta de ter liberdade para improvisar? Você aprende rápido? Tem algum conhecimento especial em determinadas áreas?

Agora, gaste algum tempo para anotar, na página seguinte, o maior número de frases que puder para se autodescrever. Seja franco consigo mesmo. Não seja tímido ou humilde.

Observação: como em todos os exercícios, sugerimos que você crie listas e preencha os quadros em páginas separadas de modo que partes deste livro possam ser compartilhadas com amigos sem o risco de revelar informações que você preferiria manter ocultas.

Como me relaciono com os outros:

Como os outros me veem:

Meu desempenho no trabalho:

Minha habilidade para ponderar e resolver problemas:

Agora, faça duas cópias em branco da série de perguntas. Dê uma para um amigo ou colega de trabalho confiável, e uma para um familiar em quem encontra apoio. Peça-lhes para anotar o que pensam a seu respeito em cada uma das quatro áreas (tais respostas devem ser compartilhadas apenas com você).

Quando receber as folhas de volta, coloque-as lado a lado. Você vê semelhanças? Quais são as suas forças? Você se avalia de modo muito severo?

Exercício B

Este exercício é uma outra maneira de avaliar a sua resistência ao bullying nas três áreas seguintes. Acrescente quaisquer dimensões ou aspectos que lhe pareçam importantes.

- *Qualidade das relações com os outros:* esse é um indicador indireto, que estima se o agressor envenenou ou não as boas relações que você mantém com as outras pessoas. Primeiro, avalie a qualidade de suas relações com familiares e amigos. Então, peça para os familiares classificarem a relação que cada um deles tem com você. Repita a operação com seus amigos (da mesma forma que antes, os colegas de trabalho podem ser incluídos somente se forem confiáveis). O padrão que emergir pode ser um sinal de alerta para problemas pendentes. PARA CASAIS: percebemos que muitos casais ficam bastante abalados quando um dos dois sofre bullying. Separações e divórcios são comuns. A pior das hipóteses ocorre quando o Alvo que sofreu bullying não percebe o declínio da qualidade da relação e o outro parceiro espera demais para avisá-lo sobre o quanto se sente impactado. Os Alvos precisam conversar com seus parceiros o mais cedo possível sobre o bullying que estão sofrendo a fim de conseguir apoio.
- *Confiança na competência pessoal:* essa área tem a ver com a resiliência diante da coação, a habilidade de focar "no trabalho" em meio à tempestade, e a firmeza de sua crença em si mesmo, a certeza de que você está agindo corretamente e não merece os maus-tratos recebidos. Todos os praticantes de bullying, independentemente das táticas particulares adotadas, objetivam erodir a crença do Alvo em si mesmo. A erosão dessa confiança é, talvez, o efeito mais devastador que os agressores podem produzir. Está entre os mais duros percalços dos quais os Alvos precisam se recuperar.
- *Eficácia emocional:* os agressores jogam pesado com as emoções dos Alvos para fazê-los perderem o controle. Emoção demais ou de menos pode ser problemático. Evidentemente, você deve acrescentar nessa pequena lista quaisquer aspectos de sua vida que o agressor tentou dominar. Então, complete o processo de quatro etapas descrito nas páginas seguintes para cada aspecto ou dimensão.

Primeira série de perguntas

Observe-se com um olhar crítico. O mais honestamente que puder, enuncie o que você faz bem e o que poderia fazer melhor em uma tabela de duas colunas, como a que virá a seguir. Registre observações a respeito de si mesmo, que evidenciem a forma como você se vê. Responda cada pergunta sozinho, estritamente a partir de seu próprio ponto de vista.

Depois de fornecer as suas respostas, você poderá compará-las. Ao observar as respostas, mantenha em mente que você não está necessariamente imune às tentativas do agressor de controlá-lo e influenciá-lo. Se você descobrir que a lista sob o "Faço bem" é maior do que a do "Poderia fazer melhor", lembre-se que somente você mesmo pode saber se os itens de uma das colunas são mais importantes que os itens da outra.

Exemplo

Vamos demonstrar como o exercício funciona para a primeira área da vida profissional — Qualidade das relações com os outros. Você avaliará essa qualidade, da forma como você a entende, estritamente a partir de seu ponto de vista. Se as boas notícias ("Faço bem") forem mais preponderantes que as más ("Poderia fazer melhor"), então pode-se dizer que você sente que suas relações com os outros permaneceram relativamente imunes apesar do dano causado.

Quadro 1

Qualidade das minhas relações com...

	Faço bem	Poderia fazer melhor
Avaliando a mim mesmo		

Quadro 2

Qualidade das suas relações comigo

	Faço bem	*Poderia fazer melhor*
Amigos		
Familiares		

(AVALIADORES)

Segunda série de perguntas

Peça para amigos confiáveis e familiares avaliarem, na opinião deles, a sua contribuição para a qualidade da relação que eles têm com você. Em outras palavras, você lhes pedirá para dizer o que você faz bem e como poderia agir melhor, estritamente a partir do ponto de vista deles. Cada pessoa apresentará somente a sua própria perspectiva.

Não há necessidade de que os avaliadores vejam os comentários uns dos outros. Estimule a franqueza. Essa ferramenta funciona somente se os avaliadores forem honestos e acessíveis. Se eles forem confiáveis, você descobrirá problemas que, de modo geral, não conseguiu perceber sozinho.

Por outro lado, se os avaliadores preferirem lhe dizer aquilo que imaginam que você gostaria de ouvir (e minimizar as más notícias), você pode entrar em contradição com eles. Sem franqueza, nenhuma mudança é possível.

Em seguida, monte uma Tabela de Impacto, sintetizando as observações que você e os outros fizeram.

Quadro 3

Qualidade das relações

AVALIADORES		*Faço bem*	*Poderia fazer melhor*
	Eu mesmo		
	Amigos		
	Familiares		

Interprete a Tabela de Impacto

Faça as comparações entre as colunas de opiniões oferecidas pelos outros. Compare as colunas. Observe os padrões.

Quem acha que você é uma pessoa relativamente à prova de bullying?

Em relação a que aspectos?

Em quais áreas você se mostra cego e, portanto, vulnerável?

Quem percebe os efeitos da experiência de bullying da mesma forma que você?

Eles estão certos ou são aqueles que discordam de você que estão?

As observações relativas aos diferentes níveis de apoio que você recebe são muito conflitantes?

Com quem você pode contar para confrontar sua percepção da realidade quando for necessário?

Você perdeu seu senso de perspectiva? Você é o sapo na água fervente?

Repita este processo de quatro etapas para cada aspecto relevante de sua vida profissional.

1. Faça sua autoavaliação.
2. Peça aos outros que o avaliem.
3. Sintetize as observações em uma Tabela de Impacto.
4. Interprete os padrões para chegar aos significados. Recupere a perspectiva.

Quadro 4

Confiança na competência pessoal

	Faço bem	*Poderia fazer melhor*
Eu mesmo		
Amigos		
Familiares		

AVALIADORES

Quadro 5

Eficácia emocional

	Faço bem	*Poderia fazer melhor*
Eu mesmo		
Amigos		
Familiares		

AVALIADORES

Mudando sua perspectiva

Depois de decidir que atitudes você pode tomar para mudar a forma como age e se sente no trabalho, existe uma ferramenta simples para auxiliá-lo quando você se deparar com comportamentos de bullying.

A maneira pela qual você enxerga as situações com o agressor afetará dramaticamente a sua atitude. Aprenda a desassociar-se das memórias desagradáveis. Ao escapar mentalmente de um evento desagradável ou de um agressor, você pode ajustar o seu ponto de vista. Lembre-se: você não poderá mudar nunca os comportamentos do agressor; poderá somente transformar a si mesmo.

Tente seguir os três passos seguintes para reavaliar sua situação em relação ao agressor.

Passo 1.

Compare os problemas que você vem enfrentando com o agressor com um evento catastrófico. Eles se comparam a perder uma perna ou uma pessoa amada? Você deve enxergar essa situação de uma nova perspectiva?

Passo 2.

Edite mentalmente as lembranças de seus encontros com o agressor, como se estivesse editando um filme. Conforme você rememora seu último encontro, assista a essas imagens como se elas estivessem sendo captadas por um outro ângulo da câmera. Gire a câmera, de modo que você possa observar a cena de maneiras diferentes. Analise essas lembranças com a ajuda de um amigo para tentar obter uma nova perspectiva com relação à situação.

Passo 3.

Reenquadre o problema e mude o significado da experiência. Tente observar o acontecimento como um evento positivo, e não como uma agressão que lhe foi dirigida. Há alguma forma de a experiência de bullying ser positiva?

Capítulo Dez:

Estabeleça e proteja seus limites pessoais

Ninguém pode fazer você se sentir inferior sem o seu consentimento.
— Eleanor Roosevelt

Os limites são fundamentais para diferenciar quem você é de quem o praticante de bullying quer que você acredite que é. Muito do que se compreende a respeito dos limites pode ser transposto para outras áreas que influenciam os Alvos.

Grande parte da identidade de uma pessoa e de sua autoconfiança provêm de limites apropriados bem estabelecidos, permitindo a proteção contra agressões de praticantes de bullying que procuram apenas controlar e prejudicar os seus Alvos.

Características dos limites

Duas características dos limites que afetam e são afetadas pelo bullying são:

- Sua liberdade de pessoalmente escolher e definir seus limites, estabelecidos de modo que você possa viver sua vida do jeito que você busca e deseja;
- A suscetibilidade de seus limites à invasão de um agressor.

Em sua definição mais simples, um limite é um obstáculo ou barreira invisível e imensurável que cria, simultaneamente, um dentro e um fora. É uma parede invisível com dois lados. Dentro de cada limite individual reside uma identidade — pessoal, familiar ou de grupo. Desafios a essas identidades são lançados por agressores invasores, que estão do lado de fora e querem ditar os termos da identidade de um Alvo.

À exceção da pele, os limites são de natureza psicológica. Para os nossos propósitos aqui, falaremos de limites psicológicos. Eles podem ser identificados aferindo sua tolerância para a invasão. As invasões dos limites pessoais pelos outros provoca desconforto e ansiedade. Quando essas invasões são muito desconfortáveis, geralmente tomamos medidas para deter o invasor que provocou a dor.

As pessoas têm limites diferentes. Algumas têm uma tolerância maior, deixando que os outros se intrometam em suas vidas; outras toleram pouca ou nenhuma ingerência. A intromissão varia de sugestões sobre como você deve viver a sua vida (normalmente toleradas, caso partam de amigos próximos) até grandes agressões verbais feitas por praticantes de bullying que afirmam repetidamente o quanto você é incompetente e inútil.

O maior perigo que um Alvo enfrenta no mundo profissional é possuir limites tênues ou inexistentes. Essa pessoa se torna um Alvo desprotegido para todos aqueles que gostam de magoar os outros.

Uma forma de repelir as invasões dos agressores é usar comandos verbais para interromper o comportamento de bullying, anunciando que uma linha foi ultrapassada, que você tem uma política de tolerância zero em relação a tais ações inaceitáveis e que ela será aplicada. Essa é a máxima do "olho por olho". A maioria das invasões dos agressores é feita por meio de palavras e geralmente os Alvos têm pouca prática ao lidar com tais invasões.

INVASÃO → DESCONFORTO → REPELIR A INVASÃO

A seguir, apresentamos categorias de limites classificados de acordo com a orientação em relação aos outros. Essa lista se baseia no limite primário da identidade pessoal e se amplia para incluir o mundo social da pessoa.

Limites de identidade
- Espaço físico/pessoal
- Emoções
- O Eu

Limites familiares
- Solidariedade da unidade
- Empatia
- Trabalho e família

Limites profissionais/sociais
- Empregos
- Amigos, colegas de trabalho, defensores

Representação da invasão do agressor, ultrapassando aos poucos os limites de proteção, com o Eu servindo como a última sustentação do Alvo.

Limites de identidade

Pele, toque e espaço

A consciência de que estamos separados do mundo começa no berço. Basta conectar o ato de balançar o pezinho com o movimento do móbile para que a viagem da individualidade tenha início. Seu pequenino cérebro em desenvolvimento recebe e registra a mensagem de que você não é o ambiente. Embora sua mente ainda não consiga entender filosofia, você sabe que há um "lá fora". Milagrosamente, você deu o primeiro passo para o seu "eu interno". A constituição de um indivíduo começa cedo assim.

No caso dos seres humanos, a pele torna-se, literalmente, o limite físico entre nós e o mundo externo. É através dela que ocorre boa parte dos desenvolvimentos cerebral e neural. O toque estimula e conforta. É a linguagem do amor, do carinho e da aceitação. A ausência de contato prepara o palco para adultos carentes e sedentos por amor.

As regras sobre quem você permite que toque em sua pele se desenvolvem na infância. Quase todos usam o toque com as crianças.

À medida que você amadurece, tomando por base os costumes culturais e a tradição familiar, os estranhos vão sendo proibidos de compartilhar a zona íntima representada pelo toque em sua pele. Quando a regra tácita for violada, você automaticamente ficará ansioso e responderá de acordo. É por isso que contatos inapropriados por parte de estranhos são considerados um gesto hostil. Falaremos mais sobre o uso do espaço pessoal quando discutirmos as armadilhas da comunicação não verbal.

Emoções

As emoções também são aprendidas na infância e seguem normas e regras específicas não registradas da família ou do grupo social. Os valores aprendidos no início da vida são:

- Expressividade: as emoções são demonstradas publicamente;
- Classificação: nomes dados a sentimentos internos em resposta a acontecimentos.

Há livros inteiros escritos sobre o desenvolvimento saudável das emoções humanas. Crescer com poucas inibições em relação à expressão de sentimentos tende a gerar adultos que demonstram prontamente o que sentem. É bom crescer livre de grande parte da ansiedade que parece sobrecarregar aqueles que vivem vidas excessivamente definidas. Um espírito desinibido é menos propenso a sofrer de estresse.

O ponto mais relevante para o bullying no local de trabalho é que as pessoas que naturalmente demonstram as emoções serão geralmente vistas como mais vulneráveis que aquelas com um comportamento mais fechado.

Você tem o direito de classificar como quiser as suas emoções. Sentimentos instintivos são ambíguos, reações normais aos elementos estressores potenciais em sua vida. A classificação emocional que você escolher determina se o sentimento é positivo ou negativo.

O impacto dos sentimentos

Imagine a sensação angustiante, o suor nas palmas das mãos, ao entregar um projeto no qual você trabalhou por seis meses. Se a pessoa para a qual você o estiver entregando for o tirano do escritório, seu maior inimigo, é provável que você chame isso de náusea, sendo acometido de uma sensação de agitação, na expectativa da agressão verbal imerecida que está habituado a receber. Você fica literalmente doente, sabendo que o agressor vai chamá-lo de "estúpido e incompetente", e se condiciona a reconhecer os sintomas como sinais de uma vergonha iminente. Ninguém deveria ter o direito de envergonhá-lo ou de despertar a vergonha através de uma expectativa assustadora!

Por outro lado, se você está enviando o projeto à pessoa que lhe prometeu uma promoção e um aumento de salário quando você o concluísse, a sensação será de uma inofensiva borboleta no estômago por conta da expectativa de uma nova fase de sua carreira. Você sente vertigens diante da possibilidade de gastar o dinheiro extra e de todo o reconhecimento que um novo emprego pode trazer.

É o mesmo estômago, mas são nomes diferentes para a sensação que corresponde aos sintomas fisiológicos. As pesquisas demonstraram que todos nós somos um pouco suscetíveis à classificação de nossas emoções por outras pessoas quando esses sentimentos não estão claros. No entanto, é perigoso estar na iminência de experimentar uma emoção positiva e ver um forasteiro intrometer-se e definir o sentimento por você. Em tempos de ansiedade, somos mais suscetíveis à invasão de nossos limites emocionais.

O Eu — Reestruturando-o totalmente

Todos os "primeiros" em sua vida começaram na mais tenra infância, com as relações de filiação. Além de atender às nossas necessidades de alimentação e proteção, os pais influenciam e determinam se nos desenvolveremos como pessoas fortes ou fracas. Quando amadurecemos o suficiente para interagir com as outras pessoas além dos pais, o Eu é desenvolvido através da interação com os nossos pares, que moldam quem somos e no que nos tornaremos. O produto final chamado "você" continua a se desenvolver durante toda a vida. Mas o núcleo — a abordagem fundamental de como lidar com o que a vida lhe dá — é determinado, predominantemente, em idade precoce.

Com um Eu bem desenvolvido e estabelecido, você pode resistir a todas as tentativas alheias de definir sua identidade, invadir seu espaço pessoal sem permissão, exercer o controle sobre você e definir sentimentos em seu lugar. O Eu pouco desenvolvido parece arruinar os adultos que procuram fora de si mesmos respostas para questões internas. Isso torna-os mais vulneráveis à influência dos outros. Não é uma questão de bondade ou de maldade, mas sim de depender dos outros para obter definições. Essa dependência coloca tais pessoas na linha direta de agressão do praticante de bullying.

O Eu é o lugar seguro no qual você pode se refugiar quando está sob ataque. É o limite que nunca deve ser comprometido, invadido ou negociado ao se relacionar com outra pessoa. Pense nele como a última caixinha de várias, situadas uma dentro da outra. Você, e só você, tem acesso a ela. E a tarefa de reescrever as histórias de toda uma vida, que estão armazenados lá dentro, será realizada apenas por você, do seu modo. É você quem deve realizar as mudanças.

Não vamos nos deter aqui em psicologismos. Simplificando: nunca desmereça a importância da individualidade. Todos os sentimentos de dignidade na vida adulta, o direito a certos "direitos", o orgulho e a competência derivam de experiências, muitas das quais ocorreram cedo demais para que você consiga se lembrar delas.

Limites familiares

Fatores da família de origem

Nosso primeiro grupo social é nossa família de origem, um grupo de tamanho administrável. A família de origem é o lugar em que se pode ensaiar comportamentos para o mundo mais amplo, formado por estranhos, e no qual nem sempre encontramos nosso caminho. As famílias nos ensinam a sermos seres sociais, capazes de respeitar ou desrespeitar os outros. Em uma família saudável, uma criança é ensinada a desenvolver uma autopercepção separada e diferente daquelas dos demais membros da família.

Famílias saudáveis também nos fornecem apoio incondicional quando somos pequenos seres em desenvolvimento. Idealmente, os pais e irmãos mais velhos promovem nossa independência, ensinando-nos a cuidar de nós mesmos, ao mesmo tempo que autorizam a manutenção de certa dependência em relação à família, fonte de conforto nos piores momentos.

Interações familiares e a condição de Alvo

Infelizmente, existem famílias que se organizam através de doentios "padrões intrincados", que seriam mais bem descritos como asfixiantes do que como úteis. A expressão "um por todos e todos por um" evoca um trabalho em equipe, até que as identidades de todos os filhos e, geralmente, de um dos pais estejam sacrificadas. Raramente emergem personalidades distintas de tais famílias. Famílias intrincadas sobrepujam a necessidade humana de se tornar um indivíduo, de ser importante, de ser especial de uma forma única.

Famílias "soltas" são igualmente destrutivas. São famílias nas quais os membros têm pouco contato entre si, e pouco ou nenhum laço de amor. As crianças crescem acreditando que são inúteis, necessitando justificar para si mesmas a negligência que experimentam.

Adultos que cresceram com quaisquer umas dessas perturbadoras combinações tendem a confiar demais nas pessoas no trabalho, em busca de apoio, validação e, até mesmo, na esperança de formar uma identidade. Os agressores sentem o cheiro da carência e exploram-na em proveito próprio.

Famílias saudáveis

Famílias saudáveis formam uma barreira de proteção atrás da qual adultos e crianças podem se refugiar para se sentirem seguros quando e sempre que necessário. É um limite muito mais leve, tecido mais pela solidariedade entre os membros da família do que pela casca em torno do Eu.

O praticante de bullying é uma pessoa que nega suas emoções (apresenta expressividade baixa). Ele age a partir de limites rígidos. Em sua família de origem, solta, ele não estava conectado a seus pais, motivo pelo qual seus sentimentos não foram desenvolvidos ou trazidos à tona. Mais importante do que isso: quando qualquer sentimento aparece, ele se sente facilmente oprimido e abre mão de qualquer contato com os outros.

Empatia

Outro dom ensinado nas famílias saudáveis é a empatia. A empatia é a capacidade humana de entender, intelectualmente, o que outra pessoa está enfrentando quando ocorrem reveses e de reconhecer o estado emocional daquela pessoa, pelo fato de você já haver passado por isso. Simpatia é algo frio — é por isso que a piedade não serve para nada. A empatia é a simpatia com as emoções incluídas. É a base da compaixão. As famílias são os primeiros professores de compaixão.

A empatia exige o afrouxamento dos limites de proteção rígidos e pessoais. Trata-se de deixar-se invadir pelas experiências dos outros. Tal capacidade sempre foi considerada um dos mais importantes traços da humanidade. Infelizmente, a abertura e a compaixão que caracterizam a empatia a tornam vulnerável a ataques de um praticante de bullying que despreza traços positivos. Se você for testemunha do bullying sofrido por outra pessoa, é a empatia que vai obrigá-lo a tomar medidas para aliviar o sofrimento do Alvo.

Em geral, os agressores são contrariados por Alvos independentes e não se incomodam com eles. As pesquisas sobre agressão no local de trabalho descobriram que os praticantes de bullying são essencialmente preguiçosos. Eles preferem Alvos vulneráveis e mais fáceis de controlar.

Trabalho e família

Quando é adulto e pai, você enfrenta os problemas de distribuição de seu tempo e energia entre todas as atividades familiares e profissionais. A principal questão referente aos limites é quanta intromissão profissional você admitirá em seu tempo privado. A resposta é necessariamente pessoal. Alguns conselheiros esboçam gráficos em formato de pizza que dividem a vida ideal em vários domínios: geração de renda, saúde física, aprendizado, amor e espiritualidade, para citar alguns. A preocupação deles é com o equilíbrio.

Para que você esteja à prova de bullying, a preocupação é saber se você pode ou não lutar contra o efeito intrusivo do trabalho sobre o resto da sua vida. Sob o fogo dos agressores, os Alvos podem tentar manter em segredo o abuso para todos os que moram com eles. No entanto, a tensão cobra o seu preço em doses pequenas e inevitáveis. Pode ser que haja insônia, mau humor, raiva por conta de problemas banais e depressão generalizada. Os familiares mais astutos não deixarão de notar, mas podem não dizer nada até que você, o Alvo, compartilhe a causa de sua dor ou peça ajuda.

O que se deve ter em mente durante o bullying é que a distinção dos limites trabalho-família não engana ninguém. A família não deixa de ser afetada pelos problemas no trabalho. Tentar afastar o impacto negativo do bullying na família com palavras ("Eu não vou discutir em casa o que acontece naquele inferno"), ou encerrar a discussão sobre isso durante o tempo de lazer com os familiares impede os Alvos de obterem o apoio e o amor dos quais precisam tão desesperadamente para compensar as mentiras e o isolamento que agora caracterizam o ambiente de trabalho. Muitas vezes, a família não é capaz de resolver o problema do bullying. No entanto, ela pode oferecer apoio e conforto quando solicitada. Tentar seguir adiante sozinho, fingindo calma e tranquilidade exteriores, é temerário.

Alvos bem-intencionados querem poupar suas famílias do sofrimento, mas desperdiçam muita energia para encobrir os fatos. É melhor recrutar o apoio da família desde o início. Alvos isolados ficam enfraquecidos, enquanto aqueles apoiados pelo amor de suas famílias podem reduzir o período de vulnerabilidade. Alvos que encontram apoio podem avançar mais rapidamente e restabelecer uma barreira razoável entre o trabalho e a família quando o primeiro voltar ao normal.

Limites profissionais/sociais

Limites sociais são mais flexíveis e menos permanentes porque muitas pessoas fazem parte de seu desenvolvimento e de sua manutenção. Nada é tão pessoal, nem deve ser tão inviolável, quanto a identidade de uma pessoa.

O trabalho

Com base na ilustração que descreve os limites pessoais e familiares incorporados aos limites profissionais/sociais, você pode perceber o quão longe da identidade pessoal o trabalho deve estar. Isto é, sua identidade foi formada há muito tempo e é muito distinta de sua ocupação profissional, à qual você se dedica por necessidade econômica. Pelo menos, isso é verdadeiro para a maioria das pessoas. Há alguns dentre nós cujo trabalho e cuja alma se revelam deliberadamente fundidos e inseparáveis (geralmente, os artistas).

Para o restante, meros mortais, e para quase todos aqueles que sofrem bullying, é fundamental separar a identidade do trabalho. Os empregos são frequentemente arrancados de suas mãos sem prévio aviso, sem que sejam avaliadas as consequências que você e sua família enfrentarão. Se a cada vez que você mudasse de emprego, tivesse que mudar a pessoa que você é, ficaria exausto com a tarefa de reestruturação da vida por tantas vezes (de cinco a sete alterações, de acordo com pesquisas recentes).

Os empregos passam e são compartilhados por centenas, senão milhares, de outras pessoas. Já sua identidade tem que permanecer relativamente constante para dar estabilidade e propósito à sua vida. Quando você já não pode contar com um emprego, ainda deve ser capaz de contar com sua própria singularidade.

Eis aqui o ponto crítico com relação aos limites profissionais. As agressões a tais limites forçam o Alvo a adotar uma posição defensiva. A pergunta que você tem que se fazer é se esse é ou não um emprego que valha a pena defender — "Eu preciso deste emprego, não há outros para mim", "Eu não sei fazer mais nada", "Eu preciso segurar este emprego que me tortura diariamente, porque é mais fácil conseguir um emprego quando já se está empregado". É especialmente irritante quando nós, no WBI, ouvimos daqueles que procuram aconselhamento a defesa de sua permanência em um emprego (mostrando, assim, um forte limite profissional), imediatamente depois dessas mesmas pessoas terem descrito a incrível destruição que tal emprego trouxe para suas vidas.

Com essa lógica perversa, os Alvos dão demasiada importância à manutenção desse emprego específico em detrimento de sua autoestima, como se não merecessem algo melhor (assim, cedem a invasões de seus limites de identidade). Tal racionalização e comprometimento faz pouco sentido. Haverá um outro emprego. No entanto, se o emprego atual o matar, você não estará presente para ocupar o novo posto.

Amigos, colegas de trabalho, defensores

Esse limite engloba o maior grupo de pessoas não relacionadas ao seu mundo. Não apresenta tamanho uniforme, espessura ou permeabilidade. Ele está em constante estado de fluxo. Essencialmente, esse limite separa aqueles que estão "no seu grupo" dos que não estão dentro de seu círculo íntimo. Em termos sociais, as variáveis de agrupamento comuns são profissão, raça, sexo, idade etc. Essas são identidades de grupo amplas, que podem ser invocadas quando você e seus colegas se reúnem no tempo livre e em eventos sociais.

No trabalho, o limite entre os colegas é um bom exemplo de como uma identidade de grupo temporária e em constante mutação pode atingir os Alvos de bullying. Um dia, o grupo se compadece com o sofrimento imposto pelo agressor. Eles podem até compartilhar histórias tristes de quando eles próprios foram Alvos do praticante de bullying. Sendo uma pessoa razoável, você supõe que todos ficarão juntos para combater o agressor diante de seu chefe.

No entanto, no dia seguinte, você, como Alvo, pode se descobrir, súbita e inexplicavelmente, excluído do grupo e obrigado a cuidar de si mesmo. Você fica sozinho com o seu dilema. É como se as nítidas sessões de ameaça nunca tivessem acontecido. Muitas das razões para essa reviravolta têm por base o medo.

Os sentimentos de ter sido abandonado por um grupo que originalmente o apoiou fazem parte da dor trazida pela experiência. Quando um grupo volta as costas contra você, é fácil colocar em dúvida as suas certezas e as más condutas do agressor. A velocidade com que um grupo se forma, se desfaz e se forma novamente deveria sinalizar que os grupos não merecem a menor confiança.

Os sindicatos também representam um grupo ao qual você pode pertencer, cuja finalidade ostensiva é defender os seus direitos. No entanto, eles são igualmente propensos a abandoná-lo por várias razões, orientados pelas prioridades de sobrevivência do conjunto em vez de pelos méritos do seu caso. Eles satisfazem a obrigação contratual a que estão submetidos, abrindo o processo de reclamação, mas este é um processo longo, tortuoso e ineficiente para lidar com o bullying diário. A coragem de um único indivíduo dentro de um grupo, disposto a assumir riscos em seu nome, é mais importante que qualquer identidade de grupo.

Limites e defesas

Ao enfrentar agressões de um praticante de bullying e refugiar-se em uma posição defensiva, é natural que você busque, primeiro, a validação de seu grupo de trabalho para convencer-se de que não está louco. Se esse for um time de vira-casacas, você não terá nenhum apoio. A resposta a essa rejeição é concentrar-se inteiramente em seu trabalho. Os Alvos tentam "manter-se no emprego" e ignoram toda a loucura fabricada pelo praticante de bullying. Eles acabam suportando sozinhos a situação no ambiente profissional.

Então, quando a concentração intensa em seu trabalho já não servir mais como forma de desviar a atenção do bullying, a próxima fonte possível de conforto é a família. Infelizmente, até mesmo as famílias podem se cansar do fluxo contínuo de histórias assustadoras sobre o local de trabalho. Gostaríamos que esse fato não fosse verdade, mas raramente uma família dá apoio incondicional do início ao fim definitivo da campanha de um agressor.

Isso faz com que o Eu seja a última fonte de conforto. É a caixinha dentro das outras caixas, o círculo mais íntimo, a única coisa que você tem e com a qual pode contar — a fé em sua identidade.

É claro, esse modelo de níveis ou camadas de limites que, um após o outro, fracassam em afastar o agressor, é a pior das hipóteses. No melhor dos mundos possíveis (embora isso raramente ocorra), seu grupo de trabalho estará firmemente ao seu lado, de modo que você tenha múltiplas fontes de apoio, com a família e a identidade fornecendo suportes adicionais. Quando todos os limites estão intactos, um agressor não tem chances de superar um Alvo.

Direitos dos limites

Cães e gatos

A escritora Mary Bly compara os limites a cães e gatos. "Cães", escreve ela, "vêm quando são chamados; gatos anotam sua mensagem e depois retornam até você com a resposta."

Os cães sempre querem estar perto de pessoas. Eles vão subir no seu colo (não importa o tamanho que tenham) ou pular na cama, sempre tentando chegar o mais perto possível. Seus limites são muito próximos e eles esperam que todos os outros animais tenham os mesmos limites.

Os gatos, por outro lado, têm limites bastante diferentes. Eles vêm e vão quando querem e apenas se quiserem. Quando desejam estar perto, eles determinam quando, como e onde. Eles têm consciência da existência dos seres humanos, mas os movimentos dos homens não interrompem o que estão fazendo. Seus limites são muito diferentes daqueles dos cães. Os gatos precisam de mais espaço e seus limites são mais rígidos.

Assim como os cães e gatos, todos nós crescemos com limites diferenciados. Aprendemos e temos tendência a colocar em prática os limites que nos foram ensinados quando éramos crianças. Costumamos distingui-los nitidamente e raramente chegamos a questioná-los. O que não conseguimos perceber é que eles não se apresentam apenas em preto e branco, mas também vêm em tons de cinza.

Evitando a flexibilidade invertebrada

Uma situação diametralmente oposta à dos limites rígidos ocorre quando os limites são tão flexíveis que não conseguem sequer manter uma forma. Quando você encontrar uma pessoa com limites frouxos, vai perceber que ela parece um camaleão.

Lisa é um camaleão. No trabalho, ela concorda com um colega que afirma que o chefe é injusto. Dez minutos depois, quando alguém disser que o chefe é um ótimo e compreensivo companheiro, Lisa vai concordar com essa outra pessoa. Ela não consegue se afastar do telefone na hora do almoço nem no fim do dia, com medo de perder algo importante e entrar em apuros. Assim, ela deixa de almoçar várias vezes e passa muitas horas trabalhando após as 5 horas da tarde só para terminar o trabalho que foi interrompido pelos telefonemas.

Pelo fato de os limites de Lisa serem muito flexíveis, muitas vezes ela se sente sobrecarregada por ter que equilibrar a vida e o trabalho. Cada nova demanda a faz perder a concentração. Ela tem dificuldade de definir suas prioridades e segui-las; começa uma tarefa para logo se distrair com outra coisa. Ela pode parecer desorganizada.

Manutenção de seus limites diante do poder

Certos papéis trazem consigo uma hierarquia ou um poder — pai, supervisor, chefe, professor, treinador, médico, oficial de polícia. É importante, no entanto, saber que, independentemente do poder que uma pessoa tenha sobre você, ainda existem limites que ela não deve violar.

Por mais compreensivo que seu chefe pareça, você não é a prioridade dele. Um supervisor que lhe pede para fazer confidências, que o trata como um igual ou que se inclina sobre você para conseguir apoio está violando os limites. Seu supervisor não é seu colega. Mesmo que ele se importe com você e com o seu emprego, ele continuará considerando o próprio emprego como mais importante. Se ele tiver que sacrificar você para manter a própria posição, ele o fará!

A função do supervisor é apoiá-lo enquanto profissional. Não faz parte do seu trabalho ouvir os problemas dele. Se isso acontecer, você se tornará seu confidente e a sua própria lealdade ficará dividida. Sua energia, então, será desviada de seu trabalho verdadeiro e um vínculo será criado entre você e seu supervisor, causando confusão entre a lealdade a si mesmo e à empresa.

Limites razoáveis entre trabalhadores e supervisores ou chefes assemelham-se à boa criação. Eles permitem a comunicação segura, a proteção contra riscos, a satisfação apropriada das necessidades, a atenção aos requisitos de cada papel e o apoio dos subordinados. Em qualquer ramo de negócios, o objetivo deveria ser o máximo e o melhor desenvolvimento do trabalhador.

Fala-se muito sobre "organizações horizontais", "local de trabalho livre de chefes" e "gestão igualitária". Adoraríamos acreditar nisso, mas nossas experiências com o ponto fraco e sombrio do mundo do trabalho nos ensinaram a duvidar. É melhor manter a desconfiança e ficar seguro, mesmo errando, do que deixar baixar a guarda e ser comido vivo.

Se você duvida da existência das diferenças de poder, pergunte-se quem tem o poder de acabar com sua subsistência econômica por conta de um rumor falso, de um conceito vago como "competitividade" ou de um capricho qualquer. Quem tem essa influência NÃO é igual a você. Lembre-se disso quando for incentivado a "baixar a guarda, só para sermos amigos". Amigos lá fora; aqui dentro, somente conhecidos.

Reconhecendo limites de trabalho doentios

É um fato da vida que alguns chefes e supervisores (e até mesmo alguns colegas de trabalho) são muito doentios e abusam de seu poder para satisfazer as próprias necessidades. Se o seu chefe não for saudável, o comportamento de bullying ecoará em toda a organização. Se o bullying faz parte de sua empresa, existe uma escolha a ser feita. Você pode tentar desenvolver uma base saudável com seus colegas de trabalho e promover um relacionamento salutar com seu supervisor ou chefe. Se isso for possível, você perceberá que, à medida que você se torna mais saudável, as pessoas à sua volta também ficarão mais saudáveis.

No entanto, se lhe pedirem para atravessar um limite que viole o seu espaço pessoal, você terá que avaliar se esse é ou não um lugar saudável para trabalhar. Você precisa perguntar a si mesmo se deve se afastar de uma situação de trabalho na qual está sendo agredido. Você deve fazer isso o mais rápido possível. Se a situação estiver acontecendo entre você e seus colegas de trabalho, é possível colocar em prática as habilidades das quais você necessita para preservar sua dignidade. Se for com um supervisor ou chefe, decida se você consegue reparar os danos causados aos seus limites. Se não conseguir, você precisa procurar um novo emprego.

Os direitos com relação aos seus limites pessoais

Você tem direito à privacidade. Você tem direito de escolher que perguntas quer responder. Você não precisa revelar a ninguém os seus pensamentos ou sentimentos. Você não será considerado excessivamente sensível se se recusar a responder uma pergunta inconsequente.

Se um chefe, supervisor ou colega de trabalho parecer curioso e fizer perguntas inadequadas, você pode usar estas respostas: "Eu não me sinto à vontade para falar sobre isso"; "Prefiro manter isso para mim mesmo"; "Isso é da minha conta"; "Estou surpreso por você achar que tem direito a essas informações"; "Opa! Isso é particular."

Capítulo Onze:

Evite padrões inatingíveis

Enfrente suas deficiências e reconheça-as, mas não deixe que elas o dominem.
Deixe que lhe ensinem a paciência, a doçura, a compreensão. [...] Quando
fazemos o melhor que podemos, nunca sabemos qual é o milagre forjado em
nossa vida, ou na vida do outro.
— Helen Keller

A bússola interna que rege grande parte de nossas vidas é um conjunto de crenças e valores pessoais. Existem outras forças exercendo influência sobre o que fazemos e dizemos diariamente (um agressor é um exemplo de fator irritante externo). No entanto, o legado de nossos pais é a presença ou a ausência de crenças, que podem ser tão amplas quanto uma filosofia de vida ou tão estreitas quanto a obsessão pela letra "t" escrita sem o traço superior.

Os "deveria" em nossas vidas

Um "deveria" é uma expectativa interna e particular sobre como o mundo deveria ser. É o nosso padrão pessoal, o ideal com o qual a realidade é comparada. Tudo e todos que encontramos são comparados com o padrão que temos em nossa mente. Depois de uma vida inteira de apreciações, a avaliação passa a ser realizada involuntariamente. É automática.

O ensino de valores e crenças teve início na infância. Recebíamos atenção quando chorávamos, e esse foi um sinal precoce do respeito por nós como seres humanos. Foi a atenção, e não a negligência, que moldou uma das atitudes mais primitivas em relação aos outros. Nós progredimos, aprendendo a lidar com a raiva, os erros e a dor. Aprendemos as regras de uma conversa apropriada. Até mesmo os objetivos de vida e a maneira através da qual tratamos os outros foram modelados para nós ou informalmente introduzidos pelos pais e irmãos mais velhos.

Para a maioria de nós, a avaliação que os pais fizeram de nosso comportamento desempenhou um papel importante na determinação de nossa confiança ou sensação de inutilidade. Por sua vez, nossos valores se desenvolveram a partir daquele minucioso exame. Valores como compromisso, honestidade, generosidade, dignidade, inteligência e uma forte ética profissional representam o legado dos pais repercutindo ao longo de nossa vida adulta.

Pais afáveis e ambiciosos foram aqueles que encontraram maneiras de manter seus filhos inspirados. Eis aqui uma citação inspiradora.

Mire no sol. Talvez você não consiga alcançá-lo, mas sua flecha voará mais longe do que se tivesse apontado para um objeto no mesmo nível que você.

Suas experiências de infância determinam se você lerá essa afirmação como um desafio para fazer ainda melhor (ou seja, você sempre se sai bem e continuará se esforçando para melhorar) ou se sua história será a de sempre escolher o caminho mais fácil (mirando em um nível mais baixo), significando, portanto, que você deveria ousar e atirar no grande prêmio, ainda que tenha poucas chances de ganhar.

Se as avaliações significaram um exame que gerou ansiedade, críticas devastadoras e uma recriminação constante por parte de seus pais, não é nenhuma surpresa que você, adulto, esteja paralisado pelo medo.

Infelizmente, o mundo não está povoado apenas por pais carinhosos e amorosos. Em famílias disfuncionais, as crianças foram ensinadas a desconfiar, a atacar em vez de cooperar, ou a mentir constantemente a fim de encobrir problemas familiares.

Crenças muito arraigadas podem transmitir uma sensação de segurança ao evocar as boas lembranças da época em que foram introduzidas. O reforço à segurança está não apenas na importância dos valores, mas na história de como eles foram introduzidos.

Por outro lado, se a criança vivenciou o caos enquanto crescia, pode haver pouca possibilidade de segurança na idade adulta.

Com sorte, adquirimos um conjunto realista de expectativas sobre como o mundo deve nos tratar. Aprendemos a encontrar um equilíbrio entre o melancólico excesso de otimismo e a sensação de desgraça perpétua.

O último ponto que destacamos sobre o papel dos pais em estabelecer expectativas é que, para eles, a maioria das expectativas tem um tom moral. Ou seja, se você deveria estar fazendo algo de uma determinada maneira, então é melhor que se sinta culpado se não estiver fazendo exatamente isso.

Os "deveria" também são fruto:

1. Da necessidade de se sentir parte de um grupo e ter a aprovação dos outros. O grupo exerce uma influência enorme sobre o indivíduo. Quando os colegas de trabalho lhe voltam as costas uniformemente, eles colocam a sua versão de quem você é em conflito direto com aquilo em que eles querem que você acredite. A maioria das pessoas se rende ao grupo, por incrível que pareça.

2. Do nosso status na vida ou do nosso papel no trabalho. As pessoas internalizam as hierarquias. Pontos de vista diferentes correspondem a diferentes níveis de organização em nossas vidas. O status de marido ativa um conjunto de expectativas e o status de esposa cria outro.

Levamos os valores e as crenças que aprendemos com nossos pais para nossos empregos. Se aprendemos a ser muito críticos em nossa família de origem, então levaremos esses valores conosco para o trabalho.

Linda foi recentemente demitida de seu emprego como representante de contas. Ela diz à sua família e aos amigos que foi estúpida por ter considerado, e ainda mais por ter aceitado, esse trabalho. Ela relata à sua mãe que o emprego era "humilhante, chato e sem desafios. Nunca conheci ninguém nesse ramo", diz ela, "que não fosse ignorante e estúpido." Ela promete nunca mais aceitar outro emprego como esse. Suas opiniões são uma racionalização criada pela necessidade de manter a própria autoestima. Ela precisa desvalorizar o emprego e o empregador; do contrário, acabaria se considerando uma fracassada.

Shellie trabalha duro em seu emprego, muitas vezes cumprindo de seis a oito horas extras por semana, a fim de garantir que as tarefas sejam realizadas. Ela é muito eloquente em sua opinião de que a pessoa deve se mostrar completamente comprometida com o seu emprego, afirmando odiar o menor sinal de preguiça. No entanto, outra maneira de olhar para suas ações é imaginar que ela trabalha duro apenas para mostrar aos outros que não precisa da ajuda de ninguém. Ela precisa se sentir confiante e segura, e evitar as críticas de outrem. Ela se mantém sob controle afogando-se em uma pilha de trabalho.

Tomando esses exemplos, notamos que tanto Linda quanto Shellie usam suas crenças e valores críticos para avaliarem a si próprias em suas vidas profissionais. Seus objetivos são inatingíveis, altos demais, no que dizem respeito às suas necessidades de amor, segurança e se sentir bem consigo mesmas. Quando isso acontece, os Alvos precisam ser mais realistas. Muitas vezes, os valores que lhes foram ensinados têm pouco a ver com a realidade.

Tomemos por exemplo Sally. Ela se formou em uma faculdade que defende firmemente que as mulheres têm direito a realizar-se pessoal e profissionalmente. No entanto, ela convive com três necessidades fortes que alimentam suas crenças sobre o trabalho. A primeira é a necessidade de conquistar o amor de seu pai, que é muito crítico a respeito do que ela faz para ganhar a vida. Sua segunda necessidade é ser capaz de trabalhar e, ainda assim, dedicar tempo suficiente à família. A terceira necessidade é estabelecer um exemplo para seus filhos que lhes ensine que tanto as mulheres quanto os homens podem encontrar satisfação no trabalho e na família. Infelizmente, suas necessidades estão em conflito.

Sally deparou-se com a "tirania dos *deveria*". Ela age a partir da crença de que deve ser capaz de ser tudo para todas as pessoas (seu pai e sua família) e do senso implacável do que é certo (ela deve agradar a todos) e errado (se ela não agradar a todos, será uma pessoa ruim).

Por que fazemos isso? Às vezes, nós nos torturamos com culpa e autorrecriminação por conta de coisas que não podemos mudar. É por isso que ficamos paralisados quando somos forçados a escolher entre regras inflexíveis (expectativas inatingíveis ou insustentáveis) e o desejo genuíno.

Exemplos autoderrotistas de "deveria"

Eu deveria:

- Ser capaz de me dedicar a todos o tempo inteiro;
- Ser o parceiro, o colega de trabalho e o membro da equipe perfeitos;
- Nunca me sentir magoado;
- Ver sempre o lado bom e positivo das coisas;
- Manter sempre sob controle minhas emoções negativas;
- Ser sempre totalmente autossuficiente, nunca dependendo dos outros;
- Ser um parceiro de vida completo e multifacetado;
- Antecipar todas as necessidades dos meus filhos o tempo inteiro;
- Nunca me queixar de estar cansado ou doente;
- Nunca deixar as emoções — raiva ou ciúme — transparecerem;
- Ser respeitoso e educado com todos;
- Não fazer inimigos;
- Nunca acreditar que sou bom, mas esperar até que os outros me digam isso;
- Sempre colocar as necessidades dos outros na frente das minhas próprias;
- Nunca ter medo;
- Nunca cometer erros.

A tirania da totalidade é autodestrutiva.

Pense sobre isso. Nós todos nos torturamos com culpa e autorrecriminação quando somos incapazes de viver de acordo com padrões que podem ser muito altos. Nós nos vemos como fracassados. A lacuna entre a maneira como pensamos que o mundo "deveria ser" para nós e nossa percepção do "que ele é" pode gerar uma sensação de inutilidade.

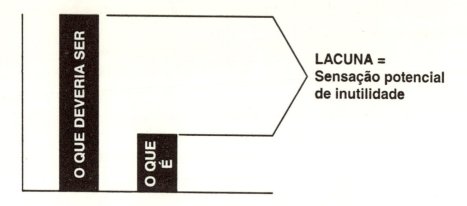

Bullying e padrões

O martelar irracional e irrealista do praticante de bullying pode ser uma reminiscência de pais tirânicos, que impuseram e reforçaram a lei marcial durante o seu crescimento. A crueldade emocional foi doentia o bastante. Mas o legado duradouro é a crença arraigada de que você nunca será bom o suficiente, de que você estará sempre aquém.

Agora que há um agressor no trabalho, as vozes de seus pais ressoam em sua mente. É como se fosse ontem — seus pais gritando com você por causa de assuntos triviais, que "justificavam" uma agressão verbal. O praticante de bullying é o pai ruim voltando para casa. Como se você precisasse que alguém lhe recordasse que não é um indivíduo completo. O agressor acha que o trabalho dele é policiá-lo, a fim de que você não deixe de notar um erro ou uma fraqueza. Trata-se de uma intrusão escandalosa em sua vida.

Capítulo Doze:

Enfrente seu crítico interior

Fique longe de pessoas que tentam menosprezar suas ambições. Pessoas pequenas sempre fazem isso, mas as realmente grandes fazem você sentir que também pode se tornar grande.
— Mark Twain

O crítico interior surge quando os pais nos ensinam o que é certo e errado. Mais tarde na vida, ele será aquele pequenino juiz particular, negativo e persistente, cujos ataques só você ouve em sua mente. Todo mundo tem uma voz crítica interior. Algumas vozes são, no entanto, mais estridentes e exigentes que outras.

Seu crítico:
- Culpa-o por coisas que dão errado;
- Compara-o com outras pessoas, apontando especialmente as realizações e as habilidades que elas têm e que você quer para si;
- Estabelece padrões impossíveis de perfeição;
- Agride-o se você não se mostrar perfeito;
- Fixa-se em um roteiro que descreve como você deveria viver;
- Grita que você está errado ou é mau se suas necessidades o levarem a violar as regras dele;
- Diz-lhe para ser o melhor e, se você não for o melhor, afirma que você não é nada;

- Xinga você, levando-o a acreditar que os insultos são verdadeiros;
- Lê as mentes dos seus amigos para provar a você que eles estão entediados, desmobilizados, decepcionados ou revoltados com você;
- Exagera suas fraquezas, insistindo em que você "sempre diz coisas estúpidas", ou "sempre estraga o trabalho" ou "nunca termina nada na hora certa".

Em outras palavras, o crítico interior está ocupado em sabotar tudo aquilo que você faz. Se você ouvir atentamente, poderá reconhecer a voz como sendo a de sua mãe, a de seu pai ou a sua própria.

A informação mais importante que você precisa saber sobre seu crítico muito especial é que, independentemente do nível de distorção ou falsidade dos ataques, você sempre acreditará no que é dito. Em quase todas as situações, o crítico está lá para encontrar falhas, culpando-o e julgando-o duramente nesse processo. O crítico também faz você se recordar dos fracassos do passado, ligando-os ao presente, sempre limitando a sua capacidade de começar de novo ou ressurgir com asas novas.

Nosso crítico interior pode ser comparado com o superego de Freud. O superego é o pai internalizado, a autoridade moral que se desenvolve, supostamente, para controlar o id, governado pelo prazer. É a parte hipócrita, pontificadora e rude de nossas personalidades.

O crítico analisa tudo o que fazemos e interpreta os fatos a seu próprio modo. Ele está sempre lá, destruindo você ou ajudando a resolver problemas e a atender às suas necessidades básicas.

Sim, há um benefício relacionado a se ter um crítico interior.

O propósito do seu crítico interior

A necessidade de fazer a coisa certa: todos nós temos nossos próprios valores e princípios morais, que aprendemos na infância. Eles servem para criar uma estrutura ética para todas as atividades da vida, através da definição de como agir com membros da família, figuras de autoridade, colegas de trabalho e amigos. O crítico ajuda-o a distinguir o certo do errado. O crítico também informa o quão errado ou ruim você está quando se vê tentado a agir contra o seu próprio padrão ético.

A necessidade de conquistar: o crítico ajuda-o a atingir metas, chicoteando-o como um cavalo de corrida. Ele o empurra para a frente — constantemente lhe dizendo que o que você achava que fosse bom não era bom o suficiente. Estimula-o a alcançar objetivos que parecem estar fora de alcance para as outras pessoas.

A necessidade de se sentir bem: mesmo quando o crítico diz que você não é bom, ele o ajuda, comparando-o com os outros. Embora geralmente aponte algumas falhas em você, de vez em quando ele confirmará que você é mais forte, mais atraente e mais inteligente que os outros. Mas isso ocorre raramente, e o crítico é, então, reforçado, encorajando-o a continuar tentando alcançar metas inatingíveis.

Seu crítico interior tanto pode feri-lo quanto ajudá-lo. A boa notícia é que, com a prática, você pode aprender a reconhecer, analisar e refutar a crítica negativa destrutiva enquanto se apropria do que lhe parece útil e prestativo.

Enfrentando o crítico

Você precisa ser realista. Encare o fato de que a crítica mais dolorosa em relação a seu trabalho pode vir de seu próprio crítico interior. A maioria das pessoas gasta boa parte de cada jornada de trabalho alvejando-se com expectativas irreais enquanto bombardeia você com duras críticas sobre tarefas mal executadas. Trata-se de uma receita para se sentir um fracassado. Se você combinar isso com as críticas e as mentiras de um praticante de bullying, você não tem outro remédio a não ser se sentir um perdedor.

Você pode melhorar a maneira como lida com o seu crítico interior. Use as seguintes perguntas para examinar suas atitudes em relação a si mesmo.

- Quando comete um erro ou um descuido no trabalho, você se critica de forma severa?
- Antes de reuniões, entrevistas de trabalho ou tarefas importantes, seus pensamentos são negativos? Você se concentra em tudo o que poderia dar errado?

- Quando está atrasado, faz críticas severas a si mesmo, inclusive antes que qualquer outra pessoa perceba que você chegou tarde?
- Você se preocupa se será desmascarado e se os outros descobrirão que você não é realmente capaz de fazer o que se espera de você?
- Você fica acordado durante a noite, repreendendo-se por qualquer coisa que tenha corrido mal durante o dia, mesmo que o que aconteceu não tenha estado sob seu controle?
- Alguma vez já disse ou pensou que você mesmo é o seu pior crítico?

Se você responder sim a pelo menos uma dessas afirmações, o seu crítico interior está trabalhando mais do que deveria.

> **Se você invalida seu próprio trabalho árduo, pare essa autodestruição imediatamente!**

Em vez de atacar a si mesmo com críticas, pare e recupere os sentidos. Pergunte: "Esta autocrítica é necessária? Devo gastar meu tempo ou esforço com ela?", ou "Será que meu tempo seria mais bem empregado obtendo apoio e ideias de soluções?" ou ainda "A natureza crítica de meu supervisor aumenta minhas próprias dúvidas e me faz sentir duplamente mal?".

Não perca de vista todo o bom trabalho que você executou corretamente em determinado projeto só porque alguma coisa deu errado. Pergunte a si mesmo se você pode resolver o problema sem recorrer ao seu próprio crítico. Também é importante manter em mente que você tem feito trabalhos muito bons que o fizeram chegar até aqui.

Lembre-se a cada dia ou noite de
três coisas boas que você fez naquele dia.

Não se lembre apenas daquilo que dá errado. Evite focar apenas no que você não consegue consertar ou controlar. Seja bom com você mesmo! Pelo menos uma vez ao dia ou à noite, quando você estiver relaxando após o trabalho, gaste alguns momentos reconhecendo para si mesmo (ou para um amigo de confiança) o trabalho duro e os válidos esforços que você fez naquele dia. Mesmo em relação a projetos que não saíram tão bem quanto o programado, você precisa fazer um balanço do quão valiosos foram seu planejamento, seu trabalho intelectual e suas ações naquele dia ou naquela semana.

> *Certifique-se de não falar consigo mesmo*
> *de maneira crítica.*

Se você notar que tende a falar mal de si mesmo, pare e mentalize: "Eu não preciso ser tão duro comigo mesmo nem com ninguém. Eu não tenho que ouvir os comentários negativos do agressor, estou fazendo um bom trabalho."

Esteja atento a uma suscetibilidade maior para ser destrutivamente autocrítico em determinadas circunstâncias. Você pode tentar a técnica de "parar de pensar" para interromper o pensamento autodestrutivo. Uma maneira é usar um elástico de borracha em seu pulso (escondido sob a blusa ou camisa de manga, se você ficar inseguro). Quando o "pensamento podre" começar, basta estalar o elástico. Conscientemente, concentre-se em outro pensamento. Saia deliberadamente do caminho negativo. Com a prática, você poderá mudar as engrenagens mentais à vontade. Depois, poderá fazê-lo sem o apoio do elástico.

Saiba que o crítico interior prospera em situações como estas:

- ✔ Ao conhecer pessoas novas;
- ✔ Quando você tiver cometido um erro — público ou privado;
- ✔ No início de um novo trabalho, projeto ou tarefa;
- ✔ Quando você se sente criticado e defensivo;
- ✔ Durante interações com a gerência;
- ✔ Quando você se magoa;
- ✔ Quando alguém fica bravo com você.

Capítulo Treze:

Controle os jogos
mentais destrutivos

O que quer que você faça, é preciso coragem. Em qualquer caminho que decida tomar, sempre haverá alguém para lhe dizer que você está errado. Sempre surgirão dificuldades que o levarão a acreditar que as críticas estão corretas.
— Ralph Waldo Emerson

As reações iniciais à má conduta de um agressor são tipicamente emocionais. Os cientistas e filósofos têm especulado por anos sobre as causas do mau humor. Certamente existem histórias sobre famílias disfuncionais e pessoas que sofrem abuso infantil. No entanto, o filósofo grego Epicteto foi o primeiro a observar que "Os homens não são perturbados pelas coisas, mas pelas opiniões que têm delas".

A visão de que nossos pensamentos, e não os eventos propriamente ditos, são os responsáveis por nosso humor também ganhou a aceitação dos psicólogos. De acordo com essa perspectiva, as emoções têm dois componentes: a excitação (sensações físicas — dor de barriga, borboletas no estômago, tontura, sudorese intensa etc.) e um rótulo, de modo que a mente saiba identificá-la.

Aqueles que partilham dessa linha de pensamento acreditam que ficamos chateados por causa da maneira com que pensamos sobre esses eventos. Temos a capacidade de distorcer os significados relacionados a eventos dramáticos. Essa capacidade, então, ajuda a definir nossas experiências emocionais — boas e más.

As distorções, ou jogos mentais, tecem uma rede de proteção em torno de nós mesmos que transforma e colore nossos sentimentos de acordo com o que pensamos.

A rotulação autodestrutiva forma os muros da prisão da qual você anseia se libertar. O agressor trouxe os tijolos e a argamassa. Através de jogos mentais, os Alvos são responsáveis pela manutenção da prisão.

Estilos de pensamento distorcidos podem torná-lo crítico e gerar a aplicação automática de rótulos em pessoas e eventos antes que você tenha a chance de avaliá-los. Esses rótulos imprecisos mostram apenas um lado de toda a situação e fazem com que você baseie suas decisões em um parâmetro emocional, e não racional.

Você ou outras pessoas podem provocar-lhe depressão, preocupação ou raiva. Mas você é o único que pode optar por não nutrir esses sentimentos. Você pode escolher ser feliz.

Se você perder seu emprego, pode se sentir triste, zangado consigo mesmo ou autocrítico. Seu crítico interior começa a sussurrar em seu ouvido. Seu pensamento torna-se distorcido e você pode dizer para si mesmo que você não é bom, que há algo de errado com você. Seria menos autoderrotista pensar que a vida é injusta, mas para muitos Alvos a escolha de um rótulo é feita de modo tolo. É um processo automático, estabelecido ao longo de anos de prática.

Estamos falando de jogos mentais, e eles são muito naturais. Quando opta por mudar a maneira de pensar, você transforma os pensamentos negativos e distorcidos em conceitos úteis.

Use alguns minutos para analisar a seguinte lista de jogos mentais que todos nós jogamos.

1. *Supergeneralização.* A partir de um evento isolado, você cria uma regra geral, universal. Se você falhou uma vez, falhará sempre.

2. *Rotulação global.* Você automaticamente usa rótulos pejorativos para descrever a si mesmo, em vez de classificar com precisão suas qualidades. "Eu sou um idiota, um otário, um bode expiatório."

3. *Filtragem.* Você presta atenção somente às coisas negativas, ignorando as positivas. "Eu ganhei o prêmio hoje, mas amanhã tenho que começar do zero novamente para conquistar o respeito dos outros."

4. *Pensamento polarizado.* Você agrupa as coisas em categorias absolutas, em preto e branco, sem meio-termo. Você precisa ser perfeito ou se sentirá inútil.

5. *Pensamento-catástrofe.* Concentrar-se na pior hipótese possível. O perigo é o fato de que esperar o pior ajuda a transformar esse pensamento em uma profecia autorrealizável. "Claro que recebi boas notícias hoje, mas isso nunca dura, é só esperar."

6. *Personalização.* Você assume que tudo tem a ver com você e se compara negativamente em relação a todos os outros.

7. *Leitura da mente.* Você assume que os outros não gostam de você, estão com raiva, não se preocupam com você, e assim por diante, sem qualquer evidência real de que suas suposições estejam corretas.

8. *Ilusão de controle.* Você sente que tem total responsabilidade por tudo e por todos, ou sente que não tem controle nenhum, que você é uma vítima indefesa.

9. *Raciocínio emocional.* Você assume que as coisas são do jeito que você as sente. Você parte do princípio de que os outros têm os mesmos sentimentos que você.

Chris foi demitida do trabalho com vários outros funcionários da empresa por conta de uma desaceleração dos negócios. Ela se sentiu rejeitada, preocupada, irritada e culpada. Seu jogo mental distorceu a situação, levando-a a pensar que tinha falhado e que a demissão fora causada diretamente por sua incapacidade de realizar seu trabalho.

Usando a lista de jogos mentais, vamos analisar os sentimentos de Chris, que se considera uma perdedora.

- *Pensamento polarizado*: ela está olhando para si mesma com categorias em preto e branco, pois se vê como uma fracassada;

- *Supergeneralização*: ela perdeu o emprego, mas está generalizando e atribuindo tal questão a sua vida toda;
- *Filtragem*: ela está presa à perda do emprego e deixa isso influenciar toda a sua visão de vida. Até a escolha de relacionamentos amorosos é agora claramente vista como deficitária;
- *Personalização*: ela se culpa pela demissão, em vez de responsabilizar a desaceleração dos negócios.

Podemos dizer que os jogos mentais causam distorção em comparação com as percepções que os outros possam ter com relação ao mesmo evento. No entanto, é importante lembrar que pode não haver uma realidade objetiva, "verdadeira". Todo mundo tem seus próprios objetivos, perspectiva, olhos e ouvidos.

Os Alvos podem cair na armadilha de se sabotar através de distorções mentais destrutivas que podem retardar ou bloquear a recuperação após o bullying.

Dentro da cabeça do Alvo

Com o bullying no local de trabalho em mente, preste atenção em alguns dos monólogos internos que você ouve normalmente.

Agora, enfrente o eco das palavras do agressor com afirmações positivas e equilibradas como forma de refutação.

Tente identificar as distorções e os jogos mentais.

Autodeclaração

Ele está certo. Nada do que eu faço é correto. Odeio concordar com ele, mas o trabalho que fiz nesse projeto não foi tão bom quanto antes.

Distorção

Refutação

Ele não está certo! Ele é mau. Agrada-lhe me destruir. Espere um momento. A qualidade do meu trabalho superou a dos outros antes E depois. Pode não ser perfeito, mas é o melhor que esta empresa já teve.

Supergeneralização
Filtragem

Uma refutação interna como a acima ajuda a derrotar o pensamento irracional, que só favorece ao agressor.

Capítulo Quatorze:

Fuja da armadilha da autorrecriminação

As pessoas que vencem neste mundo são as que procuram as circunstâncias de que precisam, e, quando não as encontram, as criam.
— George Bernard Shaw

Quando se é um Alvo, não há dúvida de que o agressor iniciou uma campanha para desgraçá-lo, difamá-lo e desmoralizá-lo. Isso é uma certeza, um fato absoluto. Você não invocou a ridicularização ou a humilhação. Quando você relata os acontecimentos a amigos e familiares, eles acreditam em você e ficam do seu lado até certo ponto.

No entanto, testemunhas, colegas de trabalho, aliados do agressor, "ajudantes institucionais" (Recursos Humanos, Departamento Pessoal, Assistência ao Empregado, Departamento Jurídico, *ombudsmen*, mediadores), gerentes-sênior e advogados demonstram um pouco menos de certeza ou já o chamam logo de mentiroso.

Sim, é verdade que essa versão totalmente diferente da realidade decorre da defensividade, da política do local de trabalho, do medo, da timidez, da falta de consciência, da dinâmica do grupo e, às vezes, da maldade, fatores que explicamos neste livro. Por mais estranho que pareça, aos olhos deles, faz mais sentido atribuir ao Alvo a causa do seu próprio sofrimento do que relacioná-lo ao praticante de bullying ameaçador.

A falta de apoio, resultante de uma série de preconceitos pessoais, enfraquece ainda mais a sua sanidade mental, aumentando a insegurança pela qual, antes de mais nada, você não merecia passar. Heinz Leymann credita a esse "assédio moral secundário" o prolongamento dos momentos difíceis e o adiamento da recuperação do bullying e de sua capacidade de seguir adiante com sua vida.

O poder da perspectiva

Também pensamos que é importante perceber um outro fator que explica a insanidade de se culpar o destinatário dos ataques diretos e odiosos — a perspectiva. A perspectiva de que falamos é um ponto de vista físico, não filosófico. Determinar quem causou o que depende muito do local onde se está.

É simples: existem dois jogadores no destrutivo jogo de bullying no local de trabalho — o agressor e o Alvo. Se eu, como testemunha, observo uma interação desagradável entre os dois e sou questionado sobre quem contribuiu para que as coisas se encaminhassem dessa maneira, tenho três opções: o agressor foi a causa, o Alvo foi a causa, ou os dois fizeram com que isso acontecesse.

Sabemos, a partir de estudos psicológicos, que a escolha de explicações para os acontecimentos depende do ponto de vista da pessoa. O fenômeno é chamado de atribuição causal. O termo *atribuição* refere-se à responsabilização da pessoa, do acontecimento, do processo ou da coisa que causou determinado comportamento.

Imagine duas pessoas sentadas frente a frente em um estúdio de TV. Posicione três câmeras da seguinte forma: uma câmera por cima do ombro de cada uma das duas, voltada diretamente para a outra pessoa (chame-as de câmera do agressor e câmera do Alvo) e a terceira gravando a situação de fora, com os dois "atores" ocupando um espaço idêntico no quadro.

Com base em experimentos de Psicologia Social que usaram essa configuração de vídeo, sabemos que os observadores que testemunham a interação a partir da câmera do agressor tendem a considerar responsável a pessoa que estão vendo, isto é, o Alvo. Esses observadores não têm preconceitos ou interesses preexistentes em relação à sessão gravada e, ainda assim, tomam partido do agressor na culpabilização do Alvo.

Para provar o poder da perspectiva visual, outros observadores, também imparciais, consideraram o agressor responsável quando assistiram à interação a partir da câmera do Alvo. Eles literalmente enxergam a situação através dos olhos do Alvo. Os Alvos veem o ambiente de trabalho que faz com que eles executem a tarefa que lhes foi designada, trabalhem com supervisores sobre os quais não têm nenhum controle e lidem com colegas invejosos ou destrutivos.

Adivinhe quem os observadores que olham da câmera de fora acham que é o responsável por aquilo que acontece entre as duas pessoas? Sim, eles acreditam que ambas foram responsáveis. Os pesquisadores lidaram, no entanto, com conversas triviais, não com alterações emocionais mais prováveis de acontecer no caso da dupla agressor-Alvo. No mundo real, uma divisão igualitária de responsabilidades provavelmente não aconteceria. Entretanto, a descoberta da pesquisa é tão forte que podemos, seguramente, supor algum tipo de responsabilidade compartilhada.

Isso contradiz o que você sabe sobre os Alvos. Eles não invocaram o próprio sofrimento. No entanto, a dura realidade é que, pelo simples fato de não estarem no lugar do Alvo, as outras pessoas têm a falsa impressão de que os agredidos são, de algum modo, culpados.

O preconceito gera a responsabilização

Certos julgamentos preconceituosos são normais nos seres humanos. A pessoa tem que lutar consciente e deliberadamente contra o poder da perspectiva para ser justa. Na situação agressor-Alvo, considerar o Alvo até mesmo parcialmente responsável, quando ele não fez nada para provocar o agressor, parece justo para a maioria dos observadores. Mas é injusto para o Alvo. Alegar o "equilíbrio", como os mediadores fazem, subestima o papel do agressor e discrimina os Alvos, que são os destinatários involuntários de ataques indefensáveis.

Como sociedade, já passamos por essa discussão. Tratava-se das vítimas de estupro. É justo, em nome do equilíbrio, responsabilizar as vítimas por se vestirem de forma "provocante"? Isso seria o equivalente a assistir ao crime a partir da câmera do estuprador em vez de através da câmera da vítima. Felizmente, a razão prevaleceu e decidimos culpar o criminoso em vez de a vítima (ainda que os tribunais e os advogados de defesa tenham sido levados lentamente a tal conclusão). Responsabilizar ou denegrir a vítima (que supostamente estava "paquerando") demonstra um impiedoso preconceito. Assim, também devemos parar de responsabilizar os Alvos por sua própria situação, que ninguém escolheria voluntariamente.

Evite a armadilha da autorrecriminação

Como os Alvos da maioria dos bullyings graves nos contam, a experiência pode ser tão destrutiva quanto a ruptura completa da personalidade. O Alvo passa a acreditar na história falsa que o agressor inventa sobre ele. Há risco de isso acontecer, pois os ataques pessoais são cumulativos. Independentemente de sua força inicial, o Alvo fica desgastado.

Esse é o começo do fim da autoconfiança na própria competência. É a sua fé pessoal em sua competência que lhe permite enfrentar o agressor. Quando a força interior é desmantelada, o Alvo fica mais vulnerável.

Vamos estender o que aprendemos sobre atribuição de responsabilidade para verificar como a autodestruição acontece e o que pode ser feito para evitá-la.

Do ponto de vista do agressor delirante, o Alvo é a razão para o bullying, e é exatamente isso que o Alvo ouve do agressor. "Você, você, você." (Não é possível imaginar o dedo em riste nesse momento?)

Agora, mude de lado e veja o mundo a partir da perspectiva do Alvo. O praticante de bullying, operando em um ambiente de trabalho que apoia sua má conduta, é visto, corretamente, como a causa do problema. Essa é a maneira pela qual as atribuições normalmente funcionam. Os Alvos tenderiam a culpar os praticantes de bullying e a cultura do local de trabalho que os alimentou. Os praticantes de bullying, por sua vez, tenderiam a culpar os Alvos. É uma questão de perspectiva, do ângulo a partir do qual a situação é observada.

No entanto, Alvos expostos ao longo do tempo a censuras verbais são acometidos de uma espécie de "empatia inversa". Normalmente, a empatia é uma característica humana valiosa — a capacidade de ver o mundo do ponto de vista da outra pessoa e compartilhar suas emoções. Nessa situação distorcida, é o Alvo que se vê como uma unidade com defeito e passa a concordar com o agressor.

Na verdade, colocar-se do mesmo lado do agressor torna a tarefa dele mais fácil. O Alvo, inadvertidamente, torna-se cúmplice do esfacelamento de sua própria personalidade. Muitos Alvos passam a aceitar as mentiras do agressor como um fato. A campanha de destruição é, assim, facilitada por conta da paradoxal cooperação do Alvo.

A família, os amigos e os colegas de trabalho que testemunham essa autodestruição acham difícil acreditar nessa espiral individual descendente. Não há nenhuma razão objetiva para isso, mas o processo é real. A dor que o Alvo sofre nesse processo pode ser grave. Para ser corrigida, a autorrecriminação extensiva pode exigir a ajuda profissional de um terapeuta.

O estilo explicativo do Alvo de atribuir responsabilidades está relacionado à saúde mental. Para o bem do restante dessa discussão, os não Alvos serão denominados "Autopromovedores". Eles tendem a usar um preconceito de atribuição que os mantém saudáveis. Você pode chamar de arrogância, vã glorificação ou confiança justificável, mas o fato é que eles interpretam as causas do comportamento interpessoal de forma diferente dos Alvos.

Explicando o sucesso e o fracasso

Ao explicar seu próprio sucesso (após submeter-se a um teste, ganhar um emprego etc.), os Autopromovedores geralmente se dão crédito por isso. Eles apontam para o próprio talento ou para o esforço empregado na obtenção de tal vitória. Ou seja, as pessoas costumam ver o sucesso como resultado de algo que tenha a ver com elas ou de alguma ação que tenham tomado. Essas causas são internas. Creditar as vitórias a fatores internos significa assumir a responsabilidade pessoal por essas conquistas.

Os principais fatores internos são as características pessoais imutáveis que definem quem nós somos. Talento, habilidade e personalidade são todas explicações internas e relativamente constantes para os acontecimentos. Creditar à personalidade a razão para o sucesso propicia um impulso considerável ao ego. É muito difícil realizar alguma mudança na personalidade, como você deve saber caso já tenha tentado se engajar em alguma campanha importante de autoaperfeiçoamento (já tentar mudar a personalidade de outra pessoa é uma receita para o sofrimento — o seu). A estabilidade de sua personalidade, sua constância, é essencial para que você viva uma vida organizada, livre do caos.

O esforço varia conforme as circunstâncias. Às vezes, você se prepara ou ensaia duro; em outras ocasiões, não precisa fazer nada disso. A cada oportunidade vem a chance de agir de forma diferente. O esforço é interno, mas permanece em mudança.

	Constante	Mudança
Interno	Inteligência, Talento	Esforço, Motivação

Das duas fontes internas de sucesso, a inteligência é a preferida pela maioria das pessoas, pois as causas internas e estáveis são mais previsíveis. É melhor fazer algo bem porque se é inteligente do que por ter empenhado seu melhor esforço. Esse é o maior autoelogio.

Quando se trata de explicar o fracasso, os que se autopromovem preferem fatores externos. As causas externas incluem a dificuldade inerente a uma tarefa. Por que o autopromovedor falhou no teste ou não conseguiu o emprego? Ele pode racionalizar, afirmando que "não fui testado em relação ao mais importante"; "eles contrataram apenas 1% e todos os escolhidos tinham amigos lá dentro". Se nenhuma explicação plausível vier à mente, o autopromovedor apelará à má sorte: "Simplesmente não era meu dia."

Aplicando-se as mesmas categorias de constância e mutabilidade a fatores externos, o conjunto de explicações possíveis (atribuições) para os acontecimentos fica completo.

	Constante	Mudança	
Interno	Inteligência, Talento	Esforço, Motivação	◁ Preferidos para explicar o sucesso
Externo	Dificuldade / Facilidade da tarefa	Destino, má sorte	◁ Preferidos para explicar o fracasso

Responsabilizar os fatores externos pelo fracasso pode parecer, à primeira vista, uma fuga à responsabilidade pessoal. Ou pode ser um reflexo preciso da visão da realidade a partir do ponto de vista daquele indivíduo. A teoria da atribuição e a abordagem terapêutica que se desenvolveu a partir daí têm mais a ver com a saúde mental e com o bem-estar do que o hábito de encontrar defeitos ou atribuir a culpa de modo moralista. Os moralistas têm propósitos políticos. Não confunda as informações que eles divulgam em uma arena pública com os conselhos sólidos que têm ajudado as pessoas a se recuperarem de acontecimentos que destroem vidas, como o bullying.

> **A predisposição positiva da saúde mental**
>
> *Sucesso:* **obter o crédito pessoal**
> *Fracasso:* **culpar alguma coisa "lá fora"**

Assumir a culpa desnecessariamente

É instrutivo estudar os indivíduos deprimidos e suas explicações sobre o porquê de as coisas acontecerem. Os Alvos que sofreram bullying encontram-se, frequentemente, deprimidos. Seu padrão de explicação para os acontecimentos é exatamente o contrário daquele seguido pelos Autopromovedores. O fracasso é atribuído a fatores internos. Pode-se punir a si mesmo por não ter se empenhado o bastante (a explicação do esforço interno), mas até mesmo a pessoa deprimida pode ser levada a perceber que, no futuro, haverá outras chances de se esforçar mais.

No entanto, quando uma pessoa vê a si mesma ou a sua personalidade como algo irremediavelmente falho ou defeituoso, esse é o tipo mais forte possível de ataque autoimposto. Isso é o que as pessoas deprimidas fazem. A autoaversão, de alguma forma, parece justificável em suas mentes. Todos os pensamentos negativos e a perda da confiança começam com a suposição de que a pessoa fracassou irreversivelmente. Não é fácil sair de um buraco como esse.

De forma igualmente autodestrutiva, o sucesso é subestimado, sendo creditado a forças externas: "Passei só porque o teste foi fácil." "Eu consegui o emprego porque o entrevistador não era qualificado." "Eu tive sorte." É a negação imperativa da genuína conquista pela qual essa pessoa deveria reivindicar o crédito.

A "terapia cognitiva" com pessoas deprimidas tenta reverter as atribuições autoderrotistas. Restaurar a autoconfiança exige que o indivíduo perceba que o núcleo do seu ser tem uma base sólida e positiva. Além disso, as pessoas têm que ser ensinadas a observar os fatores ambientais que podem explicar por que elas fazem o que fazem, mesmo que apenas parcialmente.

Eis aqui como funciona a tabela de explicações dos Alvos autodestrutivos. As linhas de preferências dos Autopromovedores surgem invertidas. Ou seja, o sucesso é subestimado e minimizado. Já o fracasso é recebido como um golpe, em uma abordagem desnecessariamente dura e desrespeitosa.

	Constante	Mudança	
Interno	Facilidade da tarefa	Pura sorte	◄ Preferidos para explicar o sucesso
Externo	Estupidez, Falta de talento	Pouco esforço, Baixa motivação	◄ Preferidos para explicar o fracasso

Agora relacione isso a ser um Alvo involuntário de uma série de agressões verbais. O cerne dos ataques é a afirmação mentirosa de que o Alvo é um ser humano imprestável. Isso não é verdade e o Auto-promovedor sabe disso. Ao longo do tempo, a dúvida pode invadir as mentes até mesmo dos mais fortes. Quando os agressores são astutos (e isso é frequente), eles se utilizam de mentiras sutis que se tornam ofensivas somente em virtude de sua repetição. Muito raramente um incidente isolado descamba para o nível da ousadia. É o padrão de frequência que se mostra efetivamente desmoralizante e desgasta as defesas do Alvo.

Parte da eficácia dos agressores na destruição da vida dos outros jaz em sua capacidade de criar o caos. Fazer afirmações que contrariam a realidade compartilhada por todos no local de trabalho é, certamente, fabricar a insanidade. Se o agressor for bem-sucedido em desequi-librar a todos, de modo que ninguém possa prever o momento ou o conteúdo do ataque seguinte, ele alcançará o controle que busca desesperadamente.

Trabalhar em um lugar caótico e perigoso pode desgastar as defesas das pessoas "mais fortes". É difícil para os Alvos serem inflexíveis, mesmo quando se trata de ouvir a visão de mundo patológica apresentada pelo agressor.

De certa forma justificando a combinação entre as mentiras e a re-alidade, o Alvo começa a deixar o agressor definir uma realidade mais sombria, à escolha deste último. O Alvo, que vivia bem antes do bullying, se perde no processo (se você pretende mudar fundamentalmente quem você é, não deixe que o praticante de bullying determine seus objetivos por você).

Os agressores vencem quando os Alvos aceitam críticas pessoais acreditando que há nelas um "fundo de verdade"

Finalmente, testemunhamos as provas de que o processo de autor-recriminação tomou conta do Alvo. Os sucessos são subestimados ou desprezados. Os retrocessos são internalizados, com uma quantidade desproporcional de responsabilidade assumida em relação a acontecimentos que estavam completamente fora do controle do Alvo.

Em outras palavras, o agressor pode incitar o Alvo a adotar a perspectiva de uma pessoa deprimida. É difícil determinar o que vem primeiro — a depressão em si ou a perspectiva explicativa comum aos indivíduos depressivos.

Intervenções sugeridas

Os Alvos, sua família e seus amigos amorosos precisam estar cientes de como funciona a atribuição. Ao reconhecerem a mudança de perspectiva que os Alvos demonstram, subitamente não assumindo o crédito pelo sucesso ao mesmo tempo que se culpam por todos os fracassos, os outros podem intervir para deter a espiral descendente do Alvo em direção à depressão.

Se for você quem estiver experimentando a mudança mental e emocional, procure a ajuda de um terapeuta imediatamente (leia nossos conselhos sobre como encontrar um profissional de saúde mental compreensivo no Capítulo 6). Sua consciência sobre como isso acontece vai acelerar a sua recuperação. Mantenha um registro escrito de seus pensamentos, explicações e sentimentos após os acontecimentos. O padrão da autorrecriminação deve se tornar evidente. Você terá que se retreinar deliberadamente a assumir o crédito pelo sucesso e deixar que o fracasso seja superado a fim de fortalecer-se novamente. Isso pode parecer inútil, mas se recuperar de um trauma requer medidas corretivas dramáticas.

Ignore aqueles que constantemente o exortam a assumir a "responsabilidade pessoal" pelo bullying que aconteceu com você. Você não fez nada para provocar a agressão do praticante de bullying. Assuma a responsabilidade de acabar com as mentiras do agressor e ignore os que ficam ao lado dele. O conselho deles não é bom para sua saúde mental, para a sua sobrevivência. O praticante de bullying quer roubar a sua dignidade profissional. Explicar adequadamente suas ações é o primeiro passo para recuperar tal dignidade.

Se for alguém que você ama que está passando pelos estágios iniciais de autodestruição, evite a todo custo concordar com as explicações disfuncionais que essa pessoa apresenta. Você tem que contrariá-la quando ela disser que tem defeitos, que não é boa, que é uma perdedora total etc. Parece fácil, não? Como você mesmo poderia sucumbir às mentiras?

Ao longo do tempo, o agressor pode penetrar a psiquê da mais forte e mais otimista das pessoas, numa tentativa de "convencê-la" de que ela está errada. Eventualmente, lidar com Alvos feridos é um desafio para os mais leais defensores. Não dê ouvidos às mentiras; reforce constantemente o senso de competência daquela pessoa. Dê exemplos específicos. Não basta dizer: "Você é uma pessoa boa." Diga especificamente que "voluntariar-se para orientar imigrantes na língua inglesa vale a pena e os alunos o amam, eles mesmo dizem isso".

Finalmente, deixe um terapeuta profissional auxiliá-lo a ajudar o Alvo caso algum de vocês se envolva demais com a situação e não consiga encontrar nenhuma saída aparente.

Capítulo Quinze:

Satisfaça suas necessidades
e vontades

*A visão deve ser seguida pelo empreendimento. Não é suficiente encarar os
degraus, precisamos subir as escadas.*
—Vance Havner

Depois de analisar os capítulos anteriores, você já tem as ferramentas para minimizar a devastação emocional causada pelo praticante de bullying. Vamos ajudá-lo agora a definir suas próprias necessidades e vontades, para que você possa articular o que merece receber dos outros. Sim, você merece ter algumas necessidades básicas atendidas e muito mais. Sua condição de Alvo o convenceu de que, de alguma forma, você é menos digno do que os outros. Esse tipo de pensamento tem que parar. Você é digno.

> **A declaração das necessidades e vontades do Alvo
> sinaliza o fim de sua condição de Alvo para
> todos os agressores passados e futuros!**

Necessidades fundamentais, básicas

Todos nós temos necessidades legítimas — condições ambientais, atividades e experiências importantes para a saúde física e psicológica.

Os Alvos muitas vezes esquecem que têm direito a satisfazer certas necessidades básicas. Essas necessidades são direitos absolutos aos quais todo ser humano pode aspirar. Durante os episódios de bullying, quando as mentiras do agressor convencem os Alvos de que eles são inúteis, as necessidades são ignoradas e alguns Alvos passam a acreditar que devem abandoná-las. Tenha em mente que esse exercício não visa a prepará-lo para enfrentar o agressor, mas pretende dar-lhe a capacidade de recuperar a confiança e a fé em sua competência.

A lista abaixo apresenta exemplos para lembrá-lo do que você precisa na vida. Sinta-se livre para acrescentar ou omitir certas necessidades, de acordo com o que você decidir ser importante para você.

Necessidades físicas
- Ar puro para respirar;
- Água potável para beber;
- Alimentos nutritivos para comer;
- Vestuário e abrigo;
- Descansar e dormir o suficiente;
- Exercícios;
- Segurança física, proteção contra danos.

Necessidades emocionais
- Amar e ser amado;
- Companheirismo;
- Sentir-se respeitado;
- Simpatia e compaixão dos outros;
- Retribuir essa simpatia e compaixão;
- Quando você faz algo bem: reconhecimento e valorização;
- Quando você comete erros: perdão e compreensão.

Necessidades intelectuais
- Informações;
- Estímulo;
- O desafio trazido por problemas que possam ser resolvidos;
- Variedade.

- Tempo para recreação e jogos;
- Espaço para crescer e mudar;
- Liberdade para expressar seus pensamentos honestamente;
- Respostas autênticas e consistentes dos outros.

Necessidades sociais
- Interagir com os outros;
- Ficar sozinho;
- Trabalhar, não necessariamente em um "emprego";
- Um papel na sociedade que o ajude a definir uma identidade através da qual você possa contribuir para a comunidade;
- Sentir que pertence a um grupo;
- Não ter suas confidências expostas por membros do grupo.

Necessidades relacionadas ao local de trabalho
- Recursos fornecidos pelo empregador para a realização do trabalho;
- Realizar tarefas livre de interferências;
- Aplicação coerente das regras e políticas internas;
- Conformidade com as regulamentações governamentais;
- Ambiente de trabalho livre de riscos para a saúde;
- Ver-se livre de retaliações, caso os direitos civis sejam invocados;
- Uma cultura que promova um local de trabalho psicologicamente estável;
- Privacidade quanto a assuntos não relacionados ao trabalho.

Necessidades espirituais, morais e éticas
- Buscar significado para a sua vida;
- Uma maneira de atribuir valor à sua vida;
- O cumprimento de um código moral mais elevado.

Minhas necessidades básicas fundamentais

Use a seguinte planilha para listar as suas necessidades particulares.

Necessidades físicas:

Necessidades emocionais:

Necessidades intelectuais:

Necessidades sociais:

Necessidades relacionadas ao local de trabalho:

Necessidades espirituais, morais, éticas:

Outras necessidades importantes:

Necessidades *versus* vontades

A diferença importante entre necessidades e vontades é que as necessidades são os elementos básicos para a vida. A qualidade de vida, por sua vez, depende de se ir além das necessidades fundamentais. As vontades refletem os desejos.

Para muitos Alvos, é bastante difícil assegurar que as outras pessoas honrem e satisfaçam suas necessidades. Não deveria ser necessário implorar para ter o básico. Os praticantes de bullying que violam os direitos de um Alvo também estão interferindo na satisfação das necessidades básicas dessa pessoa. Quando se sentem passivos, vulneráveis e agredidos, é quase inconcebível que os Alvos acreditem que também merecem ter suas vontades satisfeitas.

Pergunte a si mesmo: você ignora suas necessidades e vontades menos vitais se elas entrarem em conflito com as de outra pessoa? Você costuma identificar as necessidades essenciais como "supérfluas" e negligenciá-las por esse motivo? Se você faz isso, então está renunciando ao seu próprio conforto. Será que os outros fazem o mesmo?

Você tem o direito de ter suas necessidades atendidas. Ao mesmo tempo, é preciso reconhecer que você merece ter as suas vontades satisfeitas tanto ou quanto qualquer outra pessoa. Você não precisa ser estoico ou um mártir. Você é tão importante quanto qualquer outra pessoa e tem direito a um tratamento respeitoso e não abusivo.

Às vezes, você poderá achar absolutamente necessário falar com um colega de trabalho (alguém com quem seja seguro conversar, não o agressor) sobre um determinado aspecto profissional. Em outras ocasiões, o problema profissional pode parecer menos urgente e, apesar de você querer discuti-lo, é possível adiar tal discussão.

Você é o único que pode julgar a importância de suas necessidades e vontades. Se elas forem importantes para você, você tem o direito de lutar por elas. Não importa o que os outros pensam!

O exercício de inventário a seguir pode ajudá-lo a identificar as vontades que você nutre, mas tem medo de solicitar. O inventário está dividido em três partes: o que você quer, quem pode ajudar a satisfazer suas vontades e as situações em que você poderia solicitar o que quisesse.

Inventário das vontades

Percorra a lista duas vezes.

Primeiro passo: faça um sinal ao lado de todos os itens que se aplicam ao seu caso.

Segundo passo: classifique os itens assinalados com base em uma escala de três pontos.

1 = Levemente desconfortável

2 = Moderadamente desconfortável

3 = Extremamente desconfortável

O QUÊ

Tenho dificuldade de pedir POR:

- Aprovação para _____
- Ajuda para determinadas tarefas;
- Alguém para me ouvir e me compreender;
- Respeito;
- Tempo para mim;
- Respostas às minhas perguntas;
- Permissão para fazer minhas próprias escolhas;

- Aceitação de quem eu sou pelos outros;
- Aceitação dos meus erros;
- Outros: _____

QUEM
Tenho dificuldade em pedir o que eu quero DE:
- Meu marido/minha esposa;
- Colegas de trabalho;
- Clientes;
- Estranhos;
- Amigos;
- Meu chefe;
- Vendedores e balconistas;
- Figuras de autoridade;
- Um grupo de mais de duas ou três pessoas;
- Uma pessoa do sexo oposto;
- Outros: _____

QUANDO
Tenho dificuldade em pedir o que eu quero QUANDO:
- Preciso de ajuda;
- Peço um serviço;
- Preciso de um favor;
- Peço informações;
- Quero propor uma ideia;
- Me sinto culpado;
- Me sinto egoísta;
- Peço cooperação;
- Negocio a partir de uma posição inferior;
- Um monte de pessoas está ouvindo;
- Os ânimos dos outros estão exaltados;
- Tenho medo de parecer estúpido;
- Receio que a resposta será "não";
- Posso parecer fraco;
- Outros: _____

O que diz o seu inventário

Observe o inventário. Perceba aquilo que você mais quer, as pessoas para quem você tem que solicitá-lo, e quando é mais difícil pedir o que você deseja. Observe os padrões que aparecem. Essas são provavelmente as pessoas e as situações diante das quais você precisa reconhecer que se sente menos confiante. Liste as áreas problemáticas na ordem da importância que elas têm para você.

Esclarecendo o que você quer

Depois de ter identificado as vontades que considera importantes, formule um pedido assertivo. Se solicitar algo é uma tarefa difícil para você, prepare seus pedidos com antecedência. Ao preparar um pedido assertivo antecipadamente, você pode esclarecer os fatos em sua mente e ser capaz de relacioná-los a outros com mais facilidade. Quanto mais claro você for, maiores as probabilidades de não ser mal interpretado.

Use o guia a seguir para preparar os seus pedidos.

De _____

Escreva o nome da pessoa que pode lhe fornecer o que você quer. Se há vários indivíduos de quem você quer o mesmo, escreva pedidos em separado para cada um deles.

Quero _____

Exponha o que você quer que a outra pessoa faça. Evite abstrações como "mostrar respeito" ou "ser honesto". Não peça que os outros mudem suas atitudes; em vez disso, especifique um comportamento desejado: "Quero um voto com peso igual para decidir a nova política de horas extras."

Quando _____

Especifique um prazo para conseguir o que quer. Estabeleça a hora exata do dia que você quer que alguém faça alguma coisa, ou a frequência com que você quer algo — use qualquer aspecto do tempo que possa lhe fornecer um cronograma e evitar qualquer mal-entendido. Por exemplo: "Eu gostaria de receber minha avaliação na sexta-feira seguinte ao dia em que meu período de três meses de experiência terminar."

Onde _____

Escreva os lugares onde você quer alguma coisa: "Por favor, deixe-me sozinho em minha mesa durante uma hora e meia na parte da manhã para que eu possa organizar o meu dia."

Com _____

Especifique quaisquer pessoas envolvidas em seu pedido: "Eu gostaria de me encontrar com você (o supervisor) e Sue (a colega de trabalho) quando vocês decidirem quais são as mudanças que faremos no próximo mês."

Regras para pedidos

1. Tente conseguir que a outra pessoa concorde em marcar um tempo e um local convenientes para o seu encontro.
2. Não ataque a outra pessoa. Use mensagens firmes, começando com "Eu", para que você possa se ater a seus pensamentos e sentimentos. Lembre-se de ser objetivo e de se fixar nos fatos. Mantenha moderado seu tom de voz.
3. Seja específico. Não esmoreça ao pedir prazos exatos para obter aquilo que você quer. Concentre-se em solicitar certos comportamentos, e não uma mudança de sentimentos ou de atitudes.
4. Use palavras assertivas e uma linguagem corporal que denote uma autoestima elevada. Mantenha contato visual, sente-se ou fique de pé mantendo uma postura ereta, descruze as pernas e braços, e certifique-se de falar claramente, de forma audível e com firmeza.
5. Pratique, pratique, pratique! Fique na frente do espelho para observar a sua aparência quando solicita o que precisa. Isso permitirá que você corrija a má postura e exercite expressões faciais confiantes. Lembre-se: você está praticando a verdade.

O pobre agressor precisa ensaiar a mentira. Seu trabalho é ético, portanto mais fácil.

Ao solicitar mudanças, comece com um pedido pequeno. Acumule um sucesso após o outro. Trabalhe a sua lista de vontades lentamente.

Você precisa aperfeiçoar seus pedidos até que eles estejam suficientemente claros e diretos, a ponto de você poder fazê-los. Lembre-se: a satisfação de suas necessidades e vontades não acontece à custa dos outros. Você não está pedindo nenhum favor, simplesmente está tomando de volta o que é seu por direito.

Esclareça o que você quer

DE...

EU QUERO...

QUANDO..

ONDE...

COM...

Capítulo Dezesseis:

Raiva e vergonha: as emoções do bullying

A dor alimenta nossa coragem. Você não pode ser corajoso se apenas coisas maravilhosas aconteceram com você.
— Mary Tyler Moore

O bullying traz consigo sentimentos fortes. Se você for como a maioria dos Alvos, seus sentimentos serão expressados através da raiva. Mas a raiva não é o problema real.

Raiva, a máscara

A raiva sempre mascara alguma outra emoção. A verdadeira questão está oculta sob a superfície, à espera de ser "retirada do armário" e confrontada. Pode se tratar de mágoa, decepção, ciúme, medo, vergonha, frustração, culpa, ou de alguma outra emoção.

A raiva é um sentimento pouco profícuo. Descontrolar-se com um acesso de raiva depois de um encontro com o agressor serve apenas para deixar o Alvo ainda mais ressentido. Se o Alvo fica com raiva e nunca confronta suas verdadeiras emoções, a oportunidade de ouro para recuperar sua dignidade e autoestima desaparece em uma névoa de emoções desnecessárias.

Como os Alvos bem sabem, os agressores são fontes de estresse e raiva. Nós lutamos contra a raiva porque ela retarda a cura do Alvo.

Para os Alvos, a raiva é um indicador da toxicidade de um local de trabalho envenenado. Temos que parar de culpar inteiramente os indivíduos. Em vez de buscar o teste de personalidade perfeito para prever aqueles que são mais suscetíveis de ficar com raiva, os que se preocupam com a saúde no local de trabalho deveriam procurar em todas as partes da empresa as pessoas que gostam de enfurecer as outras e despertar a raiva pelo simples deleite pessoal de vê-la acontecer. Os praticantes de bullying "queimam pessoas". Da mesma forma que os incendiários, eles gostam de assistir aos conflitos provocados por suas ações.

Pesquisadores e repórteres veem a raiva no trabalho como um mal inerente aos empregados desleais e ensandecidos, de quem a puritana gerência-sênior (aliás, os "líderes") deve ser protegida.

A alternativa óbvia é eliminar a raiva, extinguindo a fonte de emoções devastadoras criada pelo local de trabalho, que leva as pessoas a esconder a dor sob a máscara da raiva.

A raiva é a inimiga do Alvo.

A lista seguinte indica se você está ou não com raiva:
- Pele avermelhada;
- Respiração fraca;
- Pele fria e úmida;
- Respiração acelerada;
- Choro;
- Voz alta (se ela normalmente for baixa);
- Nervosismo;
- Tonturas leves;
- Músculos tensos;
- Perda da concentração;
- Veias salientes.

A raiva pode ser interiorizada e se tornar autodestrutiva.

- Você come demais?
- Bebe demais?
- Trabalha demais?
- Você já se deixou dominar pelo estresse a ponto de ter dificuldades para trabalhar e funcionar adequadamente em casa?
- Você se culpa por tudo o que acontece ao seu redor?
- Você direciona sua raiva para seu cônjuge ou seus filhos?

A tristeza e os sentimentos de perda, muitas vezes, estão por trás da raiva. Isso acontece quando as pessoas têm medo de demonstrar vulnerabilidade. A raiva, a emoção mais "socialmente aceitável", mascara a tristeza. Alguns estereótipos entram em ação: os homens não devem demonstrar emoções; as mulheres demonstram muitas "emoções suaves". A raiva é o grande equalizador.

As pessoas também têm medo da raiva em si. A raiva não resolvida causa dor ao seu portador. Muitas pessoas carregam sua raiva por anos, mas não se conscientizam disso.

Algumas pessoas têm medo de quaisquer emoções intensas, sendo raiva a emoção que mais as assusta. Elas se preocupam com as consequências de expressar a própria raiva. Às vezes, tal sentimento irrompe com resultados desastrosos, prejudicando não só os que o carregam, mas seus colegas de trabalho, cônjuges e filhos. A expressão violenta da raiva é destrutiva, improdutiva e essencialmente ineficaz. A violência dói, ela não cicatriza as feridas.

A percepção da raiva como algo destrutivo começa na infância. Muitas crianças, confrontadas com a raiva de seus pais, acreditam ser o objeto de tal emoção. Tais crianças se sentem impotentes e oprimidas. Elas prefeririam desaparecer.

Para elas, os pais estão com raiva e levantam a voz por causa de algo que elas fizeram. Mesmo que tal raciocínio não seja verdadeiro ou lógico, é o modo como a criança se sente. Ela alimenta a ideia de que, de alguma forma, falhou. O gesto é tomado como um ataque pessoal, ainda que essa não tenha sido a sua motivação. A raiva destrói a formação da autoestima e dos sentimentos de autodignidade. Se os pais não fizerem um esforço especial para esclarecer por que estavam com raiva, a criança pode esperar pelo pior. Ela assume a responsabilidade pelas emoções dos pais.

Na vida adulta, essa ex-criança sente que se discordar de alguém, se precisar dizer "não" a alguém, se levantar a voz com raiva, tal postura vai ferir alguém da mesma forma como ela própria foi atingida por seus pais.

Essa percepção precisa ser corrigida. Todos nós temos momentos em que levantamos nossa voz e todos nós precisamos dizer "não" de vez em quando, precisamos discordar dos outros. No entanto, tais incidentes não têm que ser destrutivos. Certamente ninguém deve temer a discordância ou o fato de ser diferente de alguém.

A raiva também pode ser uma energia muito construtiva. Para isso, ela precisa ser elaborada e liberada. O objetivo é deixar o sentimento sair, não recolhê-lo e deixá-lo guardado. O primeiro passo para deixar sua raiva sair é dominá-la, reconhecer que "raiva" é o melhor nome para o que você está sentindo. A raiva não resolvida acumula-se ao longo do tempo e, no fim, destrói sua alma.

Embora nenhuma pessoa seja exatamente igual a outra no que diz respeito a lidar com a raiva, os especialistas definiram cinco maneiras gerais através das quais tal emoção pode ser administrada: repressão, agressão aberta, agressão passiva, assertividade ou deixar o sentimento passar. As três primeiras tendem a perpetuar a raiva; as duas últimas podem conduzir à tranquilidade.

Reprimindo a raiva

Pelo fato de tantos Alvos terem sentido na pele os efeitos destrutivos desse sentimento, eles hesitam em admitir sua própria raiva. Eles prometem não se rebaixar a emoções que pareçam arrogantes ou rudes e nunca querem parecer agitados ou frágeis, para que possam manter uma aparência exterior fria, de quem está acima de todos os problemas associados à raiva. Quando confrontados com a raiva, querem parecer desprovidos de emoção e fingir que não sofrem nenhuma tensão. Eles expressam surpresa quando alguém insinua que eles podem nutrir raiva com relação a alguma situação.

A maioria dos Alvos que reprime a raiva acredita que ela é algo ruim; que expressá-la fará com que eles sejam vistos de uma perspectiva negativa. Guardar a raiva é a única maneira que eles vislumbram de poder interagir com os outros. Infelizmente, existem riscos cardíacos graves associados à personalidade irritadiça e hostil.

Marque as frases que se aplicam ao seu caso para saber se você guarda a sua raiva.

— Tenho medo de parecer desagradável se os outros ficarem sabendo dos meus problemas.

— Tenho tendência a me ressentir com os outros, embora não queira que eles percebam isso.

— Se estou confuso, costumo guardar esse sentimento para mim mesmo.

— Se um colega de trabalho me irrita, tendo a deixar os dias correrem sem falar nada.

— Às vezes, fico paralisado quando sou confrontado com uma situação indesejada.

— Evito mencionar conversas sobre assuntos delicados.

— Sofro frequentemente de dores de cabeça e estômago.

Se você marcou três ou mais das afirmações anteriores, você é muito bom em reprimir sua raiva.

Os Alvos foram treinados para pensar que a raiva não é normal. Eles têm sido desqualificados quando suas percepções são diferentes das dos outros e temem retaliações se expressarem alguma discordância em relação às outras pessoas. No entanto, a repressão da raiva só causa sentimentos de fracasso e derrota pessoal.

Agressão aberta

Para muitas pessoas, a raiva evoca uma imagem de agressão aberta. Elas imaginam a raiva como uma defesa da dignidade e das necessidades pessoais que é sustentada à custa de alguém. Essa raiva evoca imagens de ira explosiva, intimidação e censura. No entanto, ela não está limitada a tais imagens violentas e também inclui brigas, críticas e sarcasmo. Esse tipo de raiva emerge a partir de um foco nas necessidades pessoais e da falta de sensibilidade em relação às necessidades dos outros. A agressão aberta e ostensiva é exibida publicamente.

Marque as frases que se aplicam ao seu caso a fim de saber se você pratica a agressão aberta.

— Posso ser franco e contundente quando alguém faz algo para me frustrar.

— Quando falo sobre minhas convicções, minha voz se eleva muito.

— Quando alguém me confronta em relação a um problema, é quase certo que eu responda com uma pronta refutação.

— Ninguém precisa adivinhar minha opinião — todos a conhecem.

— Ignoro os sentimentos dos outros porque me concentro especialmente em resolver o problema.

— Tenho tendência a discutir com meus familiares.

— Quando estou argumentando com alguém, costumo me repetir.

— Se acho que alguém está errado, todo mundo percebe.

— Dou conselhos mesmo sem ser solicitado.

Se você marcou cinco ou mais das afirmações anteriores, provavelmente segue um padrão de agressão aberta.

Agressão passiva

Alvos que juram para si mesmos que não se enfurecerão quando estão com raiva reconhecem que a agressão aberta cria um ambiente hostil. Eles se recusam a explodir ou a discutir com o agressor. Sentem que discordar é algo destrutivo, que deve ser evitado de qualquer maneira. Isso conduz à agressão passiva, que significa expressar a raiva de uma forma que preserva as convicções pessoais à custa de outra pessoa. A pessoa passivo-agressiva está sendo desonesta com os outros e consigo mesma.

A lista a seguir traz exemplos de raiva passivo-agressiva. Marque os itens que se aplicam ao seu caso.

— Uso o silêncio para que os outros percebam que estou frustrado.

— Costumo ficar rabugento e de mau humor.

— Quando não quero concluir um projeto, fico protelando.

— Nunca admito minhas frustrações; ao contrário, minto e finjo que está tudo bem.

— Às vezes, evito os outros para que não me incomodem.

— Às vezes, ignoro deliberadamente os outros quando eles tentam falar comigo.

— Evito conversas presenciais.

— Às vezes, faço coisas pelas costas dos outros.

— Às vezes, faço coisas para irritar os outros.

Se marcou cinco ou mais dos itens anteriores, você demonstra uma tendência a tentar refrear a sua raiva. Mas, na verdade, você só está comunicando a raiva de uma forma que acabará deixando todos tensos e estressados.

Raiva assertiva

A raiva, quando surge como uma maneira de preservar a dignidade e as necessidades pessoais, ao mesmo tempo que considera as necessidades e os sentimentos dos outros, se revela um sentimento que realmente ajuda os relacionamentos a crescer. Ela demonstra maturidade e estabilidade pessoal.

É importante distinguir entre assertividade e agressividade. No passado, a assertividade foi, muitas vezes, confundida com o comportamento agressivo e desagradável.

A assertividade não é uma coisa ruim e não pretende prejudicar os outros. Ela permite que o Alvo lide com questões como autodignidade e necessidades pessoais. Ela deixa a porta aberta para conversas sobre as discordâncias entre o Alvo e o agressor.

A lista seguinte é de exemplos de raiva expressa de uma forma assertiva, não hostil.

- Se estiver sobrecarregado, você pode, firme e educadamente, dizer "não" quando lhe pedirem para executar mais projetos;

- Como supervisor, você pode indicar os objetivos do projeto sem recorrer ao assédio ou ao autoritarismo;
- Quando sobrecarregado, você pode solicitar a ajuda de colegas de trabalho sem ameaças de retaliação se eles lhe responderem "não";
- Você pode dizer ao seu chefe ou aos seus colegas de trabalho que fará uma pausa para o almoço e não atenderá ao telefone ou resolverá quaisquer problemas durante esse intervalo;
- Com os colegas de trabalho, você pode falar sobre as discordâncias e oferecer conselhos sem levantar ou alterar seu tom de voz.

Para aprender a expressar a raiva assertiva, lembre-se de dois pontos principais:

1. Certifique-se de gastar sua energia emocional em assuntos que valham a pena e concentre sua atenção em questões que não sejam triviais. Isso também é válido para reduzir o estresse. Robert Sapolsky sugere que é preciso distinguir entre ameaças reais e ameaças possíveis ou imaginárias.
2. Aprenda a reconhecer os momentos em que você usa o tom de voz para transmitir raiva.

Lembre-se: a assertividade nem sempre é a atitude mais fácil de se aprender. É preciso tempo e prática para conseguir controlar a raiva.

Deixando a raiva passar

A decisão mais difícil de se tomar é escolher deixar a raiva passar. Há momentos em que você deseja se comunicar sem raiva e usa seu melhor tom de assertividade, mas ainda se sente preso à discussão raivosa com o agressor. Nesse ponto, você tem a opção de deixar sua raiva passar.

Deixar tal sentimento passar significa reconhecer seus limites pessoais. Você aceita a incapacidade de se comunicar com o agressor e essa escolha lhe permite caminhar na direção contrária da frustração e do sofrimento causados por ele.

Deixar a raiva passar também sinaliza que você aceitou o fato de que o controle das suas emoções não depende de outra pessoa. No entanto, é preciso lembrar que deixar tal sentimento passar não é reprimi-lo. Reprimir a raiva é apenas um exercício que deixará como herança sentimentos não resolvidos de dor e amargura.

A maioria dos agressores empenhados em controlar o clima emocional no trabalho provocará os Alvos até deixá-los com raiva. Escolher conscientemente desvencilhar-se do agressor raivoso e irritado provavelmente deixará tal praticante de bullying enfurecido. Deixar o agressor falando sozinho é a vitória do Alvo. Negar ao agressor o que ele quer é um passo positivo em direção à reumanização do local de trabalho.

Considerações finais sobre a raiva

Respostas razoáveis para situações que provocam raiva são aquelas que ajudam a manter a calma e a colocar a situação sob seu controle, de modo a não ceder o controle ao praticante de bullying.

Eis aqui algumas maneiras de liberar a raiva:

- Restabelecer seus limites;
- Usar a escuta ativa para comunicar sua disposição de entender qualquer problema;
- Dizer calmamente à pessoa que ela é a fonte de sua raiva;
- Exercitar-se através de corridas, caminhadas, academia ou natação;
- Jogar os ombros e braços para trás, enquanto diz: "Deixe-me em paz";
- Conversar com amigos, familiares, um profissional (ou todos eles) para equacionar seus sentimentos.

Quando assume a responsabilidade por seus sentimentos e emoções, você está se libertando do vínculo que o prende ao praticante de bullying e ao atual sentimento de inadequação. Você escolhe cuidar de si mesmo, em vez de usar as ações do agressor para ditar o padrão destrutivo dos maus-tratos.

Vergonha

Se sofreu bullying, você vai sentir vergonha. A vergonha pode ser leve, mas, em muitos casos, é perturbadora.

É importante que o Alvo entenda que vergonha não significa culpa.

> **Culpa é o que você sente quando comete um erro.**
>
> **Vergonha é o que você sente quando acredita que você é o erro.**

A vergonha é um sentimento muito doloroso, resultado da suposição interna e equivocada de que há algo intrinsecamente errado com quem você é. A vergonha é o sentimento angustiante de que você é ruim, inadequado ou defeituoso.

Depois de três anos trabalhando como assistente pessoal da vice-presidente de sua empresa, Pat perdeu o emprego. Sua chefe, Mary, sempre criticara o trabalho de Pat, que tinha tentado o seu melhor para agradá-la, fazendo hora extra e reelaborando projetos quando Mary se queixava de que eles não estavam à altura dos padrões da empresa.

Depois de meses sendo agredida por sua chefe, Pat perdeu a paciência e gritou com Mary. O resultado foi uma entrevista de advertência e a demissão de Pat três semanas depois.

Pat sentiu-se envergonhada ao perder o emprego. Ela disse a si mesma: "Eu não sou boa em nada. Sou uma inútil. Nunca vou conseguir outro emprego."

Para Pat, a dor do assédio que sofreu dominou todo o seu pensamento. Aos poucos, a vergonha tomou conta dela. Seu sentimento de indignidade tornou-se tão forte que, independentemente do que os outros dissessem, ela permanecia convencida de que havia falhado.

Os membros de muitas famílias usam a vergonha para controlar uns aos outros. Os pais costumam fazer afirmações como: "Você não faz nada que preste." "Você vai virar um vagabundo, igual ao seu pai." "Você nunca vai conseguir um emprego, é um incapaz." "Ah, Susie, você nunca vai entrar na faculdade, suas notas não são boas o suficiente."

Alvos criados em famílias que exploram o sentimento de vergonha carregam essa emoção desde a infância. Quando uma pessoa é criada em uma família que tem a vergonha como base, ela desconhece qualquer outra maneira de agir. É fácil entender o pensamento de Pat: "Não vou conseguir encontrar outro emprego, não sou nem um pouco boa." Shelly, desempregada há dez meses, realmente acredita que é um fracasso e se lembra disso todas as manhãs quando se olha no espelho. Essas duas mulheres guardaram consigo as mensagens envergonhadoras que receberam na infância, e continuam a reforçá-las.

Livrando-se da vergonha

Sentimentos de vergonha são consequências naturais do bullying. Livrar-se da vergonha significa quebrar o silêncio da dor. Quando você se deparar com um agressor e reconhecer que sente vergonha:

- Entre em contato com ex-colegas e peça-lhes para lembrá-lo dos bons trabalhos que vocês realizaram juntos.
- Ao ouvir o feedback positivo, aproveite para assimilar a mensagem de que você é um trabalhador bom e competente.
- Identifique as mensagens destinadas a envergonhá-lo já internalizadas, assim como os eventos dolorosos que vivenciou.
- Separe o irracional e o falso de quem você é.

Eventos dolorosos e mensagens que foram internalizadas precisam ser desafiados. Você precisa ser capaz de dizer: "Isso não tem a ver comigo! Não tem nada a ver com minha dignidade ou minha identidade. Me magoou muito, e tem causado sofrimento em minha vida, mas não tem a ver comigo. A vergonha não é minha identidade, eu sou uma pessoa boa e digna."

À medida que der voz aos seus sentimentos com relação à vergonha, à medida que reconhecer o quanto se sente mal, você será capaz de abandonar tal emoção e seguir adiante com sua vida. Quanto mais você conversar com outras pessoas de sua confiança, mais fácil será abrir mão dos sentimentos ruins. Quanto mais você reconhecer que o bullying não tem nada a ver com você, mais próximo estará de ver-se livre do agressor.

Seção Três

....

O que uma pessoa pode fazer?

Capítulo Dezessete:

Sinta-se seguro

É melhor morrer de pé do que viver de joelhos.
— Dolores Ibárruri

Agora você decidiu reagir. Faça-o em nome de sua saúde física e mental a longo prazo. As sugestões seguintes são apenas para fins informativos — os autores não assumem nenhuma responsabilidade pelas consequências, boas ou más. Esteja ciente de que a luta é árdua. São poucos os que conseguem superar o desafio com sucesso e desfrutar de um resultado satisfatório, pois forças poderosas e amplas serão mobilizadas contra você. Mesmo assim, deixar de reagir pode deixá-lo doente e combalido, além de provocar ideias suicidas.

Antes de começarmos, considere o que NÃO fazer depois de descobrir que está sofrendo bullying.

- Não confie no departamento de RH — eles trabalham para a gerência e *são* a administração. É a pura realidade.
- Não peça socorro ao chefe do agressor. Ele é a pessoa que mais ama o praticante de bullying.
- Não conte a sua história estritamente a partir do ângulo do sofrimento emocional. Isso sempre afugenta potenciais defensores, mesmo os familiares e amigos.

- Não compartilhe sua volumosa documentação com ninguém do trabalho. Ninguém se importa tanto com isso quanto você. Nas mãos erradas, esse material pode ser usado contra você;
- Não peça a outras pessoas (RH, representantes sindicais, gerentes) que detenham o agressor em seu nome. A inação delas irá decepcioná-lo. Em vez disso, você apresentará justificativas econômicas e pedirá que elas interrompam o bullying em nome de *seus próprios* interesses;
- Não pague nenhum adiantamento para um advogado até que você tenha esgotado alternativas mais baratas de fazer com que seu empregador leve a sua queixa a sério;
- Não confie em ninguém do trabalho, a menos que lhe tenham demonstrado (e não apenas falado sobre) lealdade no passado e neste exato momento.

Três etapas de ação para que o Alvo interrompa o bullying

Primeira etapa: atribua um nome! Legitime-se!

Dê um nome para o que está acontecendo com você — bullying, assédio moral, violência psicológica, abuso emocional — para compensar o efeito de lhe dizerem que não existe problema algum, pelo fato de o comportamento não ser ilegal e, portanto, não existirem políticas para coibi-lo. Isso faz com que pessoas como você se sintam deslegitimadas e que o ciclo de autorrecriminação e ansiedade tenha início.

A fonte do problema é externa, não está em você. O agressor decide quem atacará, como, quando e onde. Você não invocou nem desejou a campanha sistemática de agressões psicológicas e interferências no seu trabalho.

O caminho para a cura nunca poderá começar até que você descubra que algo de errado está sendo feito contra você. Como dissemos antes, o seu médico pode ser o primeiro a lhe dar a dica. Os familiares também lamentarão a queda na qualidade da relação com você e isso pode sugerir que algo está acontecendo.

Essa descoberta pode levar um longo tempo. Nosso estudo WBI 2003 constatou que, em média, os Alvos permanecem sob o controle de um agressor por 22 meses!

A descoberta é confirmada quando um amigo ou um terapeuta o presenteia com este livro, ou você "tropeça" no termo "bullying no local de trabalho" quando está procurando "assédio no trabalho" no Google. Depois de perceber que o fenômeno é real e que você não está sozinho, você se sentiu imediatamente melhor? Esse é o poder de atribuir um nome. Dar um nome ao problema interrompe a espiral descendente que leva à desnecessária autorrecriminação.

Informe-se o máximo que puder no site do WBI e consulte as estatísticas. A segunda estatística mais relevante, após a que revela predominância nacional, é a de que 64% dos Alvos que sofreram bullying perdem seus empregos simplesmente porque foram escolhidos como Alvos. Assim, uma tarefa realista é fazer planos para conseguir o próximo emprego antes mesmo de tentar salvar o atual usando nossa abordagem de três etapas. Não espere os resultados da terceira etapa. Dessa forma, se ela falhar, você terá uma estratégia em que se apoiar. Se você for transferido, ou se o agressor for transferido ou tiver o contrato rescindido, sempre é possível recusar a oferta de emprego que você obteve de outros lugares nos quais procurou trabalho.

Seu senso de justiça faz com que você hesite em procurar um novo emprego ("Eu não fiz nada de errado. Por que eu deveria ser o único a pedir transferência ou a abandonar o emprego? Faça o agressor sair!"). No entanto, você se sente poderoso quando é livre para abandonar o emprego com mínimos prejuízos financeiros e danos à saúde. Reagir ao agressor significa recuperar o controle sobre sua própria vida. O agressor tentou roubá-lo de você e agora você o está reivindicando. Quando voltar a se sentir seguro, escapando do sofrimento, você triunfará.

> **Reagir ao agressor funciona como uma forma de os Alvos recuperarem a dignidade e o autorrespeito.**

Segunda etapa: procure descansar, peça uma licença

Realize quatro tarefas importantes enquanto estiver de licença por doença ou incapacitação a curto prazo. Seu médico garantirá sua admissão no sistema de seguro de invalidez com base nos sintomas físicos observáveis causados pelo estresse no trabalho. As tarefas abaixo são mais bem executadas quando se está em casa, a uma distância segura do trabalho e de sua falta de privacidade. E a pesquisa intensiva exigida por algumas etapas requer mais tempo do que você poderia se dar ao luxo de ter se ainda estivesse trabalhando.

2a. Avalie sua saúde mental com um profissional e comece o processo de restauração para "colocar-se novamente no eixo" depois de ter sido reduzido a farrapos pela exposição prolongada ao estresse resultante do bullying. Releia o Capítulo 6 para aprender como selecionar uma pessoa com quem você possa se sentir seguro. Recupere a estabilidade emocional necessária para tomar uma decisão lúcida entre ficar e lutar ou abrir mão do emprego por causa de sua saúde. É sua humanidade que o torna vulnerável — não é um sinal de fraqueza, mas de força. O Trauma no Trabalho é assustador por definição, uma experiência fora do normal.

No futuro, talvez você queira envolver o terapeuta no seu esforço de vencer a incapacitação de longo prazo. Coloque o terapeuta em contato com seu médico logo no início do tratamento. Eles precisam pensar de forma parecida para melhor ajudá-lo.

Sua capacidade de prosseguir com as etapas de ação com alguma eficácia depende de não se deixar paralisar pelo trauma. Lembra de quando falamos sobre os estágios previsíveis da condição de Alvo? Você só poderá trabalhar nos detalhes e nas estratégias quando seu nível de funcionamento cognitivo estiver elevado. Você deve ser capaz de pensar. O trauma traz muitos obstáculos para o processamento mental coerente e sequencial.

Então, se você estiver paralisado, agora é o momento de marcar esta página para poder retornar a ela após praticar alguns exercícios de reestruturação, seja sozinho, com seus familiares e amigos ou ao lado de um terapeuta cooperativo.

2b. Verifique sua saúde física. Doenças relacionadas ao estresse raramente emitem sinais de alerta (por exemplo: hipertensão arterial, níveis de cortisol). Essa é uma tarefa de preservação da saúde. Primeiro, é importante não ignorar os indícios físicos e emocionais de que o agressor está afetando a sua saúde. Os Alvos têm o hábito de pensar que é uma demonstração de resistência não se preocupar com sintomas como insônia, ansiedade, perda de apetite, falta de concentração ou diminuição do desejo sexual, mas esses são sinais do seu corpo avisando que ele está respondendo aos agentes estressores de sua vida. Um praticante de bullying assediador é, provavelmente, o maior agente estressor que uma pessoa pode ter.

O estresse é um processo biológico. A capacidade de responder às ameaças é um remanescente de nosso legado do reino animal. Isso se dá no nível inferior e mais primitivo do cérebro. Seu corpo responde ao estresse mesmo quando você tenta enganá-lo, levando-o a pensar que nada está errado. Isso é um desserviço para a saúde. Preste atenção à reação de alarme que o seu corpo manifesta e procure ajuda médica ou psicológica (ou ambas). Não espere. Os danos corporais resultam da exposição prolongada ao estresse. O estresse mata!

Quando sua segurança e sua saúde no trabalho são ameaçadas por um tirano, você corre perigo real. A única maneira de acabar com o estresse é remover o agente estressor — o agressor que domina o seu ambiente de trabalho. Só atacando a fonte é que a dor terá fim.

Se você for solicitado por seu empregador a apresentar um relatório de seus registros médicos, saiba que você tem o direito de limitar o acesso do empregador, restringindo-o às informações relativas a consultas específicas com médicos específicos e suas prescrições referentes apenas a assuntos (diagnósticos) relacionados ao estresse no trabalho que tenham sido discutidos somente em consultas pontuais. Nunca apresente um relatório geral ilimitado a menos que tenha sido aconselhado por seu advogado. Além disso, não faça automaticamente uma solicitação de indenização de trabalhadores até que você tenha procurado aconselhamento jurídico. Alguns estados americanos proíbem ações judiciais quando se faz uma solicitação para tal indenização, motivo pelo qual o RH irá orientá-lo a fazê-la. A indenização de trabalhadores é para empregadores, não para você. Evite-a!

2c. Verifique se os seus direitos como empregado, ainda que modestos, foram violados, seja através de infrações à política interna da empresa ou a leis trabalhistas estaduais ou federais.

2c (1). Primeiro, observe as políticas internas que podem ser aplicadas no caso dos maus-tratos. Os empregadores de médio a grande portes têm políticas de prevenção de violência. O abuso verbal é quase sempre proibido por ser praticado em conjunto com temíveis ameaças de homicídio e agressões físicas. Decorridos dez anos do movimento antibullying, seu empregador pode, realmente, ter uma política destinada a coibir esse tipo de ocorrência, que estende a proteção aos trabalhadores para além da lista dos direitos civis dos membros de um grupo protegido. É preciso ler com cuidado — uma política de proteção antibullying não devia excluir nenhum funcionário. Esses tipos de políticas são raros. Nós sabemos, pois as elaboramos para organizações progressistas, as primeiras a adotá-las nos Estados Unidos e no Canadá. Evidentemente, uma política definida por escrito torna-se inútil se não for cumprida. Assim, você teria que ousar exigir do empregador sua aplicação contra um dos imbecis que eles, provavelmente, consideram indispensáveis.

Antes de dar o drástico passo de apresentar uma queixa formal contra seu empregador por conta de um outro empregado, saiba que ninguém vai acreditar em você. Por incrível que pareça, você será chamado de mentiroso, tratado como um ladrão e acusado de assediar a pessoa maravilhosa que você se atreveu a denunciar por violência psicológica. Alvos éticos e conscienciosos ficam mais traumatizados ao perceberem que tiveram a fidedignidade e a credibilidade roubadas e que seu histórico de desempenho — considerado estelar antes de o agressor virar sua vida de cabeça para baixo — foi desconsiderado.

Você, o reclamante, será injustamente rotulado de "encrenqueiro". Os empregadores são os que recebem as queixas, os investigadores, o júri, o juiz e o carrasco (tudo ao mesmo tempo). Eles comandam o processo. Todos os sistemas internos de reclamação, exceto aqueles mais extraordinariamente pró-empregados, existem para proteger o empregador.

Um exame minucioso dos sistemas internos de reclamação revela diversas suposições antiempregados. Elas incluem crenças de que:

- Os reclamantes são mentirosos e têm a intenção de denegrir a empresa para obter ganhos pessoais;
- Os reclamantes são chorões e merecem o seu destino;
- Não se pratica assédio aqui, portanto nossos gerentes não são assediadores;
- O processo dará ao empregador o poder de descobrir coisas (fatos como o seu histórico médico), privando o reclamante de poderes semelhantes (submeter o agressor a testes psicológicos é um tabu);
- Os reclamantes raramente são representados legalmente, a não ser por uma ação judicial ou através da contratação de advogados caros;
- Os empregadores têm acesso rotineiro à consultoria jurídica ou a defensores;
- Os prazos têm dois pesos e duas medidas: são inflexíveis e devem ser respeitados pelos reclamantes, mas são inexistentes no caso de o governo federal ser o empregador;
- Os agressores têm direito à liberdade de expressão, mas os Alvos não; a denúncia é considerada uma anarquia e, portanto, trata-se de algo repreensível;
- Os sistemas têm por base recursos judiciais limitados disponíveis nos tribunais, ou seja, o Título VII das violações da Lei dos Direitos Civis e nada mais;
- Os empregadores promovem perversos ataques de defesa contra os reclamantes (a defesa de que o "Alvo está maluco"), desviando a responsabilidade de responder às acusações e sancionar o praticante de bullying/agressor.

Claramente, a apresentação de uma queixa cria uma relação conflituosa entre você, o Alvo, e o empregador, espelhando a amarga relação com o praticante de bullying agressivo e destrutivo. O sistema de reclamações não é seu amigo. Encare-o com ceticismo e cautela, pois ele representa o inimigo. O RH não é seu amigo — o departamento serve à gerência, não a você. O RH e o serviço interno de antidiscriminação (o EEO) não buscam a verdade de modo imparcial.

A retaliação por conta da reclamação é quase certa. Os agressores não suportam ser expostos e, se desfrutarem de um cargo alto o suficiente, podem precipitar o fim da carreira daqueles que tentam responsabilizá-los.

Nosso conselho é reclamar imediatamente após o primeiro incidente deplorável. Se você esperar muito tempo, isso pode ser usado contra você e considerado uma evidência de que a conduta do agressor não foi tão escandalosa quanto você diz, ou que o impacto sobre sua saúde talvez não tenha sido assim tão grave.

Sugerimos que você seja sucinto. Forneça à pessoa que faz o registro da queixa apenas datas e horários, além de um relato imparcial das ações do agressor. Ficar obcecado com os detalhes só dará munição para que eles lutem contra você. Seja breve. Guarde a versão mais impactante para o momento em que você mesmo possa divulgar o caso em um ambiente que consiga dominar, ou quando for consultar um advogado. Evite dar nomes de testemunhas nesse momento para protegê-las, tanto quanto a você mesmo. Nunca faça um relato emocional sobre como os ataques do agressor ferem os seus sentimentos ou fazem você se sentir incompetente. Mais para a frente, seu médico, psicólogo ou psiquiatra poderá falar sobre os impactos em sua saúde física ou psicológica. Não se permita ficar vulnerável de forma alguma diante do adversário nas etapas iniciais de reclamação.

Quando se registra uma reclamação, o empregador não pode mais alegar que não tinha conhecimento das ações do agressor.

O empregador pode dizer que vai abrir uma "investigação". Normalmente, isso se resume a uma reunião ou a um telefonema para o agressor, que diz que nada aconteceu, acabando com a investigação. Não espere resultados positivos. Não espere que a verdade apareça. Não se surpreenda se uma ação disciplinar contra você for aberta como resultado da apresentação da queixa. Não coopere com os procedimentos do empregador, exceto para insistir em seu relato dos sistemáticos maus-tratos recebidos.

Como nos disse um Alvo do sexo feminino:

> *Denunciei um colega de trabalho depois de pelo menos quatro ataques pessoais e abusivos. Fui até o departamento pessoal e o denunciei. Fui muito bem-tratada. Obtive uma licença remunerada por dois dias para que "tudo*

pudesse ser resolvido". Eles me ligaram no segundo dia, uma terça-feira, e disseram: "Seja paciente, estamos investigando e vamos protegê-la. Aproveite o seu tempo livre; você não será descontada." Na sexta-feira, fui demitida sem nenhuma justificativa. Mesmo quando você acha que eles estão tomando conta dos negócios, eles podem estar tomando conta de VOCÊ!

Nunca assine documentos sob coação. Muitas vezes, o RH induz os Alvos a abdicarem de seus direitos de representação externa ou de ajuda médica privada e, então, impõe exames realizados por médicos, psicólogos ou psiquiatras pagos pelo empregador (e portanto tendenciosos). Insista em levar para casa todos os documentos que lhe pedem para assinar e obtenha um parecer de um advogado particular. Se o RH recusar seu pedido de tempo ou negar-se a fornecer uma cópia para análise, saiba que, se você tivesse assinado, a situação seria ainda pior. Bloqueie todas as ameaças que o representante do RH possa fazer. Saia dessa reunião anotando data, hora e as ameaças que lhe foram feitas.

Encorajamos fortemente que você passe para a *Etapa 2d* deste plano de ação, apesar das promessas que lhe são feitas sobre os resultados das investigações do empregador. Normalmente, as reclamações apresentadas ao RH não recebem a atenção da alta gerência, dos executivos do conselho de administração ou do público. O verdadeiro papel do RH é resolver os conflitos aparentes de "personalidade" nos níveis mais baixos, para não tomar o precioso tempo dos altos escalões. Agindo assim, isenta-se os superiores de qualquer responsabilização pelas más condutas no trabalho, já que eles desconhecem o que se passa. As etapas seguintes previnem a isenção de responsabilidade e formalizam as obrigações dos que ocupam os cargos mais altos.

2c(2). Em segundo lugar, verifique se as leis estaduais e federais estão sendo violadas. Se o empregador potencialmente infringiu qualquer lei, você poderá negociar uma indenização mais digna e respeitável do que se tivesse "apenas" sofrido bullying sem nenhum indício de discriminação ilegal. Utilize o processo de seleção descrito no Capítulo 6 para encontrar um advogado. Contrate-o por tempo; pague uma consulta de trinta minutos. Prepare-se com antecedência, saiba do que vai precisar para "se curar". Em outras palavras, esteja certo com relação ao que você pretende reivindicar junto ao empregador. Conte a sua história de modo sucinto. Você está pagando por uma consultoria jurídica, não para ser ouvido. Limite o papel do advogado a escrever uma carta para o empregador, ameaçando-o com uma ação judicial e transmitindo suas reivindicações — indenização por vários meses, seguro de saúde pré-pago, créditos em seu plano de aposentadoria, uma carta de recomendação positiva para o próximo emprego em uma outra empresa etc. Peça qualquer coisa e esteja pronto para negociar. Caso tenha havido discriminação, você terá uma moeda de troca — renunciar ao seu direito de resolver o litígio agora ou no futuro.

Esteja ciente de que, geralmente, os acordos de indenização incluem uma "cláusula de mordaça". Ou seja, o empregador compra o seu silêncio sobre a (muitas vezes duradoura) história de maus-tratos e degradação. Cabe a você decidir se a oferta é suficientemente atraente para que você desista de seu direito de falar sobre sua experiência. Você mesmo ou um advogado podem alterar ligeiramente a cláusula de modo que você possa contar a sua história. Revise o texto, concordando em jamais revelar os termos do acordo de separação/indenização ou o valor em dólares que lhe foi pago. Os advogados dos empregadores estão interessados, sobretudo, em sua renúncia ao direito de processar judicialmente. Com alguma facilidade, eles provavelmente não prestarão atenção nas sutilezas do acordo de voto de silêncio. Quando pedimos que indivíduos com histórias dramáticas apareçam na televisão ou conversem com um jornalista, nós nos damos conta de quantas ordens de mordaça foram assinadas por esses Alvos que sofreram bullying.

2d. Colete informações sobre o impacto econômico que o agressor causou ao empregador. Use argumentos financeiros para demonstrar que é muito caro sustentar o agressor. Primeiro, explicaremos os motivos dessa tarefa. Você a executará para assegurar que o bullying tenha um desfecho digno e definitivo. No entanto, as probabilidades estão contra você. Acabamos percebendo que o motivo mais importante para realizá-la é livrar-se da severa depressão emocional que você está sentindo. Se você se enfiar na cama agora, vai ser difícil se reerguer. Mas se você se preocupar com o detalhamento dos fatos e com a sistematização de um argumento bem embasado e não sentimental, estará fazendo dois favores a si mesmo. Suas chances de uma recuperação mais rápida, de conseguir um novo emprego e de levar adiante a sua vida serão maiores. Em segundo lugar, haverá a possibilidade de você encontrar um ouvido simpático na empresa que o ajude "a se curar".

Calcule o valor de cada uma das seguintes consequências do bullying para estimar o impacto econômico total dos agressores. *Rotatividade* — calcule os custos das áreas de recrutamento, caça-talentos e publicidade; da perda de produtividade durante o processo; da desmoralização pela falta de pessoal; do tempo que os gerentes gastarão realizando entrevistas; e da perda de tempo enquanto o novato se familiariza com o trabalho, multiplicados pelo número de pessoas perseguidas por todos os agressores identificáveis. *Absenteísmo* — número de pessoas multiplicado pelo número de licenças por motivo de saúde mental atribuíveis a agressores vezes a taxa de indenização por hora. *Perda de produtividade* — compare os números de sua unidade no período de tempo anterior à admissão do agressor e depois de ele ter entrado em cena; estime o número de clientes ou de contratos perdidos, de clientes não atendidos e da perda de oportunidades por causa da falta de pessoal provocada pelo bullying. *Custos de litígios e acordos* — investigue processos jurídicos anteriores; estime os custos jurídicos das defesas; ligue para ex-funcionários para descobrir o montante do acordo de indenização (se eles lhe disserem). Some tudo isso. Esse é o custo de se conduzir os negócios da maneira como seu empregador tem conduzido, protegendo o direito do agressor de molestar os outros e indenizando bons trabalhadores como você, que acabam sendo afastados.

Terceira etapa: exponha o bullying

O risco real foi assumido desde que você foi escolhido como Alvo. Você tem 70% de chance de perder seu emprego, contra a sua vontade ou ao optar pela saúde. Não é mais arriscado tentar eliminar o agressor. Talvez você sofra alguma retaliação, mas o que há de novo nisso? Os bons empregadores expulsam os agressores, mas a maioria deles os promove.

3a. Conclua sua argumentação *financeira*, demonstrando que o agressor é "caro demais para ser mantido". Apresente as informações coletadas (na *Etapa 2d*) para fazer com que o mais alto superior que você conseguir atingir (e não alguém do RH) tome conhecimento do impacto causado pelo agressor à organização. Obviamente, em empresas familiares ou pequenas, é impossível fazer isso (portanto, abandone o emprego assim que for escolhido como Alvo).

Comece pelo topo. Encontre alguém que não tenha relações com o agressor e que nunca tenha declarado lealdade a ele. Obviamente, o chefe estará perto demais do praticante de bullying para encarar os fatos da perspectiva que você apresentará. Você tem que encontrar alguém que esteja, pelo menos, dois níveis hierárquicos acima do agressor. Essa é a nossa "Regra de 2". Então pense grande. Escolha alguém com a reputação de ser uma pessoa justa e pouco autoritária.

3b. Ensaie sua apresentação, com duração entre 15 e 30 minutos. Esqueça que você é um empregado da empresa. Aja como um consultor imparcial. Você traz notícias sobre significativas perdas financeiras, que qualquer executivo ou proprietário que se preocupe com os negócios (ou com a prestação de serviços públicos no caso do governo) deveria querer ouvir. Prepare um relatório com apenas uma página, que sirva somente para comprovar a sua contabilidade.

Atenha-se ao ponto fundamental. Se você se perder em histórias sobre o impacto emocional provocado pelo assédio do praticante de bullying, será desconsiderado e desacreditado.

Quando seu tempo estiver chegando ao fim, ensaie uma transição, a fim de discutir resoluções para a questão. Isso prova que você é um solucionador de problemas, além do valioso colaborador de longa data que sempre foi. A última opção a ser mencionada é a rescisão do contrato do agressor, que não deve ser assim rotulado. Mas, antes disso, sugira a sua transferência, de modo a retirar as responsabilidades de supervisão das mãos do agressor, não só para proteger os trabalhadores prejudicados por ele, mas para liberá-lo para realizar novamente o trabalho pelo qual ele já foi honestamente reconhecido. O agressor deve ter sido bom em algum cargo há algum tempo. Faça com que ele retorne a esse trabalho e não deixe que ele moleste a vida dos outros novamente. Essa última estratégia é facilmente aplicável em organizações governamentais, mas é quase inconcebível em outros locais de trabalho.

Antes de fazer a apresentação, diminua suas expectativas de sucesso. Considere o fato de que procurar um novo emprego poderá representar um retrocesso em sua carreira. Decida de antemão que, independentemente do que lhe for dito, você não irá sofrer ou se surpreender. Prepare-se para ser demitido na hora. Mantenha suas percepções sob controle e você não sairá perdendo.

Antes da apresentação, esclareça para si mesmo quais reivindicações poderão restaurar sua saúde e segurança. Lembre-se de que sua segurança é primordial. Discorde do retorno à mesma função sob o comando do mesmo supervisor, não importando quantas promessas de mudanças lhe sejam feitas. Enquanto o agressor tiver acesso a você, você não estará seguro.

3c. Faça a sua apresentação. Ofereça ao executivo a chance de adotar uma ou mais das soluções apresentadas. Se ele ficar ao lado do agressor por questões de amizade ("Ele tem uma ótima conversa, costumamos almoçar juntos") ou justificar os maus-tratos ("Você tem que entender que esse é apenas o jeito dele"), você precisará deixar esse emprego para o bem da sua saúde. No entanto, alguns empregadores estão à procura de motivos para banir os problemáticos agressores. Você é o consultor interno com as informações necessárias. Ajude os bons empregadores a demitir os imbecis!

3d. Certo, a apresentação foi brilhante. Mas o executivo defendeu o agressor e você foi expulso. Não há surpresa nisso. A chave para o seu futuro é que você controlou o modo através do qual deixou aquele ambiente. Você trouxe uma nova luz para a sombria situação e informou ao empregador que as irregularidades cometidas eram totalmente evitáveis e injustificadas. Você devolveu a responsabilidade a quem, de fato, deveria tê-la assumido — a gerência executiva ou sênior, ou o proprietário, que permitiram a continuidade do bullying e nada fizeram. Se eles optaram por não deter o bullying, essa é uma escolha deles. Mas você não é nenhum estúpido e tampouco um mártir. Você não se sujeitará mais a tanta indignidade e falta de sensatez. Abandone o emprego com a cabeça erguida. Conte a todos sobre as mesquinharias do tirano, pelo bem de sua saúde. Você não tem por que se envergonhar, afinal só estava realizando as tarefas das quais, um dia, tanto gostou. Agora chegou a hora de se sentir seguro e de se curar.

Capítulo Dezoito:

Enfrentando o futuro

Decidi que é melhor bradar [...] o último vestígio de dignidade humana. É a maneira que um homem tem de deixar rastro. [...] Ele afirma seu direito de viver, envia uma mensagem para o mundo exterior, solicitando ajuda e apelando à resistência. [...] O silêncio é o verdadeiro crime contra a humanidade.
— Nadezhda Mandelstam

Terminamos o livro no ponto em que a maioria dos Alvos começa: com a pergunta "Devo ficar ou ir embora?".

Só você sabe a resposta. Só você pode entender como a qualidade de seu trabalho e de sua vida pessoal foram negativamente afetadas como resultado do bullying.

Você não será condecorado se "continuar lá". Para você, a tenacidade pode ser um desses padrões pessoais inatingíveis contra os quais você vive se debatendo.

Sugerimos que você faça uma análise dos custos e dos benefícios em uma planilha com duas colunas. Reveja os resultados da Avaliação de Impacto do Capítulo 9. Deixe essa informação fazer parte de suas reflexões antes de tomar a decisão. Afastar-se de um emprego é uma decisão particular, a ser tomada somente por você e seu companheiro de vida. Faça você mesmo as ponderações necessárias.

Sacrificar a saúde e a sanidade por causa de um contracheque? Simplesmente não faz sentido!

Na verdade, treinamos as pessoas o mais longa e arduamente possível para fazer com que elas salvem seus empregos. No entanto, o beijo da morte para potenciais opositores dos praticantes de bullying se dá quando o agressor conta com o apoio até mesmo dos níveis mais altos da organização. Alvos que enfrentam uma oposição tão unânime assim não têm nenhuma chance. Se não conseguir encontrar nenhum aliado acima do agressor, você nunca vai ser capaz de exercer pressão suficiente sobre ele de modo a interromper o bullying.

Se o seu local de trabalho for uma loja de conveniências e o agressor for um colega de trabalho, mas alguém que o proprietário contratou, prepare o seu currículo e pegue a estrada.

No entanto, se você decidir ficar, e se estiver trabalhando em uma grande organização, merece e deve seguir tantas etapas de ação quanto puder.

Os Alvos subestimam seriamente as consequências à saúde. A natureza cumulativa do bullying, combinada com a tendência de protelar a consulta a um médico ou de, por vergonha, não revelar nada aos outros, enfraquece o indivíduo, resultando em uma deterioração quase imperceptível. No entanto, a pressão já pode ter começado a causar problemas cardiovasculares e gastrointestinais, alguns dos quais podem ser irreversíveis. Faça com que a sua saúde seja o fator mais importante e mais significativo no processo de tomada de decisão.

O grande conflito dos Alvos é querer abandonar o emprego, de modo a preservar a sanidade, e querer ficar, para não parecer uma pessoa que põe o rabo entre as pernas e sai correndo. Confie em nós, você pode controlar a história do afastamento do emprego se não se contentar com um desligamento silencioso. Afastar-se com dignidade parece acelerar o processo de cicatrização.

Vamos supor que você decidiu se afastar. Você pode deixar o emprego da maneira que seu empregador quer, ou pode tentar o método que sugerimos.

Um desligamento silencioso

Milhares de consultores trabalhistas tradicionais podem aconselhá-lo a se afastar do emprego de uma forma elegante. Eles podem lhe dizer como fazer a transição para o próximo emprego sem incomodar ninguém. Resumindo, esta é a abordagem deles: não feche as portas; bajule o chefe agressor para que ele não o difame (será que eles não sabem que ele fará isso de qualquer maneira?); nunca se refira de forma negativa (o que, segundo pensamos, significa evitar a verdade) à tumultuada saída desse emprego quando for entrevistado para a próxima colocação; sorria e deposite o seu futuro nas mãos daqueles que têm arruinado a sua vida até agora.

Aceitar a humilhação infligida pelo tirano, pelo RH e pela gerência, culminando com o "desfile de despedida" ou com "a corda no pescoço", essencialmente deixando o emprego com o "rabo entre as pernas", põe em risco a sua capacidade de seguir adiante com sua vida, de começar de novo em outro lugar. As circunstâncias em que você se afasta do trabalho parecem determinar o tempo necessário para se curar completamente e ser capaz de funcionar perfeitamente em outro emprego. Quando você exerce algum controle sobre as circunstâncias, os danos são minimizados. Quando o agressor e o empregador definem a pauta, os Alvos ficam meses imaginando sobre o que poderia ou deveria ter sido feito de forma diferente.

Um afastamento alternativo

Aqui estão presentes a astúcia, o cinismo e a paranoia. Mas foi o agressor quem, em primeiro lugar, o empurrou para essa confusão. Nunca se esqueça disso. É claro que achamos que o melhor que você tem a fazer é seguir o nosso plano de ação de três etapas, descrito com detalhes no capítulo anterior. Mas eis aqui algumas reflexões adicionais em relação à transição desse emprego para o próximo.

1. Providencie referências positivas e uma carta de recomendação

Peça uma referência positiva a colegas, a aliados que ocupem posições superiores e a clientes que vão atestar que o seu nível de desempenho foi impecável. Você precisará de pessoas que confirmem suas qualificações e sua competência. Alguns empregadores insistirão em conversar com seu ex-supervisor (muitas vezes, o praticante de bullying), independentemente da brilhante lista de referências que você apresentar. Se esse próximo empregador lhe parecer mais interessado em saber sobre sua capacidade de subordinação e sua vontade de vender a alma para um tirano, você gostaria de trabalhar lá? Escolha com cuidado o lugar em que irá trabalhar. Fique bastante atento.

Escreva sua própria carta de recomendação e faça com que o empregador a assine antes de você se desligar do emprego. Mesmo que o odeiem, talvez eles tenham tanto medo de algum confronto que você conseguirá convencê-los a assinar. Além disso, é uma forma de equilibrar a prática da empresa de fazê-lo assinar formulários contra a sua vontade (informando, por exemplo, que você se afastou voluntariamente, a fim de excluí-lo de benefícios como o seguro-desemprego). E você poderá ameaçá-los com uma ação judicial se eles renegarem o conteúdo da carta ou se preferirem mencionar qualquer outro fato que não se resuma às datas de admissão e de desligamento, se e quando contactados. Se concordarem com a carta, você pode ignorar a sugestão seguinte. Contrate um serviço de verificação de referências para atestar a fidedignidade. Confira, no site do WBI, os links das empresas que recomendamos.

Avise ao agressor e a todos os que o apoiam, incluindo o RH, que eles devem fornecer ao próximo empregador somente as datas de admissão e desligamento; caso contrário, enfrentarão uma ação judicial. Use a linguagem jurídica sobre difamação.

2. Conheça a lei sobre difamação de caráter

Instigue o agressor a difamá-lo perante os outros. Registre essas difamações (a maioria dos agressores, de fato, se orgulha da campanha de difamação que lançou contra você).

David Hurd, advogado e autor de *California Employee Survival Handbook*, afirma que é ilegal um empregador fazer "deturpações que impeçam ou tentem impedir que um ex-funcionário consiga um novo emprego. [...] Uma deturpação pode significar qualquer ato, sugestão ou inferência que leve o ouvinte a acreditar em alguma coisa falsa ou enganosa; [...] [até mesmo] gestos, tom de voz ou o levantar de uma sobrancelha poderiam ser qualificados como deturpação ilegal". As provas podem ser fornecidas por uma conceituada empresa de verificação de referências.

De acordo com Hurd, se um empregador "revela para outra pessoa ou para outro empregador o motivo ou os motivos da dispensa de um empregado ou a razão pela qual ele se afastou do trabalho, esse empregador está cometendo um crime. [...] O antigo empregador só está autorizado a revelar as verdadeiras razões para a dispensa ou para o afastamento voluntário do empregado se isso lhe for específica e espontaneamente questionado".

Pelo fato de as advertências não conseguirem deter os mentirosos e covardes, considere recorrer a um serviço de verificação de referências pró-empregados (as empresas que recomendamos aparecem na lista de links no site do WBI). A empresa ligará para seu ex-empregador para verificar suas referências. Considerando-se que ela está trabalhando para você por uma taxa modesta, transcreverá exatamente o que for dito. As afirmações difamatórias fornecem munição para que os advogados exijam o quinhão que lhe cabe pela perpetuação do bullying, mesmo após o seu afastamento. A utilização desse serviço não deterá os agressores, mas talvez o ajude a conseguir um acordo razoável, de modo a amortecer o impacto econômico de ser "construtivamente demitido" do emprego do qual, um dia, você gostou.

3. Se o empregador insistir em uma "entrevista de desligamento", apresente ou envie uma carta do seu advogado

Você está saindo do emprego. Então é você quem controla a pauta da reunião, pelo menos dessa vez. Esteja preparado para táticas semelhantes às da Gestapo. Apresente ao empregador uma carta do advogado que o representa (pague por apenas uma hora) e exija um comprovante de recebimento. A carta adverte que as pessoas ali listadas, como indivíduos e como representantes do empregador responsável pelos maus-tratos que você sofreu, serão consideradas responsáveis pela divulgação a futuros empregadores de quaisquer informações proibidas por lei a respeito de sua passagem por aquela empresa.

4. A pior das hipóteses — uma contestação de sua versão do trágico bullying na entrevista do próximo emprego

Empregadores potenciais mostram-se sempre desesperados para conversar com seu ex-empregador. Convença-os a não fazer isso. Diga-lhes que havia conflitos e que, provavelmente, eles não obterão notícias positivas por parte do agressor. Se você então revelar-lhes a forma como espera ser caluniado, estará "autopromovendo" a aguardada difamação. De acordo com Hurd, essa afirmação seria admissível nos tribunais para mostrar que você tem sido difamado justamente por revelar as falsas declarações feitas a seu respeito pelo ex-empregador. Direcione a atenção dos empregadores para os comentários positivos que você recebeu. Enfatize as suas próprias aptidões. Elogie os empregadores por sua reputação humana e progressista e pela preocupação com os funcionários, se eles apreciarem essa reputação.

5. Analise o histórico de incidentes de bullying e a resposta do empregador; considere uma ação judicial contra a empresa

Analise o histórico e a sua memória para identificar invasões potenciais de sua privacidade enquanto esteve trabalhando naquele emprego. Não há direito explícito à privacidade. Os tribunais sempre questionam se a pessoa observada ou gravada tinha a "expectativa legítima" de privacidade.

No local de trabalho você poderia supor que a propriedade do empregador fosse considerada pública (exceto no caso das cabines dos toaletes e, mesmo assim, parece haver alguma dúvida a esse respeito).

Proponha uma ação judicial ou apresente uma reclamação ao EEOC, caso aplicável. Assim que as queixas forem registradas, seu afastamento será iminente. A regra geral para aqueles que se atrevem a reclamar é o recebimento de uma retaliação rápida, severa e duradoura. Se você, como membro de um "grupo protegido" sob o Título VII da Lei dos Direitos Civis, teve os seus direitos violados, ligue para o EEOC do governo federal para obter uma consulta gratuita e a determinação provisória de sua condição.

Se o seu caso não se aplicar ao Título VII, consulte um advogado demandante ou preocupado com os direitos trabalhistas. Talvez algumas leis "enviesadas" possam ser aplicadas — por exemplo, imposição intencional de sofrimento emocional (ver IIED, no Capítulo 20), demissão construtiva, difamação, rescisão desleal, quebra de contrato, indiferença e desrespeito, negligência do empregador. Não somos advogados, portanto procure um aconselhamento jurídico sobre as várias alternativas. Agora que você está afastado do emprego, uma ação judicial teria o poder de representar um incômodo para o ex-empregador, de modo que ele saiba que mexeu com a pessoa errada. A justiça se concretizou no dia em que você escapou das mãos do carrasco. As ações judiciais podem tornar públicas as táticas sujas que ele tentou colocar em prática a portas fechadas. Não espere enriquecer apenas pelo fato de ter aberto um processo. Também considere como o seu atual empregador se sente, sabendo que alguém de sua equipe está processando um ex-chefe. Você deve esperar por alguma retaliação.

De fato, essas medidas parecem pesadas, mas também não foi pesada a conspiração tramada pelo empregador e pelo agressor contra você? Trata-se de uma alternativa para o desligamento silencioso. É hora de viver a vida altamente recompensadora que você estava tendo antes do indesejado agressor vitimá-lo temporariamente.

O trabalho não deve causar sofrimento!

Seção Quatro

....

Responsabilizando os empregadores

Capítulo Dezenove:

O mundo declara guerra ao bullying

Nas sociedades do nosso mundo ocidental altamente industrializado, o local de trabalho é o último campo de batalha em que uma pessoa pode "matar" a outra sem nenhum risco de ser processada nos tribunais.
— Heinz Leymann, M.D.

O bullying é um fenômeno amplamente disseminado nos Estados Unidos, mas certamente não se limita às suas fronteiras. Na verdade, quando se trata de reconhecer os efeitos destrutivos do bullying no local de trabalho, a América poderia observar o que está se passando no resto do mundo. Somos a última das democracias ocidentais a democratizar o local de trabalho. Podemos pensar que somos excepcionais, mas os registros sugerem o contrário.

Origens internacionais do movimento antibullying

O pioneiro europeu

Heinz Leymann tratou vítimas suecas de "assédio moral" no local de trabalho na clínica RehabCenter, em Violen, voltada para indivíduos traumatizados no trabalho. Ele defendeu o equivalente a dois doutorados (M.D. e Ph.D.), que o habilitaram não apenas a trabalhar na cura das vítimas, mas também na condução de pesquisas. Suas publicações científicas sobre o tema começaram na década de 1990. A pesquisa foi financiada pelo governo federal, interessado em compreender os estressores psicossociais e seu impacto sobre os trabalhadores.

Ele definiu "assédio moral", seu termo para o bullying no local de trabalho, como:

> O terror psicológico ou assédio moral no mundo do trabalho compreende comunicação hostil e antiética produzida de forma sistemática por um ou mais indivíduos, geralmente em direção a uma única pessoa, que, em virtude do assédio moral, é colocada em uma posição impotente e indefesa, assim permanecendo com o prosseguimento das atividades de assédio moral. Tais ações ocorrem com uma frequência muito alta (dados estatísticos: pelo menos uma vez por semana) e durante um longo período de tempo (dados estatísticos: duração mínima de seis meses). Em função da alta frequência e da longa duração do comportamento hostil, esses maus-tratos resultam em um considerável sofrimento mental, psicossomático e social.

Observe que o Dr. Leymann concentrou-se no impacto à saúde do Alvo. Ele afirma que o grau de PTSD (transtorno do estresse pós-traumático) sofrido pelas vítimas de assédio moral é mais intenso e duradouro que o de operadores de trem que testemunharam pessoas se suicidando ao pular sobre os trilhos.

Leymann preocupou-se com a série de consequências médicas do estresse provocado pelo bullying em vez de classificar os tipos de personalidade dos Alvos ou a reengenharia das organizações.

Leymann também afirmou que as chances de cura do trauma agudo do bullying serão menores se o indivíduo enfrentar ameaças contínuas. Enquanto o autor do crime permanecer impune, ou a vítima não receber um apoio eficaz, ela pode se abalar novamente a qualquer momento.

O trauma é agravado por fatores como: perda de rendimentos; separações devidas ao mal-estar no casamento; conselheiros do Programa de Assistência aos Empregados (EAP, na sigla em inglês), que oferecem orientação em pró-gerenciamento; departamentos pessoais pouco cooperativos; gerentes insensíveis; colegas de trabalho que se recusam a cooperar; administradores sindicais incrédulos; clínicos gerais; a postura da seguradora da empresa; agências estatais de incapacitação; advogados e tribunais, caso sejam buscadas medidas legais.

Leymann morreu de câncer na primavera de 1999.

No Reino Unido

A jornalista britânica Andrea Adams cunhou a expressão "bullying no local de trabalho" com base em sua pesquisa sobre os maus-tratos aos funcionários de um banco, realizada em 1988. Ela fez uma matéria sobre o bullying para a rádio BBC e, em 1992, escreveu o primeiro livro do Reino Unido (*Bullying at Work: How to Confront and Overcome It*) sobre como enfrentar e superar o bullying. Ela também morreu muito jovem.

No Reino Unido, os sindicatos assumiram a liderança depois da morte de Adams, ao lado da organização sem fins lucrativos Andrea Adams Trust. São eles que providenciam campanhas nacionais de conscientização, linhas de telefone para denunciar empregadores que promovem maus-tratos, além de apoio. Existem vários pioneiros e ativistas específicos que também contribuem muito para o movimento público, como Andrew Ellis (que hospeda o site de informações jurídicas www.workplacebullying.co.uk) e o falecido Tim Field.

Entre os pesquisadores acadêmicos do Reino Unido estão Charlotte Rayner, Ph.D.; Helge Hoel, Ph.D.; Duncan Lewis, Ph.D.; e o australiano Michael Sheehan, Ph.D.; todos os quais cruciais na fundação da The International Association on Bullying and Harassment in the Workplace [Associação Internacional sobre Bullying e Assédio no Local de Trabalho], em 2008 (detalhes sobre esse novo grupo, que reúne pesquisadores e médicos, podem ser encontrados no site do WBI).

Na Austrália

Em 1994, quatro australianos — dois professores de escolas de administração, um psiquiatra e um psicólogo escolar — convocaram a primeira conferência do país sobre bullying. Os quatro fundadores da Beyond Bullying Association concluíram que o bullying era um grande problema nas escolas, lares e locais de trabalho. A BBA trabalha elaborando códigos de conduta para escolas, prisões e ambientes de trabalho e desenvolvendo diretrizes para leis que protejam os indivíduos do assédio. Michael Sheehan, Ph.D., é um dos fundadores.

Na África do Sul

A Dra. Susan Steinman, coautora do livro *Hyenas at Work*, lançado em 1997, criou a Work Trauma Foundation. Em seu país, ela se tornou uma especialista no tratamento da violência no local de trabalho, focando principalmente no setor de serviços de saúde.

Na França

A psiquiatra Marie-France Hirigoyen lançou o movimento nacional em 1998 com a publicação de seu livro *Stalking the Soul*, que vendeu 500 mil cópias em sua língua nativa antes de ser traduzido para o inglês. Ela escreve sobre a "perversidade", a crueldade, do bullying. Em 2002, já havia uma lei nacional antibullying na França.

Na Nova Zelândia

O movimento foi liderado pela californiana Andrea Needham. Seu livro *Workplace Bullying: The Costly Business Secret* foi publicado em 2003. Ela não apenas é uma corajosa pioneira e defensora de medidas antibullying, mas também uma sobrevivente de um transplante duplo de pulmão.

Na Irlanda

Em 1999, uma força-tarefa sobre a prevenção do bullying no local de trabalho foi instituída pelo ministro do Trabalho. Em 2001, foi realizado o primeiro levantamento nacional. O grupo consultivo de peritos sobre bullying no local de trabalho divulgou seu relatório e suas recomendações em 2004, seguidos, em 2005, pela alteração do Ato de Segurança Nacional, Saúde e Bem-Estar, sugerindo que os empregadores criassem políticas explícitas antibullying, uma vez que o bullying no ambiente de trabalho era um problema da sociedade. De acordo com a segunda pesquisa nacional, realizada em 2007, refletindo uma predominância de 7,9%, nove em cada dez órgãos da administração pública e três quartos dos que trabalhavam na educação tinham uma política similar.

Na Finlândia

Katri Kytöpuu nos fala de uma associação finlandesa que apoia Alvos de bullying, tanto na escola como em locais de trabalho. Na Finlândia, usa-se o termo "bullying" para descrever os maus-tratos na escola e o termo "violência psicológica" para descrever o terrorismo no ambiente profissional. Embora seja um país vizinho à Suécia, a expressão "assédio moral" não é tão comum na Finlândia, ainda que a maioria das pesquisas lá realizadas se baseie no trabalho de Leymann.

Na Itália

Harald Ege, Ph.D., com experiência em Psicologia do Trabalho e Organizacional, é o presidente da PRIMA, a primeira associação italiana contra assédio moral e estresse psicossocial. Organização sem fins lucrativos, fundada em janeiro de 1996 em Bolonha, Itália, ela foi a primeira na área do Mediterrâneo a falar sobre assédio moral. Ege escreveu vários livros em italiano sobre o tema.

Na Alemanha

A Associação KLIMA foi fundada em 1998, em Hamburgo, Alemanha, para ajudar as vítimas de assédio moral, fornecer aconselhamento e evitar tais práticas nas empresas, no estado e na sociedade. A KLIMA opera independentemente de quaisquer organizações de empregadores ou empregados, ou grupos étnicos, políticos ou religiosos. Seus membros são escolhidos por um conselho diretivo e consultivo. Seu contato principal é o Dr. Alfred Fleissner.

Leis internacionais contra o bullying

Cada vez mais, o bullying no trabalho está sendo visto como uma questão importante em toda a Europa. Os países escandinavos em particular têm reconhecido o bullying como um problema do ambiente de trabalho ou uma questão de saúde e segurança, e introduziram medidas para evitá-lo.

Na Suécia, uma portaria com medidas contra a vitimização no trabalho entrou em vigor em março de 1994, tornando-se a primeira lei do mundo contra o que chamamos de bullying no local de trabalho. Ela define a vitimização como "ações repreensíveis ou claramente negativas, dirigidas especificamente contra empregados, de maneira recorrente e ofensiva, podendo resultar na saída desses profissionais da comunidade de trabalho".

A portaria deixa claro que essa definição abarca o bullying contra adultos, a violência mental, a rejeição social, o assédio e as sanções administrativas ofensivas. A portaria exige que os empregadores:

- Planejem e organizem o trabalho, de modo a impedir a vitimização;
- Deixem claro que a vitimização não pode ser aceita;
- Elaborem programas para a detecção precoce e a eliminação de tais condições insatisfatórias de trabalho, assim como de problemas de organização do trabalho ou de deficiências de cooperação que possam facilitar a vitimização;
- Implementem contramedidas imediatamente caso os sinais de vitimização se tornem aparentes, incluindo a investigação sobre a forma como o trabalho está organizado;
- Tenham programas especiais para prestar ajuda rápida e apoio aos empregados sujeitos à vitimização.

A legislação sueca deixa claro que o bullying é um problema organizacional e que os empregadores têm o dever de organizar o trabalho e o ambiente em que ele ocorre de modo a não proporcionar o tipo de clima em que o bullying costuma ocorrer.

Na Grã-Bretanha

As leis do Reino Unido que proíbem indiretamente o bullying fazem referência aos códigos de Saúde e Segurança ou de Direito Trabalhista.

Os empregadores têm obrigações gerais de proteger a saúde dos trabalhadores e de consultar os representantes de segurança em relação a questões de saúde e segurança. Além disso, cada empregador tem o dever legal de fazer uma avaliação adequada e suficiente dos riscos à saúde e à segurança de seus funcionários associados ao trabalho.

Embora não se afirme isso explicitamente, a obrigação do empregador de proteger a saúde dos trabalhadores deve ser compreendida como relacionada à saúde física e mental, e os riscos deveriam ser avaliados pelo empregador em ambos os casos.

A britânica Health and Safety Executive (HSE) publicou diretrizes para que os empregadores previnam o estresse no trabalho, deixando claro que o bullying pode ser uma causa de estresse e que as medidas preventivas devem incluir ações para eliminar o bullying onde quer que ele exista.

De acordo com as leis de responsabilidade civil do Reino Unido, os empregadores também têm a obrigação geral de cuidar de seus empregados. A vítima pode exigir uma indenização por danos caso se sinta prejudicada.

Em determinadas circunstâncias, aquelas em que o bullying provoca uma violação fundamental do contrato de trabalho e é suficientemente grave para que esse seja rescindido sem aviso prévio, o empregado pode apresentar uma queixa de demissão construtiva. As cláusulas contratuais podem ser expressas por escrito — como nos acordos de trabalho — ou de forma implícita. Exemplos típicos de cláusulas contratuais implícitas seriam a "confiança mútua" ou o dever jurídico de "oferecer um sistema seguro de trabalho". Os empregados podem levar suas reivindicações aos tribunais do trabalho.

As disposições finais da *Lei de Proteção contra Assédio*, promulgada em 2001, definem como conduta de assédio molestar uma pessoa ou causar-lhe angústia em pelo menos duas ocasiões. Por "conduta" entende-se também o que é dito. Sob o amparo dessa lei, provocar o medo da violência nas pessoas também é uma atitude passível de ação judicial.

Às vezes, o judiciário inglês pode ser abrangente e imaginativo quando se trata de interpretar uma lei. Por exemplo, se um gerente específico ou uma empresa forem considerados responsáveis por causar dano psicológico (alguma doença psiquiátrica reconhecida, como o PTSD, por exemplo), os maus-tratos podem constituir Dano Físico Real (a violação da *Lei de Ofensas contra as Pessoas*, punível com até cinco anos de prisão) ou Lesões Corporais Graves, se cometidos com dolo. O último delito qualifica o agressor a uma sentença de prisão perpétua, raramente aplicada.

Em agosto de 2006, Helen Green, ex-funcionária do escritório londrino da Deutsche Bank Group Services (UK) Ltd., foi indenizada em US$ 1,5 milhão em um julgamento por perdas e danos e redução de rendimentos, passados e futuros. Trata-se um caso de bullying, em que a equipe jurídica invocou a *Lei de Proteção contra Assédio*. Ela alegou ter sido submetida a "palavras e comportamentos ofensivos, abusivos, intimidadores, difamatórios, agressivos, humilhantes, arrogantes, pueris e insultantes", incluindo comentários grosseiros e obscenos de seus ex-colegas e um aumento em sua carga de trabalho para níveis irracionais e arbitrários. O juiz Robert Owen decidiu que a instituição bancária internacional perpetrou uma "campanha implacável de comportamento vil e maldoso, planejada para causar-lhe angústia".

Na Austrália

O governo de Queensland publicou o "Guia do Empregador sobre o Bullying no Local de Trabalho", que resume o status das leis estaduais relacionadas ao bullying.

O bullying no local de trabalho é definido como "o tratamento menos favorável e repetido de uma pessoa em relação a outra (ou outras) no local de trabalho, que pode ser considerado uma prática de trabalho não razoável e inadequada". Inclui comportamentos que intimidam, ofendem, difamam ou humilham um trabalhador, possivelmente diante de colegas de trabalho, clientes ou consumidores.

Obrigações do empregador — sob o direito comum, o empregador tem o dever de proteger os trabalhadores contra o bullying no local de trabalho. Esse dever existe:

- Em relação a um delito, por exemplo, negligência — falha em fornecer um ambiente de trabalho seguro;
- Como um termo implícito no contrato de trabalho que estabelece que o empregador não pode, sem motivo razoável, destruir ou danificar seriamente a relação de confiança entre ele e o trabalhador.

Os empregadores que não tomam precauções adequadas para proteger os trabalhadores contra o bullying no ambiente de trabalho podem ser responsabilizados por quaisquer danos físicos e psicológicos sofridos pela vítima. Casos recentes no direito comum estão estabelecendo precedentes para que o bullying no ambiente de trabalho seja tratado no âmbito das reivindicações com relação a ferimentos pessoais.

O *The Public Sector Ethics Act 1994* estabelece cinco "obrigações de ética", incluindo o "respeito pelas pessoas". Essas obrigações são destinadas a fornecer a base para os códigos de conduta para funcionários públicos, a serem desenvolvidos pelos departamentos governamentais e outras entidades do setor público.

O *WorkCover Queensland Act 1996* permite que um trabalhador apresente um pedido de indenização de trabalhadores se uma lesão ou doença tiver sido provocada como resultado do bullying no local de trabalho.

O *Workplace Relations Act 1997* autoriza o trabalhador a fazer uma solicitação às provisões do WRA destinadas à dispensa sem justa causa quando ele é dispensado ou forçado a demitir-se como resultado do bullying no local de trabalho.

O estado da Austrália do Sul aprovou em 2005 uma das leis antibullying mais severas — a *SafeWork SA Amendment,* para o *Occupational Health, Safety and Welfare Act.* Para os efeitos dessa seção, o bullying é um comportamento: a) que é direcionado para um empregado ou um grupo de funcionários, de forma repetida e sistemática, e que uma pessoa razoável, levando em conta todas as circunstâncias, definiria como destinado a vitimizar, humilhar, prejudicar ou ameaçar o funcionário ou os funcionários a quem o comportamento é dirigido; e b) que cria um risco à saúde ou à segurança. Secretarias estaduais de governo e organizações privadas podem agora ser processadas e multadas em até US$ 100.000 por falta de "gerenciamento adequado" do comportamento de bullying, que viola o seu dever de cuidado, incluindo não ter sistemas eficientes disponíveis para parar o bullying no trabalho.

Na França

Em 2002, os franceses introduziram a lei de modernização social para abordar diretamente o bullying. O assédio moral (bullying) é definido como "a implementação perversa do poder [...], um meio de subjugação e perseguição do outro, questionando os seus direitos fundamentais ao respeito que lhe é devido. [...] As consequências [...] podem ser prejudiciais para o bom funcionamento da empresa: desorganização da produção, tanto quantitativa quanto qualitativa, e efeitos financeiros".

A lei francesa trata os empregados do setor público de forma diferente. Existem duas jurisdições: uma para os funcionários públicos e uma para empregados do setor privado. O último grupo, quando sofre bullying, pode solicitar a mediação oportuna, ser representado nos tribunais pelos sindicatos, além de estar protegido com relação a retaliações financeiras ou de outro tipo, e a lei transfere para o acusado o ônus de provar que a má conduta não era bullying. Os funcionários públicos estão sujeitos a ter até metade de sua renda anual cortada por retaliação arbitrária do supervisor ao reclamarem sob a nova lei.

No Canadá

O Canadá compartilha com o Reino Unido e a Austrália a noção da existência de um dever implícito de cuidado dos empregadores para com seus empregados. Parte do contrato de trabalho implícito exige que o empregador trate o funcionário com civilidade, respeito e dignidade. Ações de demissão construtiva com base no comportamento de bullying representam uma violação do contrato implícito.

No entanto, a grande novidade é que a primeira lei norte-americana antibullying foi aprovada em Quebec. Lá os trabalhadores têm o direito de se verem livres do "assédio psicológico".

A província de Quebec aprovou um novo *Labour Standards Act*, efetivado em junho de 2004, dando aos trabalhadores várias proteções adicionais. Equilibrando a boa notícia sobre o progresso legal está a lamentável falta de precisão na linguagem da lei, problema que os praticantes ofensivos de bullying podem ser capazes de explorar para se defenderem.

A lei protege os trabalhadores contra "qualquer comportamento vexatório, sob a forma de condutas, ações ou gestos repetidos e hostis, ou não desejados, que afetem a dignidade ou a integridade física ou psicológica de um empregado". Existe um processo de resolução de conflitos que exige, primeiro, a mediação entre as partes. Após o período inicial, em que 4.000 denúncias foram recebidas, apenas três casos chegaram à fase final de adjudicação. Como concluiu Angelo Soares, especialista na lei provincial e professor da Universidade de Quebec, em Montreal, em conferências nas quais relatou os progressos da lei, o aspecto mais influente da medida é o fato de que a província declarou a inaceitabilidade do bullying *em princípio*.

Em Saskatchewan, o provincial *Occupational Health and Safety Act*, efetivado em outubro de 2007, foi alterado para incluir o assédio como um perigo para a saúde ao qual os trabalhadores não podem ser submetidos. O assédio é definido como:

> *Qualquer conduta inadequada, comentário, exibição, ação ou gesto de uma pessoa que é baseado em status/motivos de assédio ilegal (raça, credo, cor, religião, gênero, orientação sexual, estado civil, situação familiar, deficiência, tamanho físico ou peso, idade, nacionalidade, ascendência ou lugar de origem) ou que prejudique o bem-estar psicológico ou físico do trabalhador e que a pessoa sabe ou deveria razoavelmente saber que pode causar a humilhação ou a intimidação desse trabalhador, constituindo uma ameaça à sua saúde ou à sua segurança.*

Em outras palavras, trata-se dos prejuízos para a saúde provocados por ações de assédio que definimos, no WBI, como bullying.

Capítulo Vinte:

A América acorda

Algum caminho deve ser construído, através do qual empregador e empregado, com cada um reconhecendo a esfera própria do outro, serão ambos livres para trabalhar para seu próprio bem e para o bem comum, e os poderes do empregado individual serão desenvolvidos ao máximo.
— Juiz Louis Brandeis

Os Estados Unidos estão muito atrás do resto do mundo no reconhecimento do bullying no local de trabalho. O padrão internacional do movimento aponta como primeiros agentes os pioneiros sociais, um livro importante, os pesquisadores acadêmicos ou alguma combinação de todos esses. Os legisladores normalmente os seguem.

Os legisladores são persuadidos a agir sobre o dilema social com base em estatísticas convincentes, juntamente com histórias muito vivas e empíricas de Alvos que sofreram bullying e que testemunham em audiências legislativas.

O movimento antibullying americano começou em meados de 1997 informalmente e, oficialmente, em janeiro de 1998. Muito progresso foi alcançado. Mas trata-se de uma batalha difícil quando é caracterizada como uma medida "antiempregador" em vez de obter sua legítima designação — um movimento em prol da liberdade dos maus-tratos abusivos no trabalho.

Pioneiros acadêmicos nos EUA

Tradições dentro das escolas de negócios promovem naturalmente a gestão como uma profissão. É preciso ser uma pessoa ousada para declarar que os fenômenos relacionados ao bullying são sua especialidade de pesquisa. O estudo da violência ilegal e do assédio sexual/racial é um tema mais seguro para os acadêmicos. A maioria se aproxima da área de modo tímido, utilizando-se de rótulos eufemistas. Nossos heróis são os que têm a coragem de chamar tais ações de bullying.

David Yamada, JD, professor da Suffolk University Law School, em Boston, é o principal reformador dentro da comunidade educativa legal. Seu trabalho está no centro do movimento dos EUA e será tratado em detalhes mais adiante neste capítulo.

A emergente e mais prolífica pesquisadora acadêmica comportamental americana é Pamela Lutgen-Sandvik, Ph.D., da Universidade do Novo México. Como uma profissional de meia-idade com pós-doutorado, ela traz experiências de trabalho reais para seus estudos, que abrangem metodologias como os de poucos outros pesquisadores. Ela baseia-se em questionários com papel e lápis, pesquisas online, entrevistas intensivas, estudos de caso e inovadoras técnicas projetivas. Além disso, a pesquisadora explora todos os aspectos das experiências dos Alvos, da frequência do bullying até os estágios de reparação emocional que devem ser realizados antes e depois de tal agressão invadir suas vidas. Na reunião bienal de pesquisadores do bullying no local de trabalho realizada em 2008, a Dra. Lutgen-Sandvik foi escolhida como a única representante dos EUA a integrar a primeira administração do Board of the International Association on Bullying and Harassment in the Workplace. Visite o site do WBI para ler vários dos estudos da Dra. Lutgen-Sandvik.

Judith Richman, Ph.D., e Kathleen Rospenda, Ph.D., da Universidade de Illinois, em Chicago, estudam o papel desempenhado pelo abuso de substâncias como uma estratégia ineficaz de enfrentamento para aqueles assediados no trabalho. Elas realizaram um estudo comparando os efeitos sobre a saúde mental do assédio sexual e do bullying (chamado de "abuso generalizado no local de trabalho"). No início de sua carreira, Rospenda não teve medo de enfrentar diretamente o bullying no ambiente de trabalho.

Suzy Fox, Ph.D., e Lamont Stallworth, Ph.D., da Loyola University, em Chicago, estudam ativamente o bullying no local de trabalho no que se refere tanto à discriminação ilegal quanto à questão de determinar se mediação e as técnicas de resolução alternativa de litígios são úteis para os incidentes de bullying.

Loraleigh Keashly, Ph.D., da Wayne State University, em Detroit, revisou a série de pesquisas relacionadas ao bullying. Em um relatório de 1998, ela escolheu para tais ocorrências o rótulo de "abuso emocional no trabalho", que define como comportamentos hostis verbais e não verbais, independentemente do conteúdo racial ou sexual, dirigidos a uma pessoa com o objetivo de ganhar controle, ou mesmo subserviência, dessa pessoa. Keashly e Karen Jagatic apresentaram-se na conferência americana do WBI sobre bullying no local de trabalho, em 2000, oferecendo a melhor estimativa no momento com relação à prevalência de maus-tratos no local de trabalho americano. Ela foi de 16,5%.

Joel Neuman, Ph.D., da Universidade Estadual de Nova York, em New Paltz, explora as condições organizacionais relacionadas à frequência das agressões no local de trabalho e seus fatores, tanto relacionados à personalidade quanto ao ambiente de trabalho, elementos esses que preveem a hostilidade de um praticante de bullying. Muitos de seus estudos sobre agressão sinalizam o aumento da taxa e a extensão das mudanças que estão diante de empregados e gerentes. Seu trabalho faz a ponte entre a macroeconomia e o impacto para as vidas individuais.

Deve haver uma lei

Os empregadores, especialmente os americanos, cuidam dos seus empregados apenas quando pressionados por leis que os obrigam a cumprir as normas de decência. Tais leis levam à criação de políticas internas. Se, e somente se, essas políticas são fielmente cumpridas, o empregado tem a chance de ser protegido contra a conduta negativa dos outros. Os empregadores imploraram para serem autorizados a lidar voluntariamente com o bullying. Pelo fato de os praticantes de bullying serem muito caros para se manter, você pensaria que os empregadores racionais gostariam de eliminá-los. Bons empregadores realmente eliminam os praticantes de bullying; os maus os promovem! Esperar que os empregadores parem voluntariamente o bullying é um processo interminável. Uma lei impulsionará as ações dos empregadores com mais rapidez.

Graças aos pesquisadores mencionados anteriormente e também por conta dos estudos do WBI realizados em 1998, 2000, 2003, 2007 e 2008, o movimento foi lançado nos EUA. O catalisador para declarar nossa "Campanha Contra o Bullying no Local de Trabalho", em 1998, com o seu próprio site, foi a experiência pessoal de Ruth e a experiência vicária de Gary com um supervisor de Ruth, praticante de bullying. Nós financiamos um telefone para apoio gratuito até quebrarmos. Não ajudou o fato de a solicitação para que os Alvos que sofreram bullying ligassem ter aparecido em artigos de destaque no *The Washington Post* e no *EUA Today*. Mas, no processo, reunimos cerca de 5.000 histórias contadas por Alvos, com duração média de uma hora cada. Ouvimos todas as versões possíveis da crueldade que atravessa escritórios corporativos, suítes executivas, pisos hospitalares, órgãos governamentais, organizações benfeitoras sem fins lucrativos e pequenas empresas de propriedade familiar. Nós nos perguntamos qual seria o próximo passo e, então, recebemos um telefonema de Boston e o WBI dobrou sua carga de trabalho.

Graças a um esforço hercúleo de pesquisa realizado por David Yamada, professor da Suffolk University Law School, em Boston, sabemos que a base legal favorita para abordar os maus-tratos emocionalmente abusivos no local de trabalho é processar por Imposição Intencional de Sofrimento Emocional (IIED, na sigla em inglês). Os casos de IIED parecem o remédio legal mais aplicável ao bullying, conforme descrito pelo WBI e por este livro. Se os casos de IIED movidos por trabalhadores atingidos por praticantes de bullying são bem-sucedidos, então já temos uma solução legal.

O professor Yamada revisou os registros de várias centenas de decisões de tribunais estaduais sobre IIED no período entre o verão de 1995 e o verão de 1998. O índice de sucesso dos demandantes (os empregados que entram com ações judiciais pedindo socorro) é desolador.

O critério legal utilizado por vários tribunais para definir o IIED é: "Aquele que por conduta extrema e escandalosa causa sofrimento emocional severo em outras pessoas de forma intencional ou negligente está sujeito à responsabilidade por tais problemas emocionais, e se isso resultar em danos corporais a terceiros, por tais danos corporais." O que é traduzido em exigências de que a conduta do agressor deva ser intencional ou imprudente, escandalosa e intolerável (de acordo com o padrão irrealisticamente alto do que seria uma conduta para além dos limites da decência social e moral), e de que seja demonstrado que tal conduta é a causa do sofrimento emocional. Além disso, o impacto deve ser severo.

Infelizmente, as decisões dos tribunais pesquisadas por Yamada provaram que o limite para considerar o empregador responsável é alto, muitas vezes inatingível, como qualquer leigo pode entender.

Eis aqui um exemplo de um caso de 1996 da Suprema Corte do Arkansas, que envolveu uma funcionária, Holloman, que trabalhou para um médico, Keadle, por dois anos. Holloman alegou que seu chefe "repetidamente a amaldiçoava e se referia a ela com termos ofensivos, como 'negra branca', 'vagabunda', 'prostituta' e 'a ignorância de Glenwood, Arkansas'". O médico usou repetidamente palavrões na frente de seus funcionários e pacientes e afirmou que mulheres que trabalham fora de casa eram "putas e prostitutas". Ele disse a Holloman que "tinha conexões com a máfia" e mencionou que "carregava uma arma", alegadamente para "intimidá-la e sugerir que ele a teria matado se ela saísse do emprego ou causasse problemas".

A funcionária que sofreu bullying alegou que sofria de "problemas de estômago, perda de sono e de autoestima, ataques de ansiedade e vergonha".

A Suprema Corte do Arkansas concordou com um julgamento sumário (demissão, sem que todo o processo fosse consultado) em favor do médico. O Tribunal disse que o Alvo não tinha conseguido tornar o médico "consciente de que ela não era uma pessoa de temperamento ordinário", ou que ela era "particularmente suscetível a problemas emocionais em razão de alguma condição ou peculiaridade física ou mental". Em outras palavras, ela supostamente deveria ter declarado durante o processo de contratação que, se fosse abusada no ambiente de trabalho por parte do médico, ela poderia sofrer danos relacionados ao estresse. O quanto isso é ridículo! Todos os ônus recaem sobre o Alvo, nenhum sobre o empregador!

Você pode encarar o problema de os tribunais serem o único fórum para o qual os indivíduos que sofrem bullying podem recorrer para buscar alívio de danos emocionais, físicos e econômicos utilizando o IIED.

O primeiro "julgamento de bullying" dos Estados Unidos

Em 25 de outubro de 2001, Joe Doescher, que estava atuando como perfusionista em uma cirurgia aberta de coração, executada pelo Dr. Beth Ashworth no St. Francis Hospital, em Beech Grove, Indiana, deixou a sala de cirurgia para resolver problemas pessoais. Como perfusionista, o Sr. Doescher operava a máquina "coração/pulmão", que mantinha o paciente vivo durante a cirurgia. Antes do início do procedimento, Doescher havia combinado com Jennifer Lee, outra perfusionista, que ela o substituiria depois de sua partida. Por conta da ausência de Doescher, do compromisso de Jennifer Lee para substituí-lo e do envolvimento do terceiro perfusionista, Joe Borondy, em uma cirurgia programada, o hospital ficou sem perfusionistas disponíveis por um curto período de tempo. Assim, o Dr. Dan Raess, um cirurgião cardíaco do St. Francis, não estava imediatamente disponível para realizar uma cirurgia cardíaca de emergência. Raess ficou irritado e gritou com Lee e Borondy.

No dia seguinte, Joe Borondy contou a Joe Doescher sobre a explosão de Raess. Doescher revelou ter aberto mão de sua posição como perfusionista-chefe como uma forma de "protesto". No entanto, Doescher continuou trabalhando como perfusionista da equipe do hospital.

Em 2 de novembro de 2001, Joe Doescher atuou como perfusionista em uma cirurgia realizada por Raess. Depois, Raess se aproximou de Doescher para falar sobre "questões de cobertura", como a causada por sua ausência anterior. Doescher informou Raess que não era mais perfusionista-chefe e que as questões de cobertura não eram de sua alçada. Os dois homens se afastaram, sem uma discussão mais aprofundada.

No fim do dia, Doescher e Raess estavam juntos na "casa das bombas", localizada entre as salas de operação da área do hospital para cirurgias abertas de coração. Seguiu-se uma discussão e Raess ficou com raiva, fazendo com que seu corpo se endurecesse, seu rosto ficasse vermelho e sua veia jugular saltasse. Ele caminhou em direção a Doescher e saiu pela porta próxima a Doescher. No julgamento, Doescher testemunhou que Raess caminhou em sua direção de uma forma que o levou a pensar que Raess iria "me partir em dois". Doescher também testemunhou que, embora os punhos cerrados de Raess não estivessem erguidos, o comportamento dele e seu caminhar o levaram a recuar até a parede e a levantar as mãos em defesa. Doescher então colocou um fim à conversa e Raess saiu, depois de gritar: "Você está acabado. Você já era. Você está acabado." Doescher afirmou ainda que se sentiu agredido por causa do "avanço, do olhar [de Raess], [e] da posição de seu corpo".

Após o incidente de 2 de novembro de 2001, Doescher testemunhou que ficou deprimido e ansioso, desenvolveu problemas de sono e experimentou perda de apetite. Afirmou ainda que perdeu sua confiança e não retornou à sua posição como perfusionista da equipe. Doescher apresentou peritos médicos, que testemunharam a respeito de sua saúde física e mental.

Em 26 de junho de 2002, Doescher apresentou uma queixa contra Raess por agressão, imposição intencional de sofrimento emocional (IIED) e interferência intencional em sua relação com o trabalho. O tribunal entrou em julgamento sumário em favor de Raess, descartou a interferência intencional com uma reivindicação de relação de trabalho e o processo foi a julgamento com relação às questões restantes.

Antes do julgamento com o júri, Raess apresentou uma moção *in limine*, buscando impedir qualquer testemunha, incluindo qualquer perito, de dar um testemunho retratando-o como um "praticante de bullying no local de trabalho". Raess também apresentou uma moção para excluir o testemunho do perito em "bullying no local de trabalho" de Doescher, o Dr. Gary Namie. O tribunal considerou que Namie poderia testemunhar que Raess havia praticado bullying no ambiente de trabalho contra Doescher, mas não "contra o mundo". A partir da objeção de Raess, Namie testemunhou que a briga ocorrida em 2 de novembro de 2001 foi um "episódio de bullying no local de trabalho" e que Raess era "um agressor, [...] uma pessoa que sujeitou [Doescher] a um ambiente de trabalho abusivo".

O júri de seis pessoas decidiu em favor de Raess em relação à imposição intencional de sofrimento emocional e em favor de Doescher em relação à queixa por agressão, concedendo-lhe uma indenização de US$ 325.000. [*Doescher v. Raess,* Marion Superior Court, Indianapolis, IN, nº 49D01-0206-PL-1116, Cale Bradford, juiz, março de 2005]

Os advogados de Raess apelaram da decisão judicial, principalmente por causa do testemunho de que Raess era um "praticante de bullying no local de trabalho" e pelo fato de o advogado de Doescher ter feito referência ao "bullying no local de trabalho" em seus pronunciamentos de abertura e fechamento para o júri.

Citando o Tribunal de Apelação: "Supondo, sem decidir, que o tribunal determinou corretamente que Doescher apresentou provas suficientes para estabelecer que a opinião de Namie foi baseada em princípios científicos confiáveis, ainda devemos abordar a questão de saber se o valor probatório do testemunho é substancialmente compensado pelo perigo de preconceito injusto, confusão de questões e/ou enganar o júri. Aqui, a questão de saber se Raess é um 'praticante de bullying no local de trabalho', no que se refere à definição final sobre se Raess cometeu uma agressão ou uma imposição intencional de sofrimento emocional, é relevante apenas na medida em que se baseia nas percepções de Doescher à época de sua discussão com Raess. Considerando-se que Doescher admitiu não ter medo de Raess antes, o valor probatório do depoimento de Namie é nulo. Por outro lado, o testemunho de Namie rotula Raess como uma pessoa má, um 'praticante de bullying no local de trabalho' que comete agressões. Mesmo estando limitado pelo tribunal, o testemunho de Namie permitiu que o júri inferisse que Raess cometeu uma agressão, porque é isso que 'os praticantes de bullying' fazem." [*Raess v. Doescher,* Indiana Court of Appeals, nº 49A02-0506-CV-490, 8 de dezembro de 2006]

No entanto, a Corte Suprema de Indiana ouviu os argumentos orais em 10 de outubro de 2007 e retornou à sua decisão de 3 contra 1, feita em 8 de março de 2008. O Tribunal reverteu o recurso e restabeleceu a sentença do julgamento original, adjudicando em favor de Joe Doescher.

Antes do julgamento, o réu interpôs uma *in limine* para excluir o depoimento do Dr. Namie, impedindo que ele ou qualquer outra testemunha oferecesse um depoimento ou provas retratando ou referindo-se ao réu como um "praticante de bullying no local de trabalho".

Citando a transcrição da Suprema Corte: "[...] o tribunal entendeu a objeção 'não qualificada' do réu ao afirmar que o Dr. Namie não estava qualificado, devido ao fato de não ter entrevistado pessoalmente o réu e devido à função profissional incomum da testemunha como consultor em vez de diagnosticador. Não encontramos nada no colóquio do tribunal que informasse ao juiz sobre a alegação de que o testemunho do Dr. Namie foi baseado em princípios científicos confiáveis, de que violava o Regulamento de Provas 702 ou que não ajudaria o júri a determinar um fato em questão. [...] Para determinar se o réu (Raess) agrediu o demandante (Doescher) ou cometeu imposição intencional de sofrimento emocional, o comportamento do réu era muito mais importante. A frase "praticante de bullying no local de trabalho", assim como outros termos gerais utilizados para caracterizar o comportamento de uma pessoa, é uma consideração totalmente adequada para determinar as questões diante do júri. Como evidenciado por meio de perguntas do tribunal ao advogado durante os procedimentos de pré-julgamento, o bullying no local de trabalho poderia 'ser considerado uma forma de imposição intencional de sofrimento emocional'." [*Raess v. Doescher,* Indiana Supreme Court nº 49S02-0710-CV-424, 8 de abril de 2008]

O necessário projeto do local de trabalho saudável e antibullying

David Yamada afirma que novas leis são necessárias para ampliar a proteção contra locais de trabalho hostis em relação a qualquer indivíduo, independentemente da participação dele em uma "classe protegida". As leis antiassédio e antidiscriminação estaduais e federais existentes exigem que os maus-tratos sejam baseados em gênero, raça, credo religioso, cor, origem nacional, ascendência, deficiência física, deficiência mental, condição médica, estado civil, sexo, idade ou orientação sexual. O destinatário deve pertencer a uma classe protegida, mas as complicações legais abundam quando o assediador também é membro de uma categoria protegida — como no caso do bullying de mulher contra mulher. Sabemos, a partir da Pesquisa WBI-Zogby, que em 61% dos casos de bullying assediador e assediado são do mesmo gênero. Portanto, a maioria dessas ocorrências não é ilegal. Leis contra a discriminação se aplicam apenas em uma em cada cinco situações.

A história das decisões de IIED e a proposta de novas políticas públicas estão compreendidas no artigo de Yamada publicado no *Georgetown Law Journal*, na primavera de 2000 — "The Phenomenon of 'Workplace Bullying' and the Need for Status-Blind Hostile Work Environment Protection". ("O fenômeno do 'bullying no local de trabalho' e a necessidade de proteção contra ambientes de trabalho hostis, independentemente do status dos empregados")

Baseado no trabalho do professor Yamada, nós atendemos ao chamado para a elaboração da nova e específica legislação antibullying. Ele escreveu o texto para as legislaturas estaduais, que nós apelidamos de *Projeto do Local de Trabalho Saudável*. Ele define com precisão a conduta abusiva, a malícia, o prejuízo à saúde e as decisões negativas (prejuízo econômico, como demissão, remoção, atribuições desfavoráveis). Ele afirma que deveria ser ilegal submeter um empregado a um ambiente de trabalho abusivo que resulta em prejuízos à saúde ou econômicos. É um projeto de lei antibullying que, quando for transformado em lei, nem mesmo conterá o termo "bullying no local de trabalho" em seu texto.

O *Projeto do Local de Trabalho Saudável* é favorável aos empregadores, e não uma peça de legislação draconiana antiempregador, como os lobistas de negócios opositores o retratam. Ele não impõe qualquer regulamentação governamental sobre os negócios. Em vez disso, infere a ameaça de sanções financeiras para os empregadores que não se preocupam em prevenir ou corrigir o bullying. Simultaneamente, os empregadores que, voluntariamente, tomarem a atitude correta, não ignorando o bullying, serão recompensados com uma fuga da cláusula de responsabilidade. Assim, o objetivo do projeto é fazer com que os empregadores criem e reforcem políticas antibullying sem precisarem para isso ser processados.

Bons empregadores usarão a lei para purgar-se dos praticantes de bullying, cuja conduta será agora indefensável, independentemente do quanto tais pessoas possam ser apreciadas pelo CEO. Empregadores relutantes, que escolham apoiar os praticantes de bullying em detrimento dos Alvos, devem temer litígios.

Os Drs. Namie, com a linguagem brilhantemente elaborada pelo professor Yamada nas mãos, acompanhados de Alvos veteranos articulados (inicialmente, Carrie Clark e Moe Tyler) como lobistas da cidadania, instruíram os legisladores da Califórnia sobre o bullying no ambiente de trabalho. O primeiro projeto do país foi introduzido em 2003, na Califórnia. Quis o destino que a curiosa ascendência política de Arnold Schwarzenegger tenha intimidado os democratas da Califórnia e o projeto de lei foi ignorado.

O WBI lançou uma nova organização, a Campanha Legislativa do WBI, para padronizar nossa abordagem com relação aos legisladores e para que cidadãos lobistas voluntários de todo o país possam ajudar em seus estados. Grandes lobistas são designados como coordenadores e lideram os esforços locais, organizando diversas viagens às capitais dos estados. Eles repetirão a mensagem em alto e bom som aos legisladores novos e veteranos até que o *Projeto do Local de Trabalho Saudável* seja apresentado por patrocinadores cooperativados. Grupos afiliados se formaram em vários estados — o California Healthy Workplace Advocates foi o primeiro, e ele tem o seu próprio site. O Estado de Nova York veio em seguida, e na província de Ontário outro grupo está em andamento.

Até o momento em que este livro estava sendo escrito, 13 estados dos EUA haviam introduzido alguma versão do *Projeto do Local de Trabalho Saudável* da Campanha Legislativa antibullying do Workplace Bullying Institute. Ambos os partidos Republicano e Democrata têm defendido esse projeto de lei. Ele já passou por várias comissões (vídeos de audiências podem ser vistos no site do WBI-LC), mas ainda não se tornou lei.

Por que ainda não existe nenhuma lei antibullying para os trabalhadores americanos?

Fortes lobistas de negócios, liderados por Câmaras de Comércio estaduais, são oponentes organizados e eficazes dos direitos dos trabalhadores.

- Eles contribuem para campanhas de candidatos às eleições (o que nós não fazemos), comprando credibilidade;

- Eles chantageiam os estados, ameaçando-os de transferir empresas e empregos para outro estado se os parlamentares se atreverem a regular ou deter empregadores responsáveis por práticas de negócios inseguras;
- Eles intitulam falsamente o *Projeto do Local de Trabalho Saudável* (HWB, na sigla em inglês) de um "assassino do trabalho";
- Eles definem todas as reclamações de trabalhadores como ações judiciais potencialmente "frívolas";
- Eles alegam que as leis atuais são adequadas, que um "ambiente de trabalho hostil" pode ser processado por todos (o que não é verdade);
- Eles deturpam a lei, alegando que o HWB exigirá complacência (ele não faz isso especificamente);
- Eles costumavam afirmar que o bullying não existia, agora admitem que ele acontece, mas imploram aos legisladores que permitam que os empregadores lidem com ele de forma voluntária, pedindo paciência, uma vez que precisam de mais tempo...

Sindicatos enfraquecidos privam os legisladores de ouvir a perspectiva dos trabalhadores.

- Os sindicatos estão muito ocupados lutando para sobreviver (apenas 7,5% dos trabalhadores não governamentais são sindicalizados); uma questão relacionada à qualidade de trabalho, como o caso do bullying, é facilmente ignorada;
- Os sindicatos são ambivalentes; o bullying de um membro contra outro os paralisa.

Incompreensão generalizada sobre o fenômeno.

- Confusão entre condutas graves e abusivas, que prejudicam a saúde (no HWB), e incivilidade, grosseria, olhares estranhos, o menosprezo inadvertido de uma pessoa por outra, ocorrências que não configuram bullying;

- A crença errônea de que o bullying não pode ser definido com precisão (o "bullying" não aparece no HWB).

As descobertas de pesquisas sobre saúde ocupacional e epidemiológica são subestimadas.
- A literatura científica bem estabelecida, enterrada em obscuras revistas acadêmicas, permanece inacessível para os políticos que respondem por crises e questões sociais que dominam as manchetes (e por pouco mais que isso);
- A maioria dos estudos se originou na Europa; os legisladores estaduais tendem a ser eurofóbicos, ou pelo menos a desdenhar os resultados que provêm de outros países;
- A necessária cautela dos cientistas (a recusa em tirar conclusões causais de estudos não experimentais, tais como pesquisas baseadas em dados autodeclarados) é mal representada e explorada como indício de equívoco por adversários políticos.

Partidarismo político.
- Embora o bullying ignore a filiação em partidos políticos quando encontra os seus Alvos, proteções pró-trabalhadores nos EUA raramente são apoiadas por legisladores republicanos (embora tivéssemos republicanos entre os patrocinadores principais do HWB);
- Os direitos dos trabalhadores, os direitos das mulheres e os direitos humanos têm sido definidos como questões "liberais", um rótulo manchado por 30 anos de campanha negativa da direita reacionária;
- Até o momento, os votos da comissão sobre o HWB seguem estritamente as linhas partidárias.

Uma oportunidade pós-bullying

Para os Alvos que estejam suficientemente recuperados do sofrimento ou do trauma ocasionados por suas experiências pessoais de bullying, trabalhar para aprovar uma lei em seu estado ou sua província pode ser a cura, além de um trabalho voluntário revigorante. É uma forma de trabalhar em prol da justiça que lhes foi negada. Informe-se no site do WBI-LC (www.workplacebullyinglaw.org).

Se alguma lei trabalhista tiver como objetivo proporcionar uma proteção real para os empregados, ela deve forçar os empregadores a levar a sério o problema abordado na lei. Sem leis como a proposta pelo WBI-LC, os empregadores podem desconsiderar, denegrir e negar queixosos que sofrem com assédios terríveis, mas não completamente ilegais. A verdade é que, até que haja uma lei, os empregadores não farão nada. Nossa lei pode afetar milhões de Alvos que sofreram bullying, obrigando os empregadores a reconhecerem o bullying e tomarem uma atitude em relação a ele.

Graças à obsessão da mídia americana com os mantras do sucesso — "globalização", "competitividade" e "produtividade" —, nossa atenção é desviada dos maus-tratos sofridos por colegas de trabalho. Estamos induzidos a confundir a média do Dow Jones com um índice do estado de espírito nacional, enquanto ignoramos completamente as realizações pessoais que alimentam nossas almas em vez de nossos bolsos.

Vamos recrutar a concorrência para fazer algo de bom. Os Estados Unidos deveriam acompanhar o ritmo do resto do mundo para parar o bullying como uma demonstração da liderança da América nas arenas de dominação econômica e compaixão por aqueles que realizam o trabalho!

Outra distração é a tirinha muito popular *Dilbert*, em que muitos dos problemas com o mundo organizacional são esboçados. Scott Adams, o criador, preenche sua tira com chefes idiotas, colegas de trabalho estúpidos e impinge nomes dos últimos modismos de gestão dos trabalhadores desavisados. É ótimo rir. O livro do colunista Norman Solomon, *The Trouble with Dilbert*, considera a popularidade da tirinha uma prova de que os empregados reconhecem que a forma como as empresas operam atualmente tem que mudar (assumimos que isso inclui parar os praticantes de bullying). A tragédia, de acordo com Solomon, é que enquanto os fãs desabafam sua raiva, eles apenas torcem simbolicamente seus narizes para o patrão ou colega, sem tomar quaisquer medidas reais para melhorar o seu local de trabalho.

Nós interpretamos a popularidade de *Dilbert* como uma evidência do número de pessoas que enfrentam problemas frustrantes no trabalho. É um problema de tamanho imenso.

Tribunais dos EUA desaprovam os empregados

As pessoas menos úteis ao seu lado são os juízes e os jurados. Não acredite em grupos de empregadores que avisam seus membros de que frívolos processos movidos por funcionários descontentes irão afastar os proprietários de seus negócios.

De acordo com esse tipo de propaganda enganosa, casos que entopem os tribunais são arquivados por funcionários que gostam de se divertir e que sofreram nada mais do que "conflitos de personalidade" irreparáveis com chefes benevolentes, mas mal compreendidos. Isso é pura ficção, uma mitologia que une empresários e grandes empregadores contra os empregados.

Eis aqui alguns fatos que devem alertar a confiança do empregador no sistema judicial. Ao mesmo tempo, devem assustar ao máximo um empregado como você, que merece reparação legal pelo sofrimento nas mãos de um praticante de bullying no local de trabalho.

- Tem havido um declínio constante do número de ações coletivas contra os empregadores empreendidas pela Equal Employment Opportunity Comission (EEOC), a agência federal responsável por garantir que as classes de empregados protegidas pelo governo federal não sejam discriminadas. Em 1976, 1.174 processos foram arquivados. O anêmico e com falta de pessoal EEOC tinha apenas 68 casos ativos de ação coletiva em 1996;

- E quanto às caras acomodações para deficientes? O *Americans with Disabilities Act* (ADA) deveria ter afastado muitas grandes empresas de seus negócios. Pelo contrário, verificou-se que a Sears gastou uma média de apenas US$ 45 por pessoa para ajustar o local de trabalho de modo a atender às necessidades de 71 trabalhadores. Não é um orçamento alto, se planejado com sabedoria!;

- O assédio sexual não é a praga retratada pelos empregadores. Um estudo recente da Universidade de Illinois descobriu que, apesar dos esforços dos grupos de mulheres para educar o público, uma pequena porcentagem das mulheres que são assediadas, de acordo com a definição legal, reconhece o fato. Um número ainda menor o relata e menos mulheres ainda registram uma reclamação;

- Em 1994, a indenização média atribuída pelo júri em um caso de assédio sexual era de US$ 100.500. Já a indenização média concedida para aqueles que alegaram discriminação no trabalho em um tribunal federal foi de US$ 100.000;
- O número de pessoas que realmente fazem uma reclamação junto ao EEOC por qualquer tipo de discriminação é menor que seis para cada dez mil funcionários;
- A Lei dos Direitos Civis de 1991 tornou possíveis os julgamentos e as punições para casos de discriminação. Nos 12 últimos anos antes do ato, apenas 24% dos casos foram a julgamento. Os empregados (demandantes) ganharam em 24% das situações. Entre 1991 e 1995, a taxa de ganhos dos empregados subiu para 30%, apesar de uma duplicação do porcentual de processos julgados por júris. Ainda assim, menos da metade dos casos foi a julgamento!

Faça as contas. Empregados 30, empregadores 70. Quem ganha? Uma comparação ainda mais perturbadora é feita por Theodore Eisenberg, um professor de Direito da Universidade Cornell, que afirma que "casos de discriminação no trabalho continuam a ser uma das classes mais malsucedidas de litígio para os demandantes. Eles obtêm menos acordos e perdem mais do que qualquer outro tipo de ação". A única classe de queixas com uma menor taxa de sucesso é a das ações apresentadas por prisioneiros.

- Acordos pré-julgamento não são normalmente caros para os empregadores. Na verdade, os valores pagos pela Texaco (US$ 176 milhões), Publix Markets (US$ 80 milhões) e Home Depot (mais de US$ 80 milhões) ganham as manchetes e aumentam a apreensão do empregador. A realidade estatística é muito diferente. Uma análise metódica dos casos de demissão injusta nos tribunais da Califórnia durante um período de sete anos recentes resultou no seguinte: 17% não foram adiante, custando aos empregadores, em média, menos de US$ 500; 40% foram resolvidos por um julgamento, custando uma média de US$ 60.000, incluindo honorários de advogados;

- Como sempre, as manchetes enganam. Indenizações altas, como US$ 50 milhões para um funcionário da Wal-Mart são, muitas vezes, drasticamente reduzidas na apelação. Nesse caso de 1995, os US$ 50 milhões se transformaram em US$ 385.000. Os juízes geralmente não atendem à generosidade do júri.

Uma história de sucesso rara e verdadeira:

Carla havia acabado de sair da faculdade e estava ansiosa para se lançar na carreira de pesquisadora. Ela ganhou um cargo mal remunerado numa grande e prestigiosa universidade estadual, trabalhando para uma pesquisadora de reputação internacional em seu campo. Carla amava a pesquisa mais do que a atividade docente; era sua vocação. Ela planejava uma carreira de muitas décadas coletando dados, escrevendo artigos para periódicos, escrevendo livros, dando simpósios, a enxurrada de atividades que anunciavam que um acadêmico se tornou um marco em seu campo.

Então a altamente estimada chefe pediu a Carla o arquivo de dados brutos com relação a um determinado projeto. Sem pensar duas vezes, ela lhe entregou. Houve alguma conversa sobre a publicação de artigos com base nos dados, mas Carla começou a se sentir deixada de fora das atividades. A chefe se recusou a devolver os dados de Carla quando foi solicitada. Quando o chefe da chefe ficou sabendo do roubo, ele ameaçou despedir Carla se ela continuasse a reclamar. Ela continuou e ele cumpriu a promessa. Durante quatro anos, Carla não conseguiu outro emprego acadêmico em tempo integral para substituir o que lhe havia sido roubado. Ela ministrou cursos no campus em tempo parcial e, simultaneamente, suplicava à administração universitária que recuperasse seus dados e lhe devolvesse o emprego.

Ao fim do quinto ano, ela finalmente levou os dois professores-supervisores — a ladra e o homem que a demitiu — ao tribunal. Um júri considerou-os *culpados de roubo e retaliação ilegal (veja o que pode ser feito quando um advogado consegue ver possibilidades além do âmbito restrito da lei contra a discriminação). A indenização inicial do júri para os danos foi de US$ 1,5 milhão. Levou um total de dez anos, a partir da data dos atos de bullying originais, para que o caso seguisse seu curso através do processo de apelação. A universidade nunca desistiu e nunca reconheceu sua culpa. A ladra e o homem que a demitiu ainda trabalham lá. Carla desistiu completamente da vida acadêmica. Mas finalmente conseguiu sua indenização... com juros!*

Em direção a uma solução legal americana para o bullying

A lei está atenta ao assédio ou à discriminação quando essas atitudes estão relacionadas ao gênero e à raça. O Título VII da *Lei dos Direitos Civis* de 1964 (revista em 1991) criou "classes protegidas" de indivíduos. Membros de classes protegidas têm que apresentar uma menor quantidade de provas que membros de outros grupos quando se declaram vítimas de assédio ou discriminação.

Muitos indivíduos ostensivamente "desfavorecidos" que assediam os outros consideram-se imunes à punição por seus atos. Membros das classes protegidas são muitas vezes os piores praticantes de bullying. Com bastante frequência, eles ameaçam propor ações judiciais, com base em raça ou gênero, para assustar os colegas de trabalho e empregadores que querem que eles parem de assediar os outros. A fórmula clássica é o praticante de bullying do sexo feminino ou pertencente a uma minoria alegar discriminação à medida que os Alvos ou empregadores responsáveis começam a tomar contramedidas. As organizações, então, entram em acordo com o praticante de bullying, permitindo que ele permaneça no trabalho e forçando o Alvo a sair. A mensagem enviada é a de que o agressor tem o total apoio da organização e é recompensado por sua tirania, apoiado pela lei federal dos EUA.

Decisões judiciais relevantes da Suprema Corte dos EUA

Há pouca razão para otimismo, para se acreditar que uma proibição federal do assédio geral esteja próxima. Na verdade, na temporada de

1998 de decisões da Suprema Corte dos EUA houve três decisões relevantes para o bullying, todas focadas exclusivamente em locais de trabalho perversos e hostis criados por conta do assédio sexual.

Em 26 de junho, a Corte se pronunciou sobre dois casos, notificando os empregadores de que eles poderiam ser responsabilizados pela má conduta dos supervisores mesmo que não soubessem nada sobre tais ocorrências. Juridicamente falando, essas foram as decisões sobre a questão da "responsabilidade solidária".

Profundamente entranhada no "juridiquês" das decisões estava a evidência sobre a forma como a Corte define a relação empregador-empregado. Em ambas as decisões, foram feitas referências ao empregador como "mestre" e ao supervisor do empregado assediado como o "servo que pretendia agir ou falar em nome do principal e [...] confiou em sua aparente autoridade, ou foi ajudado na realização do ato ilícito [delito] pela existência da relação de agenciamento". Terminologia de mestre-servo no novo milênio nos Estados Unidos? Esse é um grande obstáculo a superar para que os sonhos de Justice Brandeis pela dignidade dos empregados venham a ser realizados.

A boa notícia aparece no seguinte trecho da decisão de Beth Ann Faragher. Ela foi assediada sexualmente quando trabalhava para a cidade de Boca Raton, Flórida, como salva-vidas. A Corte considerou a cidade "responsável pelo assédio de seus funcionários supervisores porque o assédio era generalizado o suficiente para suportar uma inferência de que a cidade tinha 'conhecimento, ou conhecimento construtivo' do mesmo, sob os princípios do agenciamento tradicional [aquela referência à hierarquia mestre-servo novamente] [...] e um terceiro supervisor tinha conhecimento do assédio e não o denunciou para as autoridades da cidade".

Ambas as decisões da Corte afirmaram que os empregados têm que primeiro "aproveitar todas as oportunidades preventivas ou corretivas oferecidas". Isso é exatamente o que dizemos aos que procuram nosso conselho para combater o bullying. É preciso estar de acordo, minimamente, com os frustrantes procedimentos internos para que todas as futuras reivindicações sejam protegidas — infelizmente, nessa fase, estar em conformidade com o sistema é um mal necessário. A pior coisa que um Alvo pode fazer é manter em segredo tudo aquilo pelo qual está passando.

Se a denúncia é apresentada, proporcionando assim "conhecimento construtivo", então o empregador pode ser considerado responsável pelos maus-tratos. Devido a isso, mais crédito está sendo dado agora aos casos de "ambiente hostil" (uma vez que isso é proibido pela *Lei dos Direitos Civis*). Grande parte dos maus-tratos repetidos que caracterizam o bullying baseia-se num ambiente de trabalho envenenado e doente, que permite e sustenta a loucura.

No entanto, a decisão da Suprema Corte de março de 1998 esmaeceu a esperança de que a definição de assédio será algum dia ampliada pela Corte. O juiz Antonin Scalia, escrevendo para a Corte, unânime sobre a decisão *Oncale*, afirmou explicitamente que a lei "não proíbe todos os assédios verbais ou físicos no local de trabalho. [...] E há outro requisito que impede a expansão do Título VII para um código de civilidade geral: [...] o estatuto não atinge diferenças genuínas, mas inócuas, na forma pela qual homens e mulheres interagem rotineiramente.

"O senso comum e uma sensibilidade adequada para o contexto social permitirão que os tribunais e júris distingam entre a simples provocação [...] e a conduta que uma pessoa razoável na posição do demandante perceberia como severamente hostil ou abusiva."

Isso significa que a Corte eximiu-se de usar a lei de discriminação para impor um código geral de civilidade que proíba todos os assédios nos locais de trabalho. Observados de cima para baixo, em vez de através dos olhos de um Alvo que sofreu bullying, quase todos os assédios parecem "inócuos", meros conflitos de personalidade.

A reação de um editorial do *Washington Post* para a decisão da Corte viu o acoplamento entre assédio e discriminação como um equívoco. O *Post* exigiu que o Congresso formulasse leis específicas antiassédio que não necessitassem de proteções para gênero, raça ou nacionalidade, mas, ao contrário, exigissem apenas que o ambiente de trabalho pudesse ser considerado suficientemente abusivo. O editorial afirmava: "O que incomoda as pessoas em relação à conduta abusiva no ambiente profissional, afinal, não é o fato de que ela pode ser discriminatória, mas de que é, antes de tudo, abusiva".

Os empregadores se consideram "pessoas sensatas", que podem, então, definir a conduta de um assediador como hostil em vez de tomá-la como a simples provocação de um Alvo que precisa desenvolver uma maior tolerância. Stephen Bokat, porta-voz do National Chamber Litigation Center, o braço de defesa comercial da Câmara de Comércio dos EUA, acreditava que a decisão realmente tornaria mais fácil a defesa dos empregadores. Ele esperava que mais queixas fossem descartadas como brincadeiras barulhentas ou flertes casuais.

Bokat banalizou os problemas de assédio e discriminação no local de trabalho com um comentário loquaz à Associated Press: "Eu não acho que isso aconteça com tanta frequência."

Apêndice A:

Pesquisa sobre o bullying no local de trabalho nos Estados Unidos — setembro de 2007

Conteúdo dos relatórios de pesquisa

1. Metodologia da Pesquisa Zogby
2. Estatísticas prevalecentes nos EUA
3. Gênero e bullying
4. Um tipo diferente de assédio ignorado pelas leis e empregadores
5. O bullying é de baixo para cima
6. Táticas de intimidação e por que isso acontece
7. Reações dos Alvos
8. Interrompendo as agressões

Pesquisa com adultos americanos feita pela Zogby International, patrocinada por uma generosa doação do Waitt Institute for Violence Prevention (Cindy Waitt, diretora-executiva).

1. Características da metodologia e da amostra

Metodologia

A Zogby International realizou entrevistas online com 7.740 adultos. Uma amostragem do painel online da Zogby International, que é representativa da população adulta dos EUA, foi convidada a participar. A pesquisa online foi conduzida entre 10 de agosto de 2007 e 13 de agosto de 2007. A margem de erro é de +/-1,1 ponto porcentual. As margens de erro são maiores em subgrupos. Pesos leves foram adicionados a região, partido, idade, raça, religião e gênero a fim de refletir com maior precisão a população.

Características da amostra	Frequência	Porcentual válido*
Tamanho da amostra	7.740	100%
Leste	1.721	23
Sul	1.946	26
Lagos Centrais/Grandes Lagos	2.320	31
Oeste	1.497	20
Não informou a região	256	—
18-29	1.543	20
30-49	3.087	40
50-64	1.775	23
65 +	1.312	17
Não informou a idade	23	—
Branco	5.728	75
Hispânico	764	10
Afro-americano	840	11
Ásia/Pacífico	153	2
Outros/misto	153	2
Não informou a raça	103	—
Católico romano	2.033	27
Protestante	3.765	50
Judeu	226	3
Outras/nenhuma (religião)	1.506	20

Características da amostra	Frequência	Porcentual válido*
Não informou a religião	210	—
Membro de sindicato	1.440	19
Não é membro de sindicato	6.179	81
Pai de criança menor de 17 anos	2.026	27
Não é pai de criança menor de 17 anos	5.599	73
Casado	4.615	61
Solteiro, nunca se casou	1.642	22
Divorciado/viúvo/separado	1.052	14
União civil/parceria doméstica	284	4
Não informou o estado civil	147	—
Possui renda de menos de US$ 25.000	468	7
US$ 25.000 — US$ 34.999	604	9
US$ 35.000 — US$ 49.999	967	14
US$ 50.000 — US$ 74.999	1.612	24
US$ 75.000 — US$ 99.999	1.208	18
US$ 100.000 ou mais	1.848	28
Não informou a renda	1.034	—
Masculino	3.664	48
Feminino	3.938	52
Não informou o gênero	138	—
Mulheres — trabalham fora de casa	2.297	59

Características da amostra	Frequência	Porcentual válido★
Mulheres — não trabalham fora de casa	1.578	41
Trabalha em tempo integral	3.925	51
Trabalha meio expediente	483	6
Trabalhadores autônomos	855	11
Desempregado	360	5
Aposentado	1.496	19
Estudante, não trabalha	293	4
Outro emprego/Não tenho certeza	329	4

★ Os números foram arredondados para o porcentual mais alto e podem não totalizar 100%.

Qual das seguintes opções melhor descreve a sua situação de emprego?

Em tempo integral   51%

Aposentado   19

Trabalhadores autônomos **(a pesquisa termina)**   11

Tempo parcial   6

Desempregados   5

Estudante, não trabalha **(a pesquisa termina)**   4

Outros/Não tenho certeza **(a pesquisa termina)**   4

2. Estatísticas prevalentes nos EUA

2a.) 37% dos trabalhadores americanos já sofreram bullying no trabalho; quase metade (49%) dos adultos americanos são afetados por essa prática, seja através de experiências diretas ou por testemunhá-la.

Pergunta: No trabalho, você já experimentou ou testemunhou algum ou todos os seguintes tipos de maus-tratos repetidos: sabotagem por outros, que impediram a realização do trabalho, abuso verbal, conduta ameaçadora, intimidação, humilhação?

Respostas	Porcentagem	Arredondamento
Sim, eu estou passando por isso agora ou passei por isso no último ano	12,6%	13%
Sim, isso aconteceu comigo na minha vida profissional, mas não atualmente ou no último ano	24,2	24
Eu só os testemunhei	12,3	12
Eu próprio fui o autor	0,4	(N = 22)
Nunca me aconteceu e nunca testemunhei tal prática	44,9	45

O bullying afeta os indivíduos que estão direta e atualmente sob ataque. No entanto, também continua a afetá-los no futuro, a menos que os maus-tratos sejam corrigidos de uma forma que seja percebida como justa e correta. Assim, a experiência de bullying se prolonga. É justo dizer que **37% dos trabalhadores americanos foram intimidados,**

combinando as categorias sofrem atualmente + já sofreram bullying.

De acordo com o Bureau of Labor Statistics (Departamento de Trabalho dos EUA), 146 milhões de americanos estavam empregados em julho de 2007. Estima-se que **54 milhões de americanos sofreram bullying no trabalho** considerando-se a taxa de 37%. Até mesmo a taxa mais prudente de 13% (aqueles que atualmente ou no último ano passaram por isso) coloca 19 milhões de trabalhadores americanos em risco. É uma epidemia.

Testemunhar a humilhação e a degradação dos outros pode ser vicariamente traumatizante. Portanto, é uma afirmação cautelosa dizer que os **indivíduos que sofreram bullying e as testemunhas** são todos igualmente afetados pelo bullying. Em nossa pesquisa, **quase metade dos adultos americanos (49,1%)** relatou essas experiências.

Extrapolando a estimativa de emprego BLS para o total de pessoas que sofreram bullying + testemunhas pode-se estimar que **71,5 milhões de trabalhadores** tenham sido afetados pelo bullying.

Surgiram diferenças significativas nas experiências relatadas por diferentes grupos raciais. A comparação das porcentagens prevalentes do bullying combinado (atual + sofreu bullying alguma vez) revela o padrão, do mais alto para o mais baixo:

Bullying combinado	Porcentagem	Arredondamento
Hispânicos	52,1%	52%
Afro-americanos	46	46
Brancos	33,5	34
Americanos asiáticos	30,6	31

As taxas relatadas de apenas testemunhar o bullying foram:

Apenas testemunhar	Porcentagem	Arredondamento
Afro-americanos	21,1%	21%
Hispânicos	14	14
Brancos	10,8	11
Americanos asiáticos	8,5	9

As porcentagens daqueles que afirmam não ter sofrido nem testemunhado maus-tratos estavam entre:

Nunca sofreu, nunca testemunhou	Porcentagem	Arredondamento
Americanos asiáticos	57,3%	57%
Brancos	49,7	50
Hispânicos	32,2	32
Afro-americanos	23,4	23

Ligeiras diferenças nas taxas de experiência de bullying ocorreram entre grupos etários. A probabilidade de que uma pessoa já tenha experimentado o bullying naturalmente aumentou com a idade:

Sofreu bullying na vida profissional	Porcentagem	Arredondamento
50-64	29,7%	30%
30-49	25,5	26
18-29	18,7	19

Por outro lado, as taxas de estar sofrendo bullying atualmente ou tê-lo sofrido no último ano foram:

Sofrendo bullying atualmente (<12 meses)	Porcentagem	Arredondamento
18-29	18,5%	19%
30-49	16,8	17
50-64	9,9	10

As taxas de nunca ter testemunhado ou sofrido bullying foram relativamente constantes entre os grupos.

Um padrão de diferenças entre as regiões geográficas dos EUA também surgiu. As taxas de prevalência combinadas foram as seguintes:

Bullying combinado	Porcentagem	Arredondamento
Oeste	41,1%	41%
Sul	37,5	38
Leste	34,9	35
Lagos Centrais/Grandes Lagos	26,3	26

A autoidentificação por partido político pareceu afetar as taxas de prevalência dos relatórios. A comparação das porcentagens prevalecentes do bullying combinado (atual + sofreu bullying alguma vez) revela tal padrão:

Bullying combinado	Porcentagem	Arredondamento
Democratas	42,8%	43%
Independentes	39,1	39
Republicanos	28,9	29

Houve grande variação entre as taxas dos que nunca viram ou sofreram bullying relacionadas à autoidentificação de partido político:

Nunca sofreu, nunca testemunhou	Porcentagem	Arredondamento
Republicanos	56,6%	57%
Independentes	43,2	43
Democratas	35,8	36

A conclusão geral de que 45% dos americanos afirmam não ter sofrido ou testemunhado o bullying no local de trabalho incentiva o instituto a concluir que deve haver mais educação pública. Como acontecia no movimento contra a violência doméstica, os observadores permaneceram negando, por causa do desconforto pessoal ou do medo que podem ser despertados pela experiência de observar tal ocorrência. Depois da criminalização da violência doméstica, as pessoas se sentiram mais livres para falar, culpando apropriadamente o autor das agressões. Curiosamente, acreditamos que o bullying no local de trabalho é uma "epidemia silenciosa", visão confirmada pela OIT (Organização Internacional do Trabalho, uma agência da ONU). É um tema "não discutível" no trabalho, devido ao potencial comprometimento da carreira. Eventualmente, a vergonha e o medo associados a tal prática diminuirão e o bullying perderá seu status de tabu. Com o tempo, será mais fácil falar sobre sua ocorrência e intimidar seus autores a fim de que parem.

2b.) A maioria (54%) dos casos de bullying envolve a humilhação pública dos Alvos; 32% do bullying acontece a portas fechadas.

Pergunta: Onde a maioria dos maus-tratos ocorreu?

Respostas	Porcentagem	Arredondamento
Abertamente, na frente dos outros	53,9%	54%
A portas fechadas, em silêncio	31,6	32
Atrás de portas abertas, para que outros pudessem ouvir	10,2	10
Não tenho certeza	4,3	4

Talvez a escolha dos praticantes de bullying de ocultar a maior parte das agressões responda pelos 45% do público que afirmam nunca tê-lo visto.

Surgiram diferenças de gênero entre os praticantes de bullying. Homens praticam o bullying mais que mulheres e preferem praticá-lo em público (57,8% *versus* 48,6%). Já as mulheres praticantes de bullying preferem intimidar as pessoas a portas fechadas (47,2% *versus* 38,3%).

3. Gênero e bullying

3a.) Tanto os homens quanto as mulheres são praticantes de bullying; as mulheres são escolhidas como Alvos com mais frequência.

Pergunta: Qual é o sexo da pessoa que é a principal responsável pelos maus-tratos?

Pergunta: Qual é o sexo da pessoa alvo de maus-tratos?

	Homens	Mulheres
Gênero dos autores, praticantes de bullying	60%	40%

	Homens	Mulheres
Gênero dos indivíduos escolhidos como Alvos	43,3	56,7
Quando o praticante de bullying é uma mulher, ela escolhe como Alvo...	28,7	71,3
Quando o praticante de bullying é um homem, ele escolhe como Alvo...	53,5	46,5

Note-se que as mulheres preferem praticar o bullying contra outras mulheres 2,5 vezes mais frequentemente do que os homens escolhem outros homens como Alvos. Os homens dividem a sua crueldade, demonstrando uma ligeira preferência por assediar pessoas do mesmo sexo.

Em ordem de classificação, da maior para a menor frequência, estes são os pares de gêneros com relação ao bullying no trabalho.

Categorias	Porcentagem	Arredondamento
Homens que praticam o bullying contra um Alvo do sexo masculino, **Homem-contra-Homem**, mesmo gênero	32,1%	32%
Mulheres que praticam o bullying contra um Alvo do sexo feminino, **Mulher-contra-Mulher**, mesmo gênero	28,5	29

Categorias	Porcentagem	Arredondamento
Homens que praticam o bullying contra um Alvo do sexo feminino, **Homem-contra-Mulher**	27,9	28
Mulheres que praticam o bullying contra um Alvo do sexo masculino, **Mulher-contra-Homem**	11,4	11

3b.) A maioria, **68% dos praticantes de bullying, trabalha sozinha**, pelo menos no início.

Pergunta: O praticante de bullying trabalhou sozinho ou havia várias pessoas envolvidas nos maus-tratos?

Respostas	Porcentagem	Arredondamento
Praticante de bullying solitário	68,4%	68%
Vários assediadores	26,7	27
Não tenho certeza	4,9	5

Aplicam-se ligeiras diferenças de gênero. As mulheres praticantes de bullying são ligeiramente mais propensas que os homens a mobilizarem a ajuda dos outros para atacarem seus Alvos.

4. Bullying: um tipo diferente de assédio

Quando dizemos "assédio", a maioria das pessoas pensa automaticamente em assédio sexual, que todos sabemos ser uma conduta ilegal prevista pelas leis estaduais e federais. Para que o assédio venha a ser ilegal e acionável em tribunal, os direitos civis do destinatário/vítima/Alvo devem ser violados. Além disso, essa pessoa deve ser um membro de um grupo reconhecido de "status protegido". Nos EUA, há sete grupos de status protegido pelos Direitos Civis (sendo o gênero e a raça os mais proeminentes), aos quais uma pessoa pode pertencer a fim de apresentar uma queixa de discriminação ou uma ação judicial. Além disso, a discriminação é proibida caso se consiga demonstrar que a idade ou a invalidez sejam as razões do assédio. O assédio ilegal tem por base o status.

O bullying atravessa as fronteiras da participação em um grupo de um determinado status. O bullying é um assédio cego ao status e deve ser distinguido de variantes ilegais de assédio. O bullying acontece quando o assédio é provocado por uma pessoa do mesmo gênero ou da mesma raça, ou quando o praticante de bullying goza de proteção legal potencial, pois é membro de um grupo de status protegido.

4a.) O bullying é quatro vezes mais comum que o assédio ilegal, discriminatório (com base na relação de 80:20, em que apenas 20% dos casos a pessoa escolhida como Alvo se tornou elegível para uma queixa potencial de discriminação ou ação judicial). **Os praticantes de bullying gozam da proteção de direitos civis em 31% dos casos.** E, a julgar pela experiência empírica do WBI, eles são os únicos a ameaçar os empregadores com processos para parar as investigações ou as tentativas de conter os maus-tratos.

> *Pergunta:* Às vezes, os maus-tratos são baseados em discriminação por raça, gênero, etnia, religião, deficiência ou idade. Com base nessas categorias, algumas pessoas gozam de status protegido por lei. Considerando agora os maus-tratos que sofreu, testemunhou ou participou, compare o status do Alvo (relativamente à participação em um grupo protegido) com o status do assediador.

Respostas	Porcentagem	Arredondamento
Apenas o Alvo está em um grupo protegido	20,2%	20%
Nem o assediador nem o Alvo estão em um grupo protegido	40,2	40
O assediador e o Alvo estavam/estão **ambos** em um grupo protegido	16,7	17
Apenas o assediador está em um grupo protegido	14	14
Não tenho certeza	9	9

4b.) Os empregadores devem responder de forma apropriada quando existem leis trabalhistas. Uma vez que o bullying não é atualmente ilegal, como os empregadores reagem a ele? **Em 62% dos casos, quando os empregadores ficam cientes do bullying, eles transferem o problema para o Alvo, ou simplesmente não fazem nada.** Não fazer nada não é um ato neutro quando um indivíduo pede ajuda explicitamente. Quando nada se faz, o empregador torna-se cúmplice do praticante de bullying, seja deliberada ou inadvertidamente, permitindo que ele continue inabalável. Em menos de um terço das situações, os empregadores prestaram ajuda.

Pergunta. Quando os maus-tratos foram relatados, o que o empregador fez? (Pergunta feita apenas para aqueles que disseram que a pessoa escolhida como Alvo apresentou uma queixa ou ação judicial, ou se queixou informalmente.

Ação do empregador	Porcentagem	Arredondamento
Não fez nada	43,7%	44%

Ação do empregador	Porcentagem	Arredondamento
Agravou o problema para o Alvo	18,4	18
Resolveu total ou parcialmente o problema, de uma forma que ajudou o Alvo	31,9	32
Não tenho certeza	6	6

Diferenças de gênero ocorreram. Homens praticantes de bullying eram mais propensos que as mulheres agressoras a se beneficiar da proteção do empregador, por levar a organização a não fazer nada em resposta aos maus-tratos relatados (47,5% *versus* 38,8%).

5. O bullying é de baixo para cima

5a.) Nem todos os chefes são praticantes de bullying, mas, em sua maioria, os praticantes de bullying são patrões. **72% dos praticantes de bullying são patrões.** O estereótipo do chefe praticante de bullying é real.

Pergunta: Qual era a posição do assediador em relação à pessoa escolhida como Alvo?

Respostas	Porcentagem	Arredondamento
O assediador estava em uma posição superior (chefe)	72,3%	72%
O Alvo e o agressor ocupavam a mesma posição (colegas de trabalho)	17,7	18
O assediador estava em uma posição inferior (subordinado)	8,5	9

Surgiram pequenas diferenças de gênero. Mulheres escolhidas como Alvos sofreram bullying mais dos chefes (74,7% *versus* 69%) e menos dos subordinados (6,1% *versus* 11,6%) que os homens escolhidos como Alvos. Dos subordinados praticantes de bullying, havia uma porcentagem mais elevada de mulheres do que de homens (9,5% *versus* 7,8%). E homens praticantes de bullying tinham mais probabilidade de ser chefes do que as mulheres praticantes de bullying (72,9% *versus* 71,3%).

5b.) Os praticantes de bullying operam com a confiança de que provavelmente não vão ser punidos porque têm apoio de seus superiores, que podem protegê-los se quando eles forem expostos. Para os agressores a quem é dado apoio (excluindo as categorias "Ninguém" e "Não tenho certeza"), **43% dos praticantes de bullying têm um apoiador entre os executivos,** 33% prosperam por causa do apoio de seus pares, principalmente gerentes que são seus amigos, e 14% recebem ajuda dos Recursos Humanos.

Pergunta: Quem apoiou o assediador? (Marque todas as alternativas que se aplicam)

Respostas	Porcentual bruto	Arredondamento	Porcentual ajustado
Um ou mais gerentes-sênior ou executivos ou proprietários	35,2%	35%	43%
Os companheiros dos assediadores	26,7	27	33
Recursos Humanos	11,2	11	14
Os companheiros do Alvo	7,8	8	10
Ninguém	30,2	30	

Respostas	Porcentual bruto	Arredondamento	Porcentual ajustado
Não tenho certeza	13	13	

Não houve diferenças de gênero em relação àqueles que apoiaram os praticantes de bullying.

5c.) O bullying ocorre essencialmente de cima para baixo. **Empregados não supervisores são os que mais frequentemente sofrem bullying, respondendo por 55% do total,** com os gerentes (de supervisores de nível médio a nível sênior) sendo a segunda categoria que sofre bullying com mais frequência (35%). Empregados temporários e contratados (cujo sustento é menos vulnerável ao controle de um empregador) representam apenas 5% do total de pessoas que sofreram bullying. Executivos, membros do Conselho e os proprietários representavam 4,8% dos que sofreram bullying.

Pergunta: Qual era a posição da pessoa escolhida como Alvo?

Posição do entrevistado	Atualmente	Sofreu bullying alguma vez	Combinado	Testemunha
Empregados não supervisores	57,1%	54,3%	55,3%	62,6%
Gerentes-Supervisores/ Médios/ Seniores	31,2	36,8	35	29,1

Posição do entrevistado	Atualmente	Sofreu bullying alguma vez	Combinado	Testemunha
Executivos e proprietários	4,4	4,8	4,8	3,7
Temporários/ Contratados	7,3	3,8	5	4,6

6. Táticas dos praticantes de bullying

6a.) Os praticantes de bullying podem ser cruelmente inovadores. Eles geralmente variam suas táticas de hora em hora, de dia em dia. Os entrevistados foram solicitados a escolher qualquer uma ou todas as famílias de táticas da lista oferecida.

Pergunta: Por favor, descreva as formas de maus-tratos. (Escolha todas as alternativas que se aplicam).

Respostas	Porcentagem	Arredondamento
Abuso verbal (gritos, palavrões, xingamentos, sarcasmo malicioso, ameaças à segurança etc.)	53,3%	53%
Comportamentos/ações (públicas ou privadas) que eram ameaçadores, intimidadores, humilhantes, hostis, ofensivos, inapropriados, cruéis etc.	52,5	53

Respostas	Porcentagem	Arredondamento
Abuso de autoridade (avaliações imerecidas, negação das promoções, roubo de crédito, reputação manchada, instruções arbitrárias, atribuições de tarefas inseguras etc.)	46,9	47
Interferência no desempenho no trabalho (sabotagem, minando o desempenho, assegurando o fracasso etc.)	45,4	45
Destruição das relações de trabalho (entre colegas de trabalho, ou com relação a chefes ou clientes)	30,2	30
Outros (ver lista a seguir)	5,4	5
Não tenho certeza	0,5	1

Outras respostas (o número entre parênteses denota a frequência de respostas semelhantes): Assédio sexual, contato/conduta/favores inadequados (39); Calúnia, deturpação mentirosa, falsa acusação (20); Agressão física, espancamento, luta (12); Redução de renda, negação de benefícios (11); Demissão, contrato rescindido sem justa causa (10); Invasão de privacidade, abuso através de e-mail, roubo de identidade (6); Todos os itens acima (6); Ameaçar com a perda do emprego (5); Passivo-agressivo, não executa nenhum trabalho, incompetente (5); Preconceito/discriminação religiosa (4); Preconceito/discriminação racial (4); Idade (2); Roubo, furtar o dinheiro do almoço (2); Danos à propriedade, incêndio (2).

Uma de cada: O álcool criou um ambiente de trabalho inseguro; Headhunting; Drogas ilegais plantadas no veículo do Alvo; Subversão dos regulamentos OSHA.

Surgiram pequenas diferenças de gênero. Homens escolhidos como Alvos estavam mais propensos que mulheres a experimentar abuso verbal (60,1% *versus* 48,1%); mulheres escolhidas como Alvos foram sabotadas com mais frequência (47,1% *versus* 43,1%). Mulheres praticantes de bullying envolvem-se mais frequentemente que os homens em sabotagem (53,7% *versus* 39,9%) e abuso de autoridade (50,2% *versus* 44,7%); homens praticantes de bullying foram mais frequentemente verbalmente abusivos que as mulheres praticantes de bullying (57,5% *versus* 47,1%).

6b.) Por que o bullying acontece? As explicações preferidas se detêm sobre as personalidades do praticante de bullying e do Alvo. É a cultura americana, firmemente enraizada no individualismo e na miopia em relação aos fatores invisíveis que pouco têm a ver com os envolvidos no drama do bullying. O resultado global é: **56% por causa da personalidade do praticante de bullying, 20% por causa do Alvo e apenas 14% por causa do sistema, o ambiente de trabalho conduzido pelo empregador.**

Pergunta: Por que o Alvo sofreu maus-tratos? Principalmente por causa de...

Respostas	Porcentagem	Arredondamento
Algum aspecto da personalidade **do Alvo**	12,8%	13%
O nível inaceitável de desempenho **do Alvo**	7	7
Algum aspecto da personalidade do **assediador**	56,3	56

Respostas	Porcentagem	Arredondamento
A tolerância ou a admiração pela agressão naquele local de trabalho específico	8,6	9
Ordens ou sugestões dos gerentes-sênior ou de executivos ou proprietários	5,7	6
Não tenho certeza	9,7	10

As causas sistêmicas de bullying incluem o fato de a hiperagressão ser recompensada por promoções em vez de proibida. Os entrevistados, no entanto, creditaram apenas 14% da responsabilidade a esses tipos de fatores.

A responsabilidade de 20% atribuída ao Alvo é menor que a responsabilidade associada ao praticante de bullying (56%). Ainda há uma tendência, no entanto, de se culpar um pouco a vítima pelo seu destino, postura bem parecida com a que tem sido dispensada historicamente às vítimas de violência doméstica. Os 20% também podem refletir o desejo da sociedade de definir o bullying como uma forma de conflito em que a responsabilidade é compartilhada entre as duas partes. Mas, em relação a incidentes violentos, não fazemos essa suposição. A sociedade percebe que os agressores determinam quem é escolhido como Alvo, quando, qual o método empregado e por quanto tempo. O controle é conduzido de forma unilateral pelo agressor. E assim acontece com o bullying.

Houve diferenças de gênero na atribuição de responsabilidade pelo bullying. Os entrevistados consideraram os homens Alvos de bullying mais responsáveis do que as mulheres por seu destino (24,4% *versus* 16,1%). Quando o praticante de bullying era uma mulher, foi dado mais peso a uma suposta personalidade negativa como um fator causal do que quando o praticante de bullying era um homem (62,4% *versus* 52,1%). Além disso, a culpa foi deslocada para fatores sistêmicos (ver anterior), aos quais foram atribuídas maiores responsabilidades quando o praticante de bullying era um homem do que quando o praticante de bullying era uma mulher (16,9% *versus* 10,3%).

7. Reações dos Alvos

7a.) Indivíduos que sofrem bullying raramente confrontam a situação ou agem de forma a enfrentá-la diretamente. Eles processaram em apenas 3% dos casos e apresentaram queixa formal em apenas 4% deles; 38% notificaram *informalmente* seus empregadores e 40% nem sequer contaram a eles.

Pergunta: Que medidas a pessoa escolhida como Alvo tomou para resolver o problema?

Ação do Alvo	Porcentagem	Arredondamento
Não tomou **nenhuma atitude**, formal ou informal	40,1%	40%
Queixou-se **informalmente** ao empregador/superior	38,4	38
Apresentou uma queixa **formal** aos Recursos Humanos, à alta administração ou ao proprietário	14,6	15
Apresentou uma queixa **formal** de discriminação a uma agência estadual ou federal	3,5	4
Entrou com uma **ação** na Justiça	2,7	3

Outras ações não incluídas nos porcentuais anteriores: Aposentou-se, demitiu-se, saiu do emprego (64); Queixou-se ao sindicato, fez uma denúncia (45); Confrontou o assediador, numa tentativa de resolução (39); Enfrentou, revidou (28); Foi transferido, pediu redesignação (22); Procurou conselhos de um advogado (15); Iniciou a procura por um novo emprego e o encontrou (14); Interagiu, minimizou a interação, ignorou o assediador (13); Reclamou informalmente com os companheiros de trabalho (13); Trabalhou duro/melhorou o desempenho/apresentou uma boa atitude (11); Uniu-se a um grupo de esforço de ação de classe (11); Reclamou informalmente a uma agência estadual ou federal (10); O assediador foi demitido (9); Buscou apoio, o EAP, ou ajuda externa (8); Assumiu a responsabilidade, mudou sua maneira de agir (7); Documentou exaustivamente, compilou anotações (7); Pediu licença médica, acabou sob cuidados médicos (6); Ações encobertas para expor o assediador, fazê-lo ficar mal (4); O Alvo foi demitido (4); Chamou a polícia, apresentou queixa (4); Estabeleceu-se trégua, cessar-fogo, paz inquieta (3); Foi severamente repreendido/punido por reclamar (2).

Uma de cada: "quando a cadela foi transferida"; Ele morreu.

Algumas diferenças de gênero apareceram. Alvos homens tinham mais probabilidade que os Alvos mulheres a não tomar nenhuma ação (37% *versus* 45,5%). Os Alvos eram mais propensos a reclamar informalmente ao seu empregador quando o praticante de bullying era uma mulher do que quando ele era um homem (42,6% *versus* 35,6%) e a não fazer nada quando o praticante de bullying era um homem do que quando era uma mulher (43,8% *versus* 36%).

7b.) O bullying pode ocorrer sem prejudicar a saúde dos indivíduos intimidados. No entanto, ao propor a legislação, os Coordenadores Estaduais da Campanha Legislativa do WBI insistem na comprovação de que a saúde foi prejudicada, para atender a um alto padrão antes de a ação judicial ser iniciada. **Para 45% dos Alvos que sofreram bullying, o estresse afetou a saúde.**

Pergunta: Os maus-tratos resultaram em complicações de saúde (psicológicas ou físicas), relacionadas ao estresse para a pessoa escolhida como Alvo?

Impacto sobre a saúde relacionado ao estresse?	Porcentagem	Arredondamento
Sim	45,2%	45%
Não	35,9	36
Não tenho certeza	18,9	19

Surgiram grandes diferenças de gênero. Uma porcentagem maior de mulheres que sofreram bullying apresentou efeitos nocivos à saúde relacionados ao estresse (52,6% *versus* 35,6%). E mulheres praticantes de bullying provocaram mais danos à saúde do que os homens praticantes de bullying (55,1% *versus* 38,6%).

7c.) Quanto tempo dura o bullying? Em 75% dos casos de bullying, os maus-tratos foram experimentados várias vezes pelos Alvos. Quando 25% dos entrevistados que relataram apenas maus-tratos ocasionais (apenas "uma ou duas vezes") são desmentidos, as porcentagens ajustadas refletem que **73% dos Alvos que sofreram bullying o suportraram por mais de seis meses, 44%, por mais de um ano.**

Pergunta: Por quanto tempo os maus-tratos duraram?

Respostas	Porcentagem	Arredondamento	Porcentual ajustado
Mais de 12 meses	33,4%	33%	44%
6-12 meses	21,6	22	29
Menos de seis meses	20,3	20	27

Respostas	Porcentagem	Arredondamento	Porcentual ajustado
Apenas uma ou duas vezes	24,8	25	-
	n = 3101		n = 2187

Os críticos do fenômeno do bullying e dos Alvos intimidados no local de trabalho, em particular, postulam que os Alvos têm "pele fina" e são "queixosos chorões". Na realidade, os Alvos suportam os maus-tratos por longos períodos de tempo. Eles não fogem facilmente. Ficar exposto ao dano, contudo, pode contribuir para o aparecimento de lesões emocionais decorrentes da exposição constante a um ambiente de trabalho estressante.

8. Interrompendo as agressões

8a.) Os Alvos perdem seus empregos para fazer o bullying parar em 77% dos casos. Os praticantes de bullying ficam praticamente impunes, sofrendo consequências negativas em apenas 23% dos casos.

Pergunta: O que impediu os maus-tratos?

Resposta	Porcentagem
Eles não pararam	17,2%

As porcentagens seguintes de respostas excluem os 17% dos entrevistados para os quais o bullying está em curso e os 26% dos entrevistados que marcaram "Não tenho certeza" ou "Outros" (n = 1.763 restantes). Portanto, para os indivíduos para os quais o bullying parou, eis aqui o relatório sobre o que interrompeu tais agressões.

Respostas	Porcentagem
O Alvo se aposentou, foi expulso	24,2%
O Alvo deixou voluntariamente a organização	40
O Alvo foi transferido e permaneceu com o mesmo empregador	13
O Alvo perdeu o emprego, porcentagens combinadas	77
O Alvo foi demitido ou saiu, porcentagens combinadas	64
O assediador ficou, mas foi punido	9
O assediador se aposentou	14
Consequências negativas para o praticante de bullying, porcentagens combinadas	23

Quando 40% dos indivíduos que sofreram bullying saem do emprego, isso representa a **perda evitável de 21,6 milhões de trabalhadores** [com base na estimativa de 54 milhões de pessoas que sofrem bullying], em um momento em que os empregadores enfrentam uma escassez crítica de profissionais qualificados. Além disso, se alguém fizer uma estimativa prudente de que a metade das rescisões dos empregados que sofreram bullying são o resultado de um chefe agressor, um adicional de 6,5 milhões de empregados perdem seus empregos por causa de ocorrências evitáveis. A **estimativa total de volume de negócios** atribuível ao bullying pode ser razoavelmente situada em **28 milhões de trabalhadores americanos.**

Uma diferença de gênero em relação ao que encerra o bullying é que as mulheres escolhidas como Alvos eram mais propensas a sair do emprego que os homens (45% *versus* 32,3%). O WBI descobriu que quanto mais cedo os indivíduos que sofreram bullying restabelecerem a segurança, seja através de que meio for, mais saudáveis eles ficarão ou mais rapidamente irão se recuperar de seus ferimentos.

Outras respostas relatadas	Porcentagem
O assediador deixou voluntariamente a empresa	79%
O assediador foi transferido, ficando com o mesmo empregador	44
O Alvo revidou	36
Houve um confronto que alcançou uma resolução	30
Eu me aposentei/deixei o emprego	30
Problema foi resolvido, a agressão parou	24
O assediador foi repreendido, recebeu uma advertência	18
Licença médica, aposentadoria por invalidez	17
Ação judicial, um processo foi iniciado	16
Trégua, cessar-fogo, paz inquieta	14
O assediador foi promovido	14
O Alvo trabalhou arduamente, melhorou seu desempenho, mudou sua postura	12
A empresa fechou	11
Minimizou-se a interação, o Alvo ignorou o assediador	11
Houve intervenção de colegas de trabalho/aconselhamento	10
O Alvo queixou-se ao sindicato, apresentou queixa	10
Tratamento equivalente — ambos demitidos/transferidos/advertidos	9

Outras respostas relatadas	Porcentagem
Gerência reorganizada/nova	8
O contrato terminou, o projeto foi cancelado	7
O bullying parou após algum tempo	6
Fui promovido, transferido	5
O Alvo foi promovido	5
Procurou ajuda, EAP, reabilitação, tempo livre	4
O assediador morreu	4

Uma resposta de cada: O Alvo morreu; o Alvo cometeu suicídio; o assediador foi preso pela polícia.

© 2007, Workplace Bullying Institute

As citações dos resultados da pesquisa devem atribuir o crédito ao WBI

Diretor de Pesquisa: Gary Namie, Ph.D.-360-656-6630

Apêndice B:

Pesquisa sobre a resposta de empregadores e colegas de trabalho — Dia do Trabalhador de 2008

A **definição de bullying** utilizada no estudo:

Pergunta: **No trabalho, você já vivenciou um ou todos os seguintes tipos de maus-tratos repetidos: sabotagem, que impediu a realização do trabalho, abuso verbal, conduta ameaçadora, intimidação ou humilhação?**

Essa mesma pergunta foi feita para uma amostra nacionalmente representativa de adultos americanos na pesquisa WBI-Zogby de 2007. 37% dos americanos relataram suas experiências diretas; 12% testemunharam tais ocorrências.

Para esse estudo WBI de 2008, havia dois grupos separados de quatrocentas pessoas entrevistadas, que visitaram o site do WBI e responderam uma ou ambas as pesquisas, que abordavam as respostas de seus empregadores com relação ao bullying (dados coletados em junho-julho), ou o que os colegas de trabalho fizeram (dados coletados em agosto).

As principais conclusões do estudo das respostas dos empregadores

Pergunta: **Quando o empregador foi informado sobre o bullying, o que ele fez?**

1,7% – Realizou uma investigação justa e protegeu o Alvo de novos ataques de bullying, com consequências negativas para o agressor;

6,2% – Conduziu uma investigação justa, com consequências negativas para o praticante de bullying, mas sem nenhuma segurança para o Alvo;

8,7% – Investigação insuficiente/injusta, sem consequências para o praticante de bullying ou para o Alvo;

31% – Investigação insuficiente/injusta; sem consequências para o praticante de bullying, mas o Alvo sofreu retaliações;

12,8% – O empregador não fez nada, ignorou a queixa; sem consequências para o praticante de bullying ou para o Alvo;

15,7% – O empregador não fez nada; o Alvo sofreu retaliações por relatar o bullying, mas manteve o emprego;

24% – O empregador não fez nada; o Alvo sofreu retaliações e, eventualmente, perdeu o emprego.

- Os trabalhadores que sofreram bullying relatam que os empregadores, em sua maior parte, não fizeram nada para impedir os maus-tratos quando esses lhes foram relatados (53%) e chegaram a retaliar (71% dos casos) quem se atreveu a denunciá-los.

- Em 40% dos casos, os Alvos consideraram a "investigação" do empregador inadequada ou injusta, com menos de 2% das investigações descritas como justas e seguras para a pessoa vítima de bullying. A apresentação de reclamações também levou à retaliação dos Alvos por parte dos empregadores, levando à perda de empregos (24%). Os praticantes de bullying denunciados foram punidos em apenas 6,2% dos casos. O bullying é praticado com impunidade.

- Indivíduos que sofreram bullying não são chorões, nem se queixam por causa da menor provocação.

Pergunta: **Uma reclamação formal, por escrito, foi registrada junto à gerência ou ao departamento de Recursos Humanos?**
50,7% – Não;
44,8% – Sim;
4,5% – Não tenho certeza.

Lembre-se que na pesquisa WBI-Zogby de 2007 com uma amostra representativa nacional, apenas 15% dos indivíduos que sofreram bullying relataram haver se queixado formalmente aos seus empregadores, apenas 4% apresentaram reclamações EEO estaduais ou federais, e uma minúscula parcela de 3% entrou com processos contra os empregadores praticantes de bullying!

As principais conclusões do estudo das respostas dos colegas de trabalho
Pergunta: **Os colegas de trabalho do Alvo (de qualquer escalão, companheiros ou gerentes) VIRAM os maus-tratos pelo menos uma vez?**
95% disseram "Sim"

Pergunta: **Os colegas de trabalho do Alvo estavam CIENTES dos maus-tratos?**
97% disseram "Sim"

Pergunta: **O que os colegas de trabalho (pelo menos um deles) FIZERAM em resposta às agressões?**
0,8% – Eles se uniram e confrontaram o praticante de bullying em grupo, interrompendo o bullying;
7,1% – Eles ofereceram conselhos específicos para o Alvo sobre o que ele deveria fazer para parar o bullying;
28,4% – Eles ofereceram apenas apoio moral, social;
15,7% – Eles não fizeram e não disseram nada, não ajudando nem o Alvo nem o praticante de bullying;
13,2% – Eles voluntariamente se distanciaram do Alvo, isolando-o;

4,8% – Eles seguiram as ordens do praticante de bullying e se afastaram do Alvo;

12,9% – Eles traíram o Alvo, aliando-se ao praticante de bullying, enquanto aparentavam ser amigos da vítima;

14,7% – Eles ficaram publicamente ao lado do praticante de bullying e agiram de forma agressiva em relação ao Alvo;

2,5% – Não tenho certeza.

- Os colegas de trabalho foram quase tão inúteis quanto os empregadores, embora quase todos estivessem cientes do que estava acontecendo. Em 46% dos casos de bullying, os colegas de trabalho abandonaram seus colegas vítimas de bullying, a ponto de 15% terem agredido o Alvo, aliando-se ao praticante de bullying nas ações intimidantes. Os colegas de trabalho não fizeram nada em 16% dos casos.

- Os colegas de trabalho fizeram coisas positivas em 36% dos casos — limitadas principalmente ao oferecimento de apoio moral. O resultado mais raro (menos de 1%) foi a união dos colegas de trabalho para parar o bullying através da confrontação. Os medos pessoais dos colegas de trabalho foram a explicação preferida pelos Alvos que sofreram bullying (55%) para as ações tomadas ou não tomadas pelas testemunhas.

Dados adicionais do estudo das respostas dos empregadores

95% dos entrevistados se autodescreveram como Alvos de bullying (no passado ou atualmente);

59% dos praticantes de bullying eram mulheres; 80% dos Alvos eram mulheres;

Em 74% dos casos, o praticante de bullying recrutou outras pessoas; 26% dos praticantes de bullying trabalhavam sozinhos.

Pergunta: **A posição do praticante de bullying em relação à pessoa escolhida como Alvo:**

7,6% – Praticante de bullying em uma posição inferior à do indivíduo escolhido como Alvo;

18,7% – Praticante de bullying era um colega de trabalho, amigo, companheiro do indivíduo escolhido como Alvo;

73,6% – Praticante de bullying em uma posição superior ao Alvo em um ou mais níveis da organização.

Pergunta: **O bullying foi ilegal? A conduta violou as leis antidiscriminação, pois o Alvo era membro de um grupo legalmente protegido e o praticante de bullying não?**

32,6% – Sim, foi pelo menos parcialmente ilegal;

42,7% – Não, não foi ilegal;

24,7% – Não tenho certeza.

Pergunta: **A pessoa escolhida como Alvo contou ao empregador que o bullying ocorreu?**

75,8% – Sim;

20,5% – Não;

3,7% – Não tenho certeza.

Tipos de empregadores descritos pelos entrevistados:

27,7% – Governo: federal, estadual, condado, cidade;

31,1% – Corporações com fins lucrativos, grandes, médias e pequenas;

10,6% – Organizações sem fins lucrativos e igrejas;

18,8% – Educação: K-12 através de universidades;

8% – Provedor de serviços de cuidado de saúde.

Dados adicionais do estudo relacionado aos colegas de trabalho

95% dos entrevistados se autodescreveram como Alvos de bullying (no passado ou atualmente);

85% dos Alvos eram mulheres.

Pergunta: **Se os colegas de trabalho estavam CIENTES, COMO eles foram informados?**

73% – Os colegas de trabalho testemunharam o bullying diretamente;

16,5% – O Alvo contou explicitamente aos colegas de trabalho o que aconteceu;

5,1% – Os colegas de trabalho viram o Alvo reagir da forma que eles próprios teriam reagido;

5,4% – Não têm certeza de como eles ficaram sabendo disso, mas os colegas certamente estavam cientes.

Pergunta: **POR QUE os colegas de trabalho fizeram o que você disse anteriormente que eles fizeram?**

23,7% – Os colegas de trabalho fizeram escolhas conscientes e deliberadas por conta própria, certas ou erradas;

12% – Os colegas de trabalho fizeram o que eles pensavam que os GERENTES queriam que eles fizessem;

7,1% – Os colegas de trabalho fizeram o que os GERENTES lhes disseram explicitamente para fazer;

2,3% – Os colegas de trabalho fizeram o que achavam que o ALVO queria que eles fizessem;

0,3% – Os colegas de trabalho fizeram o que o ALVO lhes disse explicitamente para fazer;

54,7% – Os colegas de trabalho agiram por medo, tendo ou não reconhecido tal sentimento.

© 2008 Workplace, Bullying Institute, www.bullyinginstitute.org

As citações dos resultados da pesquisa devem atribuir o crédito ao WBI

Bibliografia

ADAMS, Andrea e CRAWFORD, Neil. *Bullying at Work: How to Confront and Overcome It.* Londres: Virago Press, 1992.

BRINK, Betty. "Transforming the truth: How TU Electric twisted the medical facts after an employee working with PCB got sick". *Fort Worth Weekly,* 26 de março de 1998.

BROWN, Stephanie. *Safe Passage: Recovery for Adult Children of Alcoholics.* Nova York: John Wiley & Sons, 1992.

FRANK, Robert H. e COOK, Philip J. *The Winner-Take-All Society: Why the Few at the Top Get So Much More Than the Rest of Us.* Nova York: Penguin, 1995.

HARVEY, Jerry. *The Abilene Paradox and Other Meditations on Management.* Nova York: Lexington Books, 1989.

HIRIGOYEN, Marie-France. *Stalking the Soul.* Paris: Editions La Decouverte & Syros, 1998.

HORNSTEIN, Harvey. *Brutal Bosses and Their Prey: How to Identify and Overcome Abuse in the Workplace.* Nova York: Riverhead Books, 1996.

HURD, David J. *The California Employee Survival Handbook.* 3rd ed. Placerville, Califórnia: Pro Per Publications, 1998.

KEASHLY, Loraleigh. "Emotional abuse at work: conceptual and empirical issues". *Journal of Emotional Abuse* 1 (1998).

KEASHLY, Loraleigh e JAGATIC, Karen. "Workplace abuse and aggression". Paper presented at Workplace Bullying 2000: Redefining Harassment. Oakland, Califórnia, 27 de janeiro de 2000.

KRAMER, Roderick. "The Great Intimidators". *Harvard Business Review*, fevereiro de 2006.

Labor Occupational Health Program. "Violence on the Job: A Guidebook for Labor and Management". University of California, Berkeley, 1997.

LUTGEN-SANDVIK, Pamela. "Intensive remedial identity work: Responses to workplace bullying trauma and stigmatization". *Organization* 15 (1) (2008): 97-119.

MARAIS, Susan e HERMAN, Magriet. *Corporate Hyenas at Work: How to Spot and Outwit Them by Being Hyenawise.* Pretória/África do Sul: Kagiso, 1997.

MCCARTHY, Paul, SHEEHAN, Michael e WILKIE, William. *Bullying: From Backyard to Boardroom.* Alexandria, NSW/Austrália: Millennium Books, 1996.

MEICHENBAUM, Donald, Ph.D.. *A Clinical Handbook/Practical Therapist Manual for Assessing and Treating Adults with PTSD.* Waterloo/Ontário: Institute Press, 1994.

NADER, Ralph e SMITH, Wesley. *No Contest: Corporat Lawyers and the Perversion of Justice in America.* Nova York: Random House, 1996.

NAMIE, Gary. "Create a blueprint for a bullying-free workplace". *The Complete Lawyer* 4 (2008), online at *www.thecompletelawyer.com.*

————. *Report on abusive workplaces.* Bellingham, WA: Workplace Bullying Institute, 2003. Postado em www.bullyinginstitute.org.

————. U.S. Workplace Bullying Survey. Conduzida pela Zogby International. Bellingham, WA: Workplace Bullying Institute, 2007.

————. "Workplace bullying: challenges for employment relations professionals". *Employment Relations Today* 34 (2007): 43-51.

————. "Workplace bullying: escalated incivility". *Ivey Business Journal,* a publication of the Ivey Business School, University of Western Ontario, Canadá.

NAMIE, Gary e Ruth. "Antibullying advocacy: an unrealized employee assistance opportunity". *Journal of Employee Assistance* 33 (2003): 9-11.

————. "Workplace bullying: How to address America's silent epidemic". *Employee Rights and Employment Policy Journal* 8 (2004): 315-333.

————. "Workplace bullying in healthcare". *Clinician News* 9 (2005): 14-15.

NEEDHAM, Andrea. *Workplace Bullying: The Costly Business Secret*. Auckland: Penguin, 2003.

NEUMAN, Joel H. e BARON, Robert A. "Workplace violence and workplace aggression: evidence concerning specific forms, potential causes, and preferred targets". *Journal of Management* 24 (1998): 391-419.

NISBETT, R. E., CAPUTO, C., LEGANT, P. e MARACEK, J. "Behavior as seen by the actor and as seen by the observer". *Journal of Personality and Social Psychology* 27 (1973): 154-164.

Office of Civil Rights, Oregon Department of Transportation. "Anti-Harassment Policy". Salem, Oregon, 1999.

Privacy Rights Clearinghouse, Dale Fetherling (ed.). *The Privacy Rights Handbook: How to Take Control of Your Personal Information*. Nova York: Avon Books, 1997.

Queensland Government, Division of Workplace Health and Safety, Department of Employment, Training & Industrial Relations. "An Employer's Guide to Workplace Bullying". Queensland, Austrália.

RICHMAN, Judith, et al. "Sexual harassment and generalized workplace abuse among university employees: Prevalence and mental health correlates". *American Journal of Public Health* 89, n° 3 (1999): 358-363.

SCHAEF, Anne Wilson e FASSEL, Diane. *The Addictive Organization: Why We Overwork, Cover Up, Pick Up the Pieces, Please the Boss & Perpetuate Sick Organizations*. Nova York: Harper & Row, 1988.

SCOTT, Michael J. e STRADLING, Stephen G. "Post-traumatic stress disorder without the trauma". *British Journal of Clinical Psychology* 33 (1994): 71-74.

SOLOMON, Norman. *The Trouble with Dilbert: How Corporate Culture Gets the Last Laugh*. Monroe, Maine: Common Courage Press, 1997.

STORMS, N. D. "Videotape and the attribution process: Reversing actors' and observers' points of view". *Journal of Personality and Social Psychology* 27 (1973): 165-175.

SUTTON, Bob. *The No-Asshole Rule.* Nova York: Warner Business Books, 2007.

TOBIAS, Paul e SAUTER, Susan. *Job Rights & Survival Strategies: A Handbook for Terminated Employees.* NERI, 1997.

WAGGONER, Martha. "Study: Workplace incivility rising". Associated Press, 29 de maio de 1998.

YAMADA, David. "The phenomenon of 'workplace bullying' and the need for status-blind hostile work environment protection". *Georgetown Law Journal* 88, n° 3 (2000).

Este livro foi composto na tipologia Bembo Std,
em corpo 11,5/15,5, e impresso em papel offwhite
no Sistema Cameron da Divisão Gráfica
da Distribuidora Record.